VARIÉTÉS SINOLOGIQUES Nº 10.

HISTOIRE

DU

ROYAUME DE OU

(1122 — 473 AV. J.-C.)

PAR

LE P. ALBERT TSCHEPE, S. J.

CHANG-HAI

LIBRAIRIE DE LA MISSION CATHOLIQUE

—

1896.

C.

PRÉFACE.

———

J'offre au public ce travail, très modeste d'allure, sur l'antique Royaume de OU (1122 — 473 av. J.-C.). Évangélisant depuis des années une partie du territoire et spécialement la capitale de cette Principauté, son histoire captiva de bonne heure ma curiosité. Parmi les rares loisirs économisés dans mes courses apostoliques, j'avais amassé quelques notes, examiné plusieurs monuments, compulsé certaines pièces, recherché, acquis, puis analysé quelques ouvrages indigènes, relatifs à ces époques si différentes de la nôtre.

Mes papiers disparurent dans les incendies et pillages qui ravagèrent, il y a cinq ans, la soixantaine de chrétientés que j'administre. Les haines antireligieuses de la Chine ne sont pas moins brutales que celles d'Europe : et, bien que plus souvent encouragées par la classe officielle et la caste des Lettrés, elles ne s'illustrent point par un meilleur respect pour les arts et les sciences, les éléments ou les produits de la culture intellectuelle...

Le calme rétabli, j'eus à réparer les ruines matérielles. Puis je me dévouai à la même tâche, au profit de mes manuscrits et documents, dispersés ou anéantis par l'émeute.

Besogne ardue. La pénurie des documents originaux la faisait déjà assez laborieuse par elle-même! Cette étude, on le verra, ne prétend point avoir reconstitué le passé à titre définitif; le plus vif désir de l'auteur serait de provoquer quelques corrections utiles, d'ouvrir la voie à des recherches fructueuses, de fournir aux érudits l'opportunité de produire au jour quelque pièce ignorée sur la question.

L'idiome chinois m'est devenu plus familier que le français, lequel, du reste, n'est point ma langue maternelle. Les PP. Faipoux et Le Gall m'ont généreusement aidé de leurs conseils et de leur expérience : je saisis l'occasion de les en remercier de mon mieux.

Ou-si, 4 septembre 1896.

INTRODUCTION.

Dans la composition de cette "Histoire du royaume de *Ou*" je me suis servi des livres suivants:

1°.—欽定春秋傳説彙纂 *K'in-ting tch'oen-ts'ieou tchoan-chouo wei-tch'oan*. C'est l'ouvrage déjà cité et apprécié par Legge, Vol. 5, p. 136, de ses Prolegomena. J'ai cité presque toujours les pages d'après la petite réimpression, qui est plus maniable et plus portative dans les voyages. Dans l'identification des noms géographiques, je me suis adressé à cet ouvrage, qui est plein de recherches et consciencieusement fait.

2°.—左傳杜林 *Tsouo-tchoan tou-lin*. C'est une des meilleures éditions du fameux ouvrage historique *Tsouo-tchoan* 左傳 de *Tsouo K'ieou-ming* 左丘明.

Sur la valeur de ce grand historien de l'antiquité, comparez ce que dit Legge, ibid., pp. 22 et suivantes, où se trouve aussi tout l'appareil critique.

Cet ouvrage a eu bien des éditions. Une des meilleures, et des plus répandues dans ce pays-ci (*Tch'ang-tcheou-fou*), est celle qui a été annotée par *Tou Yu* 杜預 (222-284,) de la dynastie des *Tsin* 晋 (265-419 P. C.) A l'époque de la dynastie des *Song* (960-1280), un lettré nommé *Lin Yao-scòu* 林堯叟 a augmenté les notes et les explications de *Tou Yu* (Legge, p. 26, notes). Trois lettrés de la dynastie des *Ming* (1368-1644), nommés *Tchong Sing* 鐘惺, *Suen Koang* 孫鑛 et *Han Fan* 韓范, y ont fait encore des additions très utiles. Il en est résulté un ouvrage qu'on peut appeler parfait dans son genre. Avec ces notes on peut lire avec facilité et goût sensible l'ouvrage de *Tsouo K'ieou-ming*: autrement, cet historien serait souvent incompréhensible, surtout pour des étrangers. Je cite cet ouvrage d'après l'édition ordinaire de *Sou-tcheou*, qu'on trouve partout. Ce sont cinquante petits volumes chinois.

Cf. *Mémoires sur la Chine*, Vol. VI, p. 137.

3°.—通鑑綱目 *T'ong-kien Kang-mou*. C'est un ouvrage bien connu, et justement apprécié. Je me suis servi de l'exemplaire réimprimé à *Chang-hai* au *T'ong-wen chou-kiu* 同文書局.

4°.—吳 韋 昭 先 生 國 語 二 十 一 卷, *Ou Wei-tchao sien-cheu kouo-yu, eul-che-i k'iuen*; 蘇 州 綠 蔭 堂 藏 板 *Sou-tcheou lou-yn-t'ang ts'ang-pan*. Legge cite Wylie comme autorité et dit que les sinologues attribuent communément cet ouvrage au même fameux *Tsouo-k'ieou-ming*. La plupart des auteurs chinois sont du même avis. En tout cas, il n'a pas la même perfection de style classique que le *Tsouo-tchoan*. L'édition chinoise est bien médiocre; très souvent elle ne dit rien pour expliquer les difficultés. Le premier commentaire est de *Wei Tchao* 韋 昭 Le second de *Song Siang* 宋 庠 auteur de la dynastie *Song*.

Sous la dynastie des *Ming*, il y a quatre lettrés qui se sont occupés de l'édition ordinaire de cet historien; ce sont: *Tchang I-koen* 張 一 鯤, *Li Che-tch'eng* 李 時 成, *Kouo Tse-tchang* 郭 子 章, et *Tcheou Koang-kao* 周 光 鎬. Mon édition est de *Sou-tcheou*, du grand entrepôt de livres chinois. J'ai cherché de tous côtés une meilleure édition; mais inutilement. Y a-t-il même une meilleure édition de cet important ouvrage historique? Je n'en sais rien.

5°.—裴 駰 史 記 正 義 集 解 *P'ei-yn che-ki tcheng-i tsi-kiai* 南 京 書 局 藏 板 *Nan-king chou-kiu ts'ang-pan*. Cette édition est de *Nan-king*; et une des meilleures que je connaisse. C'est le fameux ouvrage de Se-ma Ts'ien, le père de l'histoire, l'historien par excellence (163-85 A.C.)—Cf. Mayers, *Chinese reader's manual*, No. 660.

6°. 趙 曄 吳 越 春 秋 *Tchao I Ou Yué tch'oen-ts'ieou*.

L'ouvrage date, dit-on, de la dynastie des *Han*; c'est le seul spécialement fait sur l'ancien royaume de Ou. C'est un livre précieux, puisqu'il est si ancien et d'un homme du pays, qui s'est donné de la peine pour transmettre cette histoire aux générations futures. Mais l'auteur n'est pas un écrivain de génie comparable à Tsouo K'ieou-ming La préface est de Siu-t'ien-hou; elle est datée de l'empereur *Ta-té* 大 德 (1279-1308) de la dynastie des Yuen tartares.

Mon exemplaire ne porte pas l'année de la réimpression; il n'indique pas non plus dans quelle ville elle a eu lieu. Je n'ai pu trouver d'autres exemplaires ni à Sou-tcheou, ni à Chang-hai, ni ailleurs. Cependant l'ouvrage n'est pas si rare, dit-on, parmi les lettrés de ce pays-ci; on pourra donc, un jour ou l'autre, se le procurer. D'après tout ce que j'ai pu comparer, il est véridique dans ses sources; mais il manque de critique; il raconte aussi des niaiseries, etc. Voici la traduction de la préface de *Siu-t'ien-hou* 徐 天 祐:

"Les deux royaumes de Ou et de Yué furent autrefois désignés sous le nom de "régions Sud-Est, du côté de la mer la plus éloignée."

" Au temps de leur gloire et de leur puissance, ils rivalisaient avec les
" royaumes supérieurs (c'est-à-dire essentiellement chinois). A la
" réunion des princes à *Hoang-tché, Fou-tch'ai* (le fameux roi de *Ou*),
" voulant honorer l'empereur, quitta son titre usurpé de roi ; et s'appela
" seulement vicomte (子 *tse*); c'est sous ce titre qu'il donna ses ordres
" aux différents princes réunis. Quand le roi de Yué (Keou-ts'ien) eut
" anéanti le royaume de *Ou*, il fit un traité d'alliance avec les quatre
" grands royaumes, pour soutenir ensemble la dynastie impériale. Le
" but qu'ils se proposaient était de rester soumis à l'ancienne et véné-
" rable famille des *Tcheou*. Ils comprirent vraiment l'ordre du ciel.
" Quand Confucius écrivit ses annales, sous le titre de Printemps et
" Automne, il parla même des petites principautés, mentionnant
" et enregistrant toutes choses[1]. A plus forte raison, quand il s'agissait
" des généalogies régulières, devait-il parler des descendants du grand
" Yu et du fameux Heou-tsi ! En fait de géographie, il mentionne
" Koei-ki (célèbre capitale du royaume de Yué), le grand lac T'ai-
" hou, les divers fleuves et les autres pièces d'eau de plus grande
" importance.

" Dans le catalogue de la dynastie des Tcheou, cette région est
" nommée à la première place parmi les neuf provinces. Tout cela
" prouve qu' on la tenait en estime dans tout l'empire. Comment donc
" pourrait-on laisser de côté ses mémoires historiques et ne pas les trans-
" mettre fidèlement à la postérité ?

" Cet ouvrage-ci, *Annales des royaumes de Ou et de Yué*, a été
" fait par Tchao I. Dans les catalogues des *Classiques et autres*
" *livres importants* faits à l'époque des dynasties Soei et T'ang, il est
" dit que cet ouvrage avait douze petits volumes. Maintenant, il n'en
" reste que dix ; il serait donc censé incomplet. Mais il y est dit aussi :
" *Yang Fang* 楊方 a fait un abrégé de ces annales, en cinq volumes,
" où il a retranché tout ce qui était trop diffus.—Un nommé *Hoang*
" *Fou-tch'oen* 黃富春 a aussi écrit l'histoire de Ou et de Yué, en
" dix volumes. A présent peu de lettrés ont étudié ces deux
" historiens ; c'est l'ouvrage de Tchao I qui est en vogue. La
" plupart des connaisseurs trouvent cependant que le style ne ressemble
" guère à celui de la dynastie des Han.

" L'écrivain *Li* 李, qui est originaire de *Han-tan* 邯鄲, dans son
" ouvrage intitulé *Dix mémoires et résumés de différentes cartes et*
" *histoires*, nous apprend que *Yang Fang* a fait un abrégé des annales

[1] Ce n'est pas exact, comme nous le constaterons souvent dans le cours de notre
histoire.

" de Tchao I; que Hoang Fou-tch'oen a fondu les deux textes en un
" seul; qu'il a vérifié et comparé les deux versions; puis a édité son
" livre sous le titre d'*Histoire annotée de Ou et de Yué*.

    "Dans le commentaire du *Che-ki* 史 記 de *Se-ma Ts'ien* 司 馬
" 遷, il est dit que *Siu Koang* 徐 廣 cite dans ses écrits un autre livre
" traitant du royaume de Ou, sous le titre de *Récits des royaumes de Ou*
" *et de Yué*. Mais *Souo Yn* 索 隱, (sous la dynastie des Tsin 265-
" 420 P. C.) affirme que ce travail n'existe plus. D'autres livres
" encore, comme le commentaire des *Pièces choisies de littérature* (1),
" racontent le trait du fameux Ou Ki-tcha qui rendit de l'argent
" trouvé en chemin. Le recueil Ou-ti ki, ou *Catalogue des terres de Ou*,
" parle de l'histoire comme arrivée au bourg de Y-ting du temps du roi
" *Ho-liu*. L'ouvrage *Choei-king* 水 經, ou livre des fleuves, contient
" dans son commentaire plusieurs faits de l'histoire de Yué. Ces trois
" auteurs citent pour témoins de leurs affirmations *les annales de Ou et*
" *de Yué*. Mais le texte actuel ne contient rien de semblable; et le
" commentaire n'en dit rien non plus. Yang Fang aurait-il retranché
" ces narrations? Ou bien Hoang Fou-tch'oen, dans sa révision,
" n'aurait-il pas trouvé authentiques ces divers récits ?

    " Le livre de Tchao I est le premier qui ait paru; l'époque des
" Han orientaux (25-221 P. C.) n'etait pas encore bien éloignée des
" temps anciens. Tchao Yé était un homme du pays qu'il décrit,
" puisqu'il est né á Chan-yng (2); c'est pourquoi les documents recueillis
" et transmis par lui sur ces deux royaumes sont bien plus authentiques
" assurément que ceux d'autres auteurs. On peut donc s'appuyer sur
" lui. D'une part, il parle de choses célestes, astronomie, météorologie;
" de l'autre, il examine les changements, les révolutions survenues
" dans ce pays. Il discute et fait des recherches sur tout ce qu'il y a de
" plus obscur et de plus ancien. Il illumine et éclaircit tout, comme un
" homme d'un esprit supérieur. Quant aux raisons et aux pronostics
" de la grandeur ou de la décadence de ces deux royaumes, les rois
" et leurs ministres, à diverses reprises, en confèrent et discutent
" longuement. Tout ce que conseillaient *Ta-fou-tchong* 大 夫 種,
" *Fan-li* 范 蠡, et autres ministres éminents était de nature à faire
" de leur prince le chef de tous les royaumes. Pour avoir, une seule
" fois, négligé l'avis de Ou-tse-siu, la ruine du pays est survenue,

---

  ¹ C'est le fils aîné de *Liao Tchao-ming* qui a fait ce recueil: *Wen-siuen-tsi-ping*
文 選 集 併.

  ² 山 陰 Actuellement *Chao-hing-fou* 紹 興 府 dans la province de Tché-
kiang.

"complète et irrémédiable. Tous ces récits véridiques peuvent vraiment
"servir d'exhortations et d'avertissements aux générations futures; car
"il ne faut pas seulement contenter sa curiosité en lisant ce qui s'est
"passé dans ces deux contrées il y a deux mille ans.

"L'ouvrage de Tchao I a été imprimé dans l'ancien royaume de
"Yué, il y a longtemps; et les planches en sont perdues.

"Quand donc *Lieou-heou* 劉 侯, de Pien-leang[1], vint au pays
"comme inspecteur académique (*hio-t'ai*), il encouragea et récompensa
"les fortes études. Il fit des recherches sur les anciens livres, il remit
"en honneur les documents oubliés ou négligés. Il employait les
"revenus des terres appliqués à l'académie pour faire réimprimer ces
"anciens ouvrages.

"Dans ce travail de réédition, ce haut dignitaire ne méprisa
"pas mes faibles connaissances; il m'ordonna de réviser et de fixer
"le texte authentique; il m'imposa aussi d'écrire cette préface. Il
"est bien convenable que les gens de Yué connaissent l'histoire ancienne
"de leur pays. Cette édition comble bien des lacunes. Je ne pouvais
"refuser ma coopération à cette glorieuse entreprise; j'ai donc revu
"le texte, et éclairci les endroits obscurs; c'est vraiment trop de
"présomption de ma part; j'indique aussi la prononciation et j'ajoute
"des notes. De plus, j'ai fait des recherches, pour m'assurer si les
"anciens documents historiques et divers mémoires étaient d'accord,
"ou non. Le résultat a été mis à la suite du texte; j'y ai tout
"consigné. Hélas! il y a des versions et des explications qui ne sont
"ni absolument sûres ni tout à fait claires. Evidemment, je n' ai
"nulle prétention d'imposer mes opinions ou de les regarder comme le
"dernier mot de la question; d'autant moins que je n'ai pas l'ouvrage
"de Hoang Fou-tch'oen pour le consulter. J'ai dû m'en tenir à
"l'ancien texte, laissant aux lettrés à venir le soin de faire de nouvelles
"recherches.

"L'inspecteur académique *Lieou-heou* s'appelle *K'é-tchang* 克 昌;
"son surnom est *Che-ta* 世 大.

"Moi, Siu-t'ien-hou, qui ai écrit cette préface, je suis originaire
"de la capitale de ce pays de Yué; je suis docteur ès-lettres; mon
"surnom est *Cheou-tche* 受 之. L'an 1306, la 3ème lune."

7°.—蘇 州 府 志 *Sou-tcheou-fou tche*. Histoire de la ville de
Sou-tcheou. Où a-t-elle été imprimée? On ne l'indique pas. A quelle
époque? On n'en dit rien non plus; mais la date est certainement

[1] Actuellement *K'ai fong-fou* 開 封 府.

postérieure à K'ang-hi. La partie historique est sans doute la même dans toutes les éditions. Elle ne contient pas beaucoup de détails se rapportant directement à notre sujet; je cite cependant ce recueil pour des notes plus explicites.

Sou-tcheou est l'ancienne capitale du royaume de Ou; c'est sous ses murs que s'est décidé le sort tragique de *Fou-tch'ai*, son grand et dernier roi. Encore maintenant, la mémoire de ses divers princes est religieusement conservée, soit dans les dictons et traditions populaires, soit sur des monuments publics dont il sera fait mention dans le cours de cette histoire.

8°.—(a.) 常州府志 *Tch'ang-tcheou-fou tche.*
   (b.) 陽湖縣志 *Yang-hou-hien tche.*
   (c.) 武進縣志 *Ou-tsing* ,, ,,
   (d.) 無錫縣志 *Ou-si* ,, ,,
   (e.) 金匱縣志 *Kin-koei* ,, ,,
   (f.) 江陰縣志 *Kiang-yng* ,, ,,
   (g.) 宜興縣志 *I-hing* ,, ,,
   (h.) 荆溪縣志 *King-ki* ,, ,,

J'ai parcouru les histoires locales de ces huit villes, en extrayant tout ce qui m'a paru offrir un véritable intérêt. De fait, ma cueillette est assez mince pour ce qui concerne les temps anciens. L'historique est le même dans toutes les éditions. Mes exemplaires sont tout récents; ils sont aussi récemment achetés, puisque notre bibliothèque a été incendiée, il y a quatre ans.

9°.—梅里志 *Mei-li tche.* Histoire de *Mei-li*, en 4 volumes. Elle a été réimprimée la 4ème année de *Tao-koang* 道光 dans la pagode même de *Mei-li*.

J'ai eu connaissance de cet ouvrage, en Mars 1895, quand je visitai de nouveau les monuments relatifs à *T'ai-pé:* Comme je demandais des renseignements sur cet ancien roi, le gardien en chef me dit que je pourrais les trouver dans le *Mei-li tche.* Jamais je n'avais entendu parler de ce recueil. Aucun des livres historiques que j'ai lus n'en fait mention. Je fus pourtant assez heureux pour m'en procurer un exemplaire; je le trouvai dans une grande famille, à *Ou-si.* Cet ouvrage est maintenant très rare. Ses préfaces nous fournissent des détails utiles; j'en traduis donc une bonne partie. La 1ère est de *Ou Ts'uen-li* 吳存禮, gouverneur de cette province, qui fut aussi en même temps grand-trésorier, préteur de l'armée, un des contrôleurs de l'administration, second censeur, etc. La date est de la 62ème année de *K'ang-hi.* Voici comme il parle:

"La colline où se trouve le tombeau de *T'ai-pé* s'appelait autrefois
"*Hoang-chan* 皇山 (montagne de l'empereur); actuellement elle
"s'appelle *Hong-chan* 鴻山 parce que, sous la dynastie des Han, un
"homme nommé *Liang Hong* 梁鴻, fameux pour sa vertu et ses talents
"littéraires, s'était retiré en cet endroit[1]. Il a un canal appelé *Pé-*
"*tou-ho* 伯瀆河, ou canal de *T'ai-pé;* c'est un témoin encore
"subsistant de siècles depuis longtemps disparus. *T'ai-pé* vivait à
"*Ou-tch'eng* 吳城 et fut enterré sur la colline de Hong-chan, à
"environ dix ly de là, vers l'est. Ce pays est parsemé de collines qui
"nous rappellent combien les anciens "saints" étaient respectueux,
"économes, simples et faciles dans leurs relations; ni ramasseurs
"d'argent ni dépensiers. Ils choisissaient des montagnes pour leurs
"tombeaux, grand avantage pour le peuple; car on épargnait ainsi
"le terrain des laboureurs, et l'on n'avait pas besoin de porter de la
"terre pour hausser ces tombeaux. Depuis plusieurs milliers d'années
"(3,300 ans et plus), le monument sépulcral, la pagode, les sacrifices
"à T'ai-pé, se sont perpétués de génération en génération ; la joie
"de voir ces objets, l'empressement à accomplir ces rites, tout cela
"continue depuis la dynastie des Ts'in jusqu'à celle des Ming. Dans
"le cours des siècles ces monuments furent tantôt plus délabrés, tantôt
"bien réparés, comme il arrive ordinairement dans les choses humaines.
"Quand moi, descendant direct de T'ai-pé, je fus nommé gouverneur
"de cette province, je trouvai à Son-tcheou, à la porte occidentale,
"nommée *Ich'ang-men* 閶門, une pagode en l'honneur de T'ai-pé.
"Je l'ai détruite et rebâtie à neuf. De plus, j'ai acheté un certain
"nombre d'arpents de terre dont les revenus serviront pour les dépenses
"nécessaires aux sacrifices. Dans un voyage d'affaires, je passai par
"Ou-si; je demandai aux anciens du pays des renseignements exacts
"sur la pagode de Mei-li et le tombeau de Hong-chan. Nous autres,
"à une distance de plusieurs milliers d'années, nous pouvons suivre
"la trame de l'histoire, jusqu'à son origine; car depuis les descendants
"les plus éloignés jusqu'aux premiers ancêtres, chacun tient aux
"sacrifices accoutumés du printemps et de l'automne. J'ai recueilli
"et mis en ordre ces souvenirs, pour en composer une histoire en
"quatre volumes. Les générations futures auront donc où s'instruire.

---

[1] Une petite pagode, à l'est de la montagne, a été bâtie sur l'emplacement
même de la maison de Liang Hong. Les Tchang-mao, rebelles aux longs cheveux,
eux-mêmes l'ont respectée, à cause de son titre "d'ancien sage" chinois. Dans une
chambre, à l'ouest, on trouve la statue de Liang Hong et celle de sa femme. La grotte
dans laquelle ce "roi" aurait vécu, d'après différents auteurs, n'est qu'un petit trou
situé un peu plus haut que la pagode. Un homme n'y trouve guère place de se loger.
C'est donc une légende formée dans la suite des temps.

"Les documents de la Cour font foi que des membres de notre
" famille ont eu, de tout temps, de hautes dignités; il y en a même
" de très-célèbres. Moi, quoique faible et incapable, je voudrais
" continuer le fil glorieux de notre famille. Je suis une nature simple
" et sans fard; je ne m'occupe que de mon office; nuit et jour, je m'y
" applique avec un soin respectueux. L'hiver et l'été ont déjà passé
" huit fois, depuis que je suis gouverneur de Sou-tcheou; le peuple
" de cet ancien royaume de Ou vit en paix; les récoltes de chaque
" année sont bonnes. J'ai donc du temps libre pour mettre en ordre
" les notes que j'ai recueillies sur Mei-li. Ce travail est pour moi un
" vrai bonheur. Les exemples des anciens "saints," quoique non
" transmis par les livres classiques, ont été racontés par d'autres auteurs
" qui aimaient à conserver les choses de l'antiquité. De plus, les
" documents et restes de documents anciens sont des preuves authenti-
" ques et irrécusables. La ville de Ou-si a eu de tout temps beaucoup
" de nobles et de dignitaires. Si l'on voulait chercher et ramasser
" d'anciennes pierres parmi les décombres, on trouverait dans les brous-
" sailles bien des fragments précieux; chaque caractère découvert
" serait une perle de grand prix. Depuis que j'ai composé cette
" histoire, ceux de notre famille qui sont en charge devront, en passant
" par ici, se rappeler qu'ils sont dans le pays de T'ai-pé, qu'ici se trouve
" son tombeau. Qu'ils s'indignent contre eux-mêmes, en pensant à
" ses hautes vertus qui subsistent toujours dans le souvenir des peuples;
" qu'ils soient, comme lui, pleins de respect et d'humilité, sans jamais
" défaillir; et qu'ainsi notre famille continue à suivre les traces de ses
" glorieux ancêtres."

La préface est datée de la 7ème lune, 71ème année de l'empereur
K'ang-hi 康熙. Sorti de charge, ce grand dignitaire ne retourna pas
dans le Liao-tong sa patrie; il resta à Sou-tcheou. Son histoire fut
révisée par l'académicien *Ou Mei-ngan* 吳眉菴. Celui-ci la montra
à *Tou-chao* 杜詔, autre académicien, originaire de Mei-li, un des
écrivains attitrés de la cour impériale. Ce dernier y ajouta une
préface qui est la seconde, et est ainsi conçue:

"Ce pays reçut de T'ai-pé le nom de Ou. S'il est devenu célèbre,
" si par ses richesses et ses gloires littéraires il surpasse toutes les pro-
" vinces de l'empire, ces bienfaits nous viennent de T'ai-pé; ils ont
" leur racine à Mei-li."

L'écrivain exalte ensuite l'administration de Ou-ts'uen-li; en
sorte que sa préface est plutôt un panégyrique de ce gouverneur.
Notons, en passant, quelques détails historiques: K'ang-hi envoya à

Ou Ts'uen-li une pièce de vers, pour le féliciter de sa bonne administration; plus tard il lui envoya une inscription en quatre caractères:
學 道 還 淳 *Hio-tao hoan-tchoen*, c'est-à-dire: l'instruction et la
doctrine ont pénétré partout (sont parvenues au comble). Cette
inscription fut placée au temple de Confucius, à Sou-tcheou.

La 3ème préface est de *Ts'ai Yong-ts'ing* 蔡 永 清, préfet de Sou-
tcheou. Il était originaire du Liao-tong, comme Ou Ts'uen-li, et
de sa connaissance. Après avoir vu l'ouvrage de ce haut dignitaire,
il conçut un grand désir de voir un pays si riche de vieux souvenirs.
Il ordonna à un membre de sa famille qui résidait à Mei-li de faire
imprimer cette histoire; et c'est encore la famille Ts'ai qui fit réparer
la pagode de T'ai-pé, la 2ème année de l'empereur Yong-tcheng.

La 4ème préface est de *Ts'ai Min-hiuen* 蔡 名 烜. Sa famille
était établie à Mei-li depuis quatre ou cinq générations; c'est elle qui
prenait soin de ce temple. Son grand-père *King-hong* 景 鴻 l'avait
réparé et agrandi. Ce monument est un témoignage authentique que
Mei-li est bien l'ancienne ville de T'ai-pé. Cette ville si fameuse méri-
tant bien d'avoir son histoire, Min-hiuen reçut de son grand-père l'ordre
de l'écrire. "C'est pourquoi (dit-il) je m'adressai au bachelier
"*Ts'ien Sou-joen* 錢 蕭 潤, originaire de *Che-fong* 十 峰; j'achetai
"un vieux livre qui décrivait la ville, les faubourgs, les chemins et les
"villages de ce pays. De dynastie en dynastie les louanges et les gloires
"de T'ai-pé y étaient consignées, et aussi les règlements relatifs à ses
"sacrifices. Seulement, ce n'étaient que des résumés succincts et des
"inscriptions antiques, dont le sens n'était pas bien clair. Je trouvai
"chez le bachelier *P'ou Koang-teng* 浦 光 滕 un autre livre dont le titre
"est *Hoang-chan-kou-tsi* 皇 山 古 蹟, c'est-à-dire *Antiques souvenirs*
"*de la montagne Hoang-chan;* là se trouvent indiquées les montagnes,
"les forêts, et autres choses remarquables du pays. J'avais là une
"ample moisson de données historiques. Tous les jours j'allais, en
"compagnie de *Li-t'ien-keng* 李 天 根, chercher les anciens fonde-
"ments et les traces de cette capitale. Je pus déterminer les limites
"plus ou moins grandes de la principauté de T'ai-pé; je reconnus les
"collines et les cours d'eau; j'y constatai l'existence des bourgs et
"hameaux, celle des ponts et barrages; je consultais en même temps
"les anciennes histoires, les annales particulières des villes, et j'en
"faisais un résumé. J'avais prié *Tchao Wen-k'i* 趙 文 岐 de dresser
"une carte du pays. Ces deux lettrés sont aussi originaires de Mei-li.
"J'avais enfin caché ce recueil au fond de mon armoire; car je n'osais
"appeler ce travail une véritable histoire. Mais le descendant de
"T'ai-pé, Ou Ts'uen-li, gouverneur de ce pays, craignant que les

"exemples de vertu de son ancêtre ne tombassent un jour en oubli,
" désira qu'ils fussent publiés, et portés à la connaissance de tous. Il
" confia donc à l'académicien Ou Mei-ngan le soin de rechercher les
" anciens souvenirs. A moi il demanda mes notes, et de sa propre
" main les mit en ordre. Après un an, le livre était composé, et me
" fut communiqué. L'ordre m'y sembla parfait; le fond en est
" solide; les faits historiques y sont bien résumés; le style en est
" distingué; c'est un vrai miroir d'anciens et beaux exemples transmis
" aux générations futures. Ce n'est pas moi, homme si borné et si
" peu lettré, qui eusse pu faire un ouvrage pareil. Mais son excellence
" ne se flattait pas encore d'avoir fourni un livre parfait; le lettré
" Yun-Tch'oan 雲川 fut chargé de le revoir et de le corriger. Le
" préfet de Sou-tcheou Ou Kiai t'ing 吳 芥 亭 dut encore examiner
" et comparer le texte. C'est alors seulement que l'ouvrage fut livré
" à l'impression; et l'exécution m'en fut confiée. Ah vraiment!
" pouvais-je soupçonner que la composition d'un livre fût à ce point
" difficile! Il fallait le talent éminent et l'immense érudition de son
" Excellence le Gouverneur et d'autres lettrés pour y suffire. Moi,
" homme inculte et ignorant, je passais mes jours d'une manière
" nonchalante; et j'étais incapable de faire l'histoire de Mei-li que
" mon grand-père m'avait demandée. Maintenant que je la vois
" achevée, j'en suis ravi."

10°.—越 絕 Yue ts'iué. C'est un vieux bouquin, composé de
quatorze petits fascicules chinois qui, reliés ensemble, forment à peine
un volume présentable. Le titre est curieux: 絕 Ts'iué signifie couper
couper court, exterminer les malfaiteurs, mettre fin aux usurpations.
Donc le sens est à peu près: hauts faits (du royaume) de Yué, qui
extermine les malfaiteurs.

Il contient des énumérations de différents monuments, de
montagnes, de canaux, d'étangs, de portes des villes, de kiosques,
de tombeaux, etc.. Il y a là quelques détails historiques bien précieux
qu'on chercherait vainement ailleurs; je les ai notés avec soin. Mais
ce n'est pas un ouvrage littéraire; il est fait sans goût. Quelques
auteurs l'attribuent à Tse-kong 子 貢, qui aurait voulu suppléer à
nombre de détails concernant les royaumes de Ou et de Yué, que son
maître Confucius avait omis dans sa chronique. Les lieux communs
sur la vertu, la vertu persécutée, la haute politique des anciens
"saints" etc., sont fastidieux, et sentent le pur lettré chinois.—

Voici ce qu'en dit l'éditeur: "Cet ouvrage est bien connu de tout
" le monde; mais on ne sait qui l'a fait. D'aucuns ont prétendu que

" *Toan Mou-se* 端木賜 (autrement Tse-kong) disciple de Confucius
" en était l'auteur; mais ce n'est pas le style de son époque. Cette
" opinion s'est peut-être formée parce qu'il a été ambassadeur dans les
" deux royaumes de Ou et de Yué. Se-ma Ts'ien mentionne aussi
" cette croyance. Mais la chose n'est pas possible; car ce livre parle
" de la dynastie des Han (qui commence 296 A.C., tandis que
" Confucius vivait de 551 à 479). On en ignore donc le véritable auteur.
" Au temps des Han, un écrivain l'aura réédité, en y ajoutant du sien.
" Ce qu'il y a de certain, c'est qu'il a été réimprimé en 1208, à *Koei-*
" *tcheou-fou* 夔州府, dans le Se-tch'oan; plus tard imprimé de
" nouveau à Koei-ki, l'ancienne capitale de Yué. Mon exemplaire,
" (continue l'éditeur) vient de *Li-yang* 黎陽, d'un nommé *Liu*
" *Chao-keng* 盧少根."

Ainsi parle le nouvel éditeur *Tchang Kia-yng* 張佳胤 du *Se-tch'oan* 四川, qui l'a fait imprimer sous l'empereur *Kia-tsing* 嘉靖 (1522-1567), dynastie des Ming; c'est-à-dire en 1532.

Maintenant ce livre est très rare.

11°.—列國志 *Lié-kouo tché*. Histoire de divers royaumes, depuis l'empereur *Ping-wang* 平王 (770 à 719 A.C.) jusqu'à *Ts'in Che-hoang* 秦始皇 (246-209) qu'elle appelle dédaigneusement Liu-tcheng, fils de *Liu Pou-wei* 呂不韋[1].

C'est un livre d'un style simple, mis à la portée de tous. L'auteur a atteint son but; car cet ouvrage est très en vogue. Il n'est pas dans le genre des grands historiens qui font de hautes considérations sur la vertu, la politique, la chute des empires, etc. Il raconte des faits historiques, purement et simplement, sans prétention.

La préface est de *Ts'ai Yuen-fang* 蔡元放, datée de l'année 壬申 *jen-chen* de l'empereur *K'ien-long* 乾隆, c'est-à-dire 1792.

C'est dans les volumes 13, 14, 15, 16 et 17, qu'il parle du royaume de Ou.

12°.—惠山紀 *Hoei-chan ki* Mémoires sur la montagne Hoei-chan, la montagne célèbre de Ou-si. La préface de la nouvelle édition est de *Li Ho-tchang* 李鶴章, frère de Li Hong-tchang. Elle est faite dans le grand et pédant style des lettrés, qui sentent le besoin de parler d'eux-mêmes; elle n'est qu'une exaltation de ses mérites, et de la valeur de son incomparable armée toujours victorieuse. Les braves de *Hoai-ngan* 淮安 et du *Hou-nan* 湖南, qui sont glorieusement tombés sur les champs de bataille, ont reçu une récompense digne

---

[1] On sait que ce mépris affecté des lettrés pour Ts'in-Che hoang vient de ce qu'il avait fait brûler tous les livres chinois qu'il avait pu rencontrer.

d'eux; il leur a obtenu de l'empereur un arc de triomphe dressé sur le flanc de cette montagne Hoei.

Le livre ne contient que très peu de renseignements relatifs au royaume de Ou. Entre autres choses, il explique d'une singulière façon le nom de la ville de *Ou-si* 無錫 Vol. 4, page 15 : Il raconte que sous la dynastie Tcheou, et sous l'empereur Ts'in Che-hoang, on trouvait de l'étain 錫 (*si*) sur cette montagne. Au temps des Han, il n'y en avait plus; d'où l'on appela désormais la ville: *Ou-si* 無錫 *sans étain*. Plus tard, sous l'usurpateur *Wang-mang* 王莽 on en trouva de nouveau; d'où le nom: *Yeou-si* 有錫 (de l'an 33 A.C. à l'année 23). Depuis, on n'en a plus trouvé. De là vient le proverbe: 有錫兵天下爭無錫寧天下清 *Yeou-si, ping; t'ien-hia-tcheng, Ou-si, ning; t'ien-hia ts'ing,* qui peut ainsi se traduire: si l'on trouve de l'étain, il y aura guerre, guerre partout; si l'on n'en trouve point, la paix régnera, la paix universelle. Mon édition est de 1880.

13°.—吳地記 *Ou-ti ki,* Mémoires sur le pays de Ou. Ce livre a été composé sous la dynastie des *T'ang* 唐, en l'année 877. Il fut revu et augmenté sous la dynastie des *Song* 宋, en l'année 1187. Mon édition est une réimpression faite à Sou-tcheou, en 1873; il est donc facile de se la procurer. Elle contient beaucoup de détails sur la ville de Sou-tcheou. J'ai cité ce recueil à divers endroits; mais c'est plutôt un cahier qu'un livre.

14°.—吳群圖經續記 *Ou-kiun t'ou-king siu-ki.* Cartes et documents sur la capitale (du royaume) de Ou, édition complétée. C'est un ouvrage édité en 1085, par *Tchou Tchang-wen* 朱長文, natif de Sou-tcheou.

Il raconte, dans sa préface, que depuis la dynastie des T'ang, il y avait une loi qui obligeait d'envoyer à la cour, tous les trois ans, le relevé de la population, des terres labourables, des impôts, etc. La dynastie des Song avait la même loi. Dans ces relations, il fallait indiquer aussi les changements de nom des villes, des bourgs, etc., noter l'augmentation ou la diminution de la population, etc.. Ainsi les documents ne manquaient pas. C'est sur l'ordre du gouverneur de Sou-tcheou que cet ouvrage a été entrepris. Ce sont trois petits volumes chinois sur l'étendue de la ville capitale, sur différentes autres villes et bourgs principaux, sur la population, l'agriculture, les produits du pays, les mœurs, les salles d'examens, les tribunaux, les jardins publics, les magasins et dépôts, les moyens de communication jusqu'à la mer, etc.. Mais ce n'est pas un livre; c'est plutôt un catalogue, qui contient cependant divers renseignements précieux.

Il en a été fait une réimpression à Sou-tcheou, en 1873.

NOTIONS GÉOGRAPHIQUES.

SUR L'ANCIEN ROYAUME DE *OU*.

Pour l'intelligence de cette histoire, il faut avoir sous les yeux la carte intitulée *Tch'oen-ts'ieou ti-li k'ao-che t'ou* 春秋地理攷實圖 dressée par les Pères Ignace Lorando et P'an s.ɪ., en 1892. Elle est exacte, sauf pour la partie méridionale du royaume de Ou; car *Hang-tcheou* 杭州 appartenait aussi à ce royaume; tandis que sur la carte cette ville est marquée dans celui de Yué. Au sud il faut donc agrandir le territoire de Ou. *Hang-tcheou, Yen-tcheou* 嚴州, *Hoei-tcheou* 徽州 etc.; bref, la partie nord de la province de *Tché-kiang* 浙江, tout le sud du *Ngan-hoei* 安徽, la moitié nord du *Kiang-si* 江西, tout cela faisait partie du royaume de Ou.

Le recueil Sou-tcheou-fou tche, Vol. I, page 1, indique les frontières de cet état comme il suit: " A l'est, il touchait à la mer et aux " îles *Yong-tong* 甬東, c'est-à-dire aux îles *Tcheou-chan* 舟山 à l'est de " *Ning-p'ouo* 寧波. A l'ouest, il s'étendait jusqu'à *Yu-leou* [1] 霅婁 " et *Yu-tchang* 豫章; au sud, il touchait à la principauté de *Ngai* " [2]艾, et au royaume de Yué qui se trouvait dans la province actuelle " du Tché-kiang. Mais il est à remarquer qu'une partie de cette " province actuelle était au royaume de Ou; c'est-à-dire Hang-tcheou " et tout le nord-ouest. Au nord, il s'étendait jusqu'à *Siu* 徐, " *Tchong-ou* 鍾吾 et *T'ouo-kao* [3] 橐臯, c'est-à-dire jusqu'au lac " *Hong-tché* 洪澤湖 et la rivière *Hoai* 淮河, Le royaume de Ou " comprenait donc à peu près le *Kiang-nan* 江南 actuel; c'est-à-dire les " deux provinces du *Kiang-sou* 江蘇 et du *Ngan-hoei* 安徽. " Mais la partie ouest du Ngan-hoei était au royaume de *Tch'ou* 楚, le " voisin occidental de Ou, et son rival."

---

[1] Yu-leou, actuellement *Ho-kieou* 霍邱, sur la rive droite du fleuve *Hoai* 淮 河; Yu-tchang est près des villes *Fong* 鳳 et *Tch'ao* 巢, non loin du même fleuve.

[2] La ville de Ngai est maintenant *Ning-tcheou* 寧州, dans le Kiang-si, sur le fleuve Sieou-ho.

[3] T'ouo-kao se trouvait à l'est du lac *Tch'ao-hou* 巢湖, dans le Ngan-ho ei; c'est à peu près la ville actuelle de *Cheou-tcheou* 壽州.

" La rive sud (ou droite) du *Yang-tse-Kiang* 楊子江 apparte-
" nait au royaume de Ou, sur une grande étendue, c'est-à-dire jusqu'à la
" frontière de la province actuelle du *Hou-nan* 湖南 ; de sorte que
" toute la région sud du Kiang, même le nord du Kiang-si actuel, était
" au royaume de Ou."

D'après les lettrés chinois, tout ce pays serait la province de *Yang-
tcheou* 楊州, l'une des neuf qui étaient sous le sceptre du grand *Yu*
禹; elle dut venir comme les autres offrir à cet empereur le tribut
annuel. Mais ce récit des lettrés manque de bases historiques
comme nous le montrera toute cette histoire. D'après les documents
authentiques et chinois, la Chine proprement dite était alors confinée dans
le cours moyen du *Hoang-ho* 黃河. Tout ce qui était en dehors de
ce bassin n'était pas chinois, mais simplement barbare et sauvage.
Peu à peu l'élément chinois s'est étendu, et a absorbé ces sauvages.
Mais à l'époque qui doit nous occuper, les habitants de Ou ne sont pas
chinois; au contraire, ils sont méprisés et détestés.

Les anciens lettrés disaient: le ciel a créé cinq espèces de
sauvages, les *Man* 蠻 ou habitants du Kiang-nan, les *Miao* 苗
habitants du *Koei-tcheou* 貴州, les *Wo* 倭 ou Japonais, les *Hoei* 回
ou Mongols, et les *Ta* 搭 ou Tartares. Ainsi le veut le proverbe.
Tous ces barbares, naturellement, ont été créés pour servir les Chinois;
les anciens saints l'affirment. Mais bien souvent, comme encore
maintenant, le contraire a été vrai; les Chinois ont dû se soumettre
aux prétendus sauvages, en dépit des fières paroles des lettrés.

Voici quelques détails concernant plusieurs villes principales.[1]

Nan-king (ou *Kiang-ning-fou*) 南京 (江寧府) n'existait pas
au temps du royaume de Ou. Cette capitale de Chine date du roi
Wei 威 (339-328 A.C.) du royaume de Tch'ou. Le fameux Ts'in
Che-hoang jugea la position favorable pour une ville importante, et
l'agrandit.

Lou-ho 六合, au nord du Kiang, existait au temps du Tch'oen-
ts'ieou. *Tch'ang-chou* 常熟 ne date que de la dynastie des Tsin
(265-317 P.C.), et s'appela d'abord *Hai-yu* 海虞, à cause de la
montagne voisine, dont nous parlerons dans cette histoire.

L'île de *Tch'ong-ming* 崇明 date de la dynastie des T'ang 唐
(620-907 P.C.), et s'appelait *Kou-tsiun-cha* 顧俊沙.

---

[1] Ces renseignements sont tirés du précieux livre *Li-tai yen-ko piao* 歷代沿革
表, volume 1, page 50. J'ai enfin trouvé cet ouvrage que j'avais autrefois cherché en
vain. Legge en parle, vol. 1, page 134.

Song-kiang-fou 松江府 date du temps du royaume de Ou, comme nous le verrons dans le cours de ce travail.

Chang-hai 上海, ville si célèbre actuellement, n'était qu'un bourg très fréquenté, sous la dynastie des Song (960-1280). La dynastie des *Yuen* 元 en fit, dès son élévation au trône, une sous-préfecture.

Tan-yang 丹楊 est une ville très ancienne; puisqu'elle existait au temps du Tch'oen ts'ieou.

Kin-tan 金壇 date de l'empereur Ts'in Che-hoang, et s'appelait *K'iu-ngo* 曲阿, comme nous le verrons en parlant des canaux du Kiang-nan.

Li-Yang 溧陽 est mentionnée dans les vieux livres. *Ou-tse-siu* 伍子胥 en rentrant de sa fameuse expédition de Tch'ou, passa par cette ville avec son armée victorieuse.

Hoai-ngan 淮安 existe depuis le temps de Tch'oen-ts'ieou.

Hai-tcheou 海州 était, dès ce temps-là, un état indépendant, du nom de *Tan-tse-kouo* 郯子國.

Yang-tcheou 楊州, d'après les vieux livres, aurait déjà existé comme ville importante, dès les temps de *Yao* 堯 et *Choen* 舜. Il est au moins prudent d'en douter; mais certainement c'est une ville fort ancienne.

Kao-yeou 高郵 et *T'ai-tcheou* 泰州, qui dépendent d'elle existaient au temps du Tch'oen-Ts'ieou.

T'ong-tcheou 通州 est mentionnée dans notre récit, à propos d'une entrevue des princes, présidée par le roi de Ou.

Siu-tcheou-fou 徐州府 est une des plus anciennes villes du Kiang-nan. On prétend que, sous l'empereur Yao, c'était un état indépendant du nom de *Ta-pong-che* 大彭氏.

[1] *Ngan-k'ing-fou* 安慶府 était, au temps du Tch'oen-ts'ieou, un état indépendant nommé *Hoan-kouo* 皖國.

Hoei-tcheou-fou 徽州府 faisait partie du royaume de Ou.

Ning-kouo-fou 寧國府, *T'ai-p'ing-fou* 太平府, et *Tch'e-tcheou-fou* 池州府 existaient, et appartenaient au même royaume de Ou.

Ou-hou hien 蕪湖縣 était un petit état indépendant appelé *Kieou-tse* 鳩玆.

Liu-tcheou-fou 盧州府 était aussi un petit état indépendant, sous le nom de *Chou-kouo* 舒國, depuis le temps du Tch'oen-ts'ieou.

---

[1] Comme on peut s'en rendre compte, une grande partie du Ngan-hoei actuel c'est-à-dire le nord-ouest du Yang-tse-kiang, appartenait au royaume de Tch'ou.

Ou-wei-tcheou 無為州, qui dépend maintenant de Liu-tcheou-fou, était également une principauté libre, nommée *Tch'ao* 巢, que le royaume de Ou s'annexa.

Tch'ao-hien 巢縣, qui dépend aussi de Liu-tcheou-fou, appartenait de même à cette principauté de Tch'ao.

T'ouo-kao 橐臯, que nous mentionnons dans cette histoire, se trouvait dans la banlieue de la ville précédente. Le fameux empereur Tch'eng-t'ang (1766-1753 A. C.) y relégua le dernier prince de la dynastie *Hia* 夏.

Fong-yang-fou 鳳陽府 est une des plus anciennes villes du Kiang-nan; puisqu'au temps du Tch'oen-ts'ieou elle passait déjà pour très ancienne; son nom était *Tou-chan-che kouo* 塗山氏國.

Hoai-yuen-hien 懷遠縣, maintenant sous la dépendance de Fong-yang, appartenait au royaume de Song.

Hong-hien 虹縣, autre sous-préfecture de la même ville, est aussi très ancienne; puisqu'on dit que l'empereur Yao la donna en fief au grand *Yu* 禹 (2205-2197).

Cheou-tcheou-fou 壽州府 est de même très ancienne; et formait alors les deux petits états indépendants, *Lou* 六 et *Leao* 蓼.

Fong-t'ai-hien 鳳臺縣, de la même préfecture, est l'ancienne ville de *Tcheou-lai* 州來 dont nous parlerons à différentes reprises. Le roi de Ou l'annexa.

Sou-tcheou-fou 宿州府 est très ancienne, et formait le petit état indépendant nommé *Sou-kouo* 宿國.

Yng-tcheou-fou 穎州府 est des anciens temps aussi; à l'époque du Tch'oen-ts'ieou, c'était le petit état indépendant appelé *Hou-tsé Kouo* 胡子國.

Ho-k'ieou-hien 霍邱縣 date de la dynastie Tcheou (1122 avant J. C.). Au temps du Tch'oen-ts'ieou, elle appartenait au royaume de *Leao* 蓼.

Po-tcheou 亳州 date aussi du commencement de la même dynastie. A l'époque du Tch'oen-ts'ieou, c'était la ville de *Ts'iao* 譙, du royaume de *Tch'eng* 陳.

Koang-té-tcheou 廣德州 s'appelait *Tong-joei* 桐汭 au temps du Tch'oen-ts'ieou.

Tch'ou-tcheou-fou 滁州府 était près de la frontière des deux royaumes de Ou et de Tch'ou.

Lou-ngan-tcheou 六安州 était déjà une ville importante, au temps du grand Yu; car cet empereur la donna à son ministre *Kao-yao* 皋陶. Au temps du Tch'oen-ts'ieou elle formait un état indépendant.

L'antique ville de *Se-tcheou-fou* 泗 州 府 faisait alors partie du minuscule royaume de Siu 徐 子 國.

Une grande partie du Kiang-si actuel appartenait au royaume de Ou, comme *Nan-tch'ang-fou* 南 昌 府.

Ning-tcheou 寧 州 est l'ancienne ville de *Ngai* 艾 où se réfugia K'ing-ki le fils du roi de Ou nommé Leao qui périt assassiné.

Jao-tcheou-fou 饒 州 府 est une très ancienne ville du royaume de Ou.

P'ouo-yang 鄱 陽, située près du lac de ce nom, s'appelait *Fan* 番. Ayant battu l'armée de Tch'ou, le roi de Ou prit cette ville.

Koang-sin-fou 廣 信 府 appartint tantôt au royaume de Ou, tantôt à son rival Tch'ou.

Nan-k'ang-fou 南 康 府 et *Kieou-kiang* 九 江 eurent aussi le même sort.

Fou-tcheou-fou 撫 州 府, *Ling-kiang-fou* 臨 江 府, *Choei-tcheou-fou* 瑞 州 府, *Yuen-tcheou-fou* 袁 州 府, *Ki-ngan-fou* 吉 安 府, *Kan-tcheou-fou* 贛 州 府, *Nan-ngan-fou* 南 安 府, toutes ces villes étaient aussi au royaume de Ou.

Kien-tch'ang-fou 建 昌 府 en formait la frontière sud-ouest.

Comme l'on voit, à l'époque qu'embrasse notre histoire, le territoire de Ou s'étendait beaucoup plus au sud que ne l'indique la carte des Pères Lorando et P'an.

Dans la province actuelle du *Tché-kiang* 浙 江, les villes suivantes appartenaient aussi au royaume de Ou: *Hang-tcheou-fou* 杭 州 府, *Kia-hing-fou* 嘉 興 府, *Hou-tcheou-fou* 湖 州 府 au sud-ouest du lac T'ai-hou, et *Yen-tcheou-fou* 嚴 州 府 à l'ouest de Hang-tcheou.

Bref; au sud, le royaume de Ou était plus étendu que ne l'indique la carte; il prenait une grande partie du Tché-kiang et du Kiang-si.

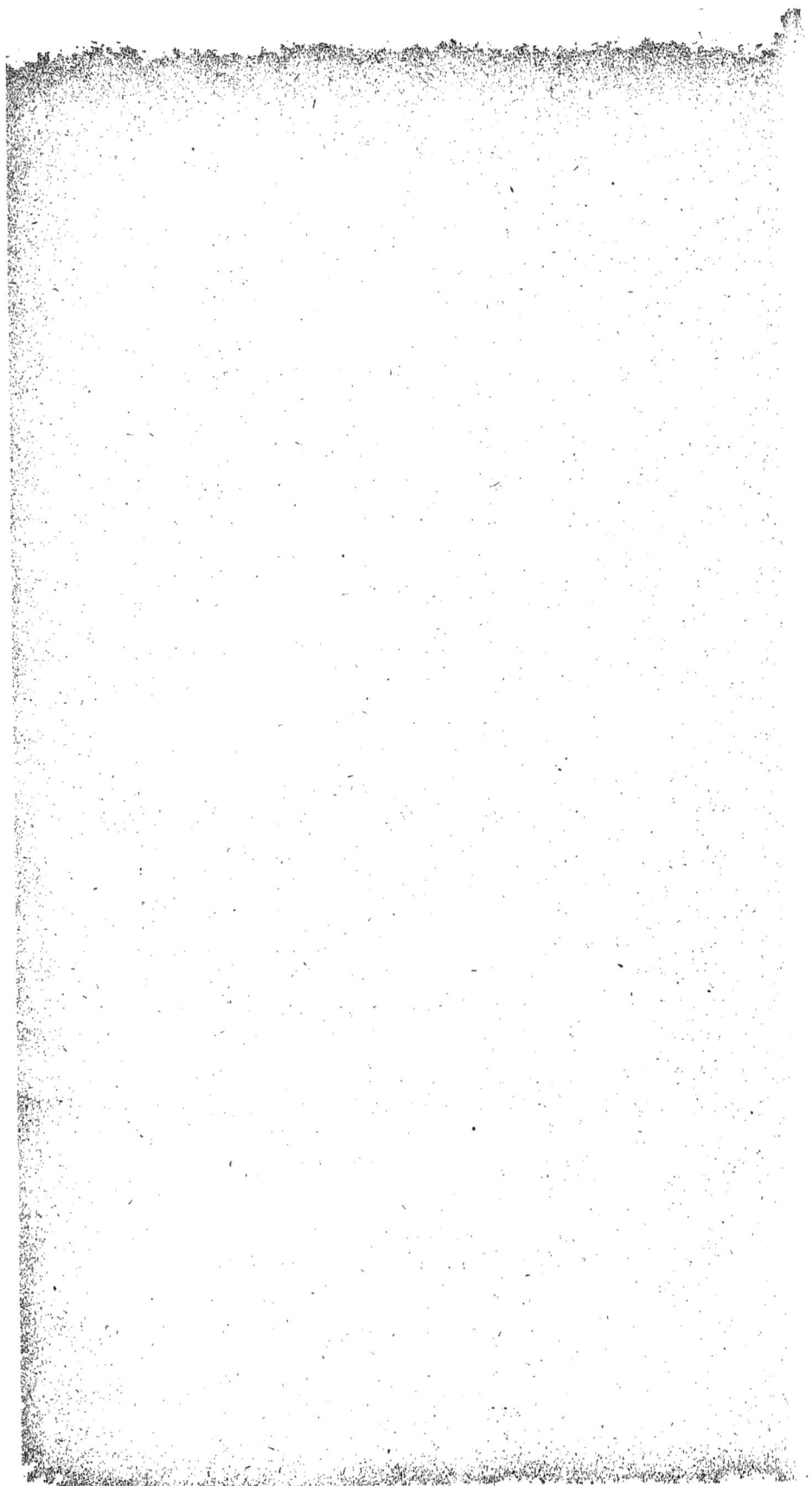

HISTOIRE DU ROYAUME DE OU.

CHAPITRE I.

DEPUIS LES ANCIENS TEMPS JUSQU'À L'ÉPOQUE VRAIMENT HISTORIQUE
(585 A. C.)

SOURCES == Ou-Yué tch'oen-ts'ieou, vol. 1, page 1 et suivantes.
== Che-ki, de Se-ma Ts'ien, vol. 31, page 1, etc.
== T'ong-kien kang-mou, vol. 18, page 8, etc.
== Mei-li tche; Ou-si, Kin-koei, Ou-tsing, Yang-hou
  tche.

Les premiers temps d'une pareille histoire ne sauraient être que fabuleux. Je traduis ce qu'en disent les annales de Ou et de Yué. L'auteur Tchao I a, ce me semble, le mieux résumé ce qui en a été écrit. Tous les écrivains postérieurs n'ont fait que le copier.

" Le premier des princes de Ou est *T'ai-pé* 太伯, qui descendait
" de *Heou-tsi* 后稷 contemporain et frère du fameux *Yao* 堯
" (vers 2356 A.C.)[1] La mère de Heou-tsi se nommait *Kiang-*
" *yuen* 姜嫄, princesse de *Tai* 台 (actuellement dans la province du
" *Chen-si* 陝西) et première femme de *Ti-kou* 帝嚳. Jeune, et encore
" vierge, étant allée se promener à la campagne, elle vit l'empreinte
" des pieds d'un géant. Elle en fut grandement réjouie dans son
" cœur, et prit plaisir à examiner ces traces de pas. Elle y
" mit elle-même ses pieds; alors son corps reçut une commotion,
" comme provenant d'un homme et elle se trouva enceinte. Craignant
" d'encourir la peine d'une femme corrompue, elle offrit aussitôt
" un sacrifice pour demander un fils, disant: parce que je n'ai pas de
" fils, jai marché sur les traces du sublime Seigneur 上帝[2] Ainsi,
" c'est le ciel qui lui accorda cet enfant.

---

[1] L'empereur Yao était fils de la seconde femme ou concubine, nommée *K'ing-tou* 慶都. Heou-tsi et Yao sont donc demi-frères.

[2] Il est probable que cette expression, dans les anciens livres, signifie Dieu ou l'Etre Suprême.

" Elle était pourtant inquiète ; elle le jeta donc dans un passage
" étroit et fort fréquenté. Des boeufs et des chevaux passèrent par là ; ils
" ne l'écrasèrent pas; au contraire, ils se rangèrent de côté avec respect
" et le laissèrent intact.   Après cela, on exposa l'enfant dans une forêt
" sauvage, où il fut trouvé par des bûcherons.   On l'exposa encore sur la
" glace d'un lac.   Des bandes d'oiseaux vinrent le couvrir de leurs ailes,
" et le sauvèrent de la mort.   Kiang-yuen le regarda alors comme un
" enfant surnaturel, elle le reprit et l'éleva avec tous les soins d'une
" mère.   Quand il fut grand, il reçut le nom de K'i 棄, c'est-à-dire
" *le rejeté*.   Dans son adolescence, il aimait à planter des arbres, à
" semer du millet, du sésame, toutes sortes de céréales.   Considérant
" les cinq espèces de terre,[1] la bleue, la rouge, la jaune, la noire ; de
" plus, examinant si le terrain était sec ou marécageux, sur des
" hauteurs ou dans la plaine, il cultivait d'après la nature de chaque
" plante, soit le millet *Tse* 粢, soit le millet à panicules *Tsi* 稷, soit
" le nénuphar *Kiu* 虌, soit le blé, les fèves, ou le riz.   Quand arriva
" la grande inondation (le déluge), l'empereur Yao choisit un plateau
" pour s'y réfugier avec son peuple.   Il pria son frère K'i d'instruire tout
" ce monde et de lui enseigner à vivre sur ces montagnes.   Il établit
" donc divers lots de terre, d'après la nature du terrain ; puis, pendant
" trois ans, il communiqua au peuple toutes les expériences qu'il avait
" faites en agriculture.   Aussi ne voyait-on plus de faméliques errant
" par les chemins. Pour récompense, l'empereur Yao le nomma ministre
" de l'agriculture ; il lui donna *T'ai* 台, comme fief ; et lui accorda le
" titre de Heou-tsi, c'est-à-dire celui qui préside au millet.[2]   Son nom
" de famille était *Ki* 姬, car il descendait du premier empereur
" chinois *Hoang-ti* 黃 帝.[3]   Heou-tsi obtint donc une principauté,
" et devint roitelet.   A sa mort, son fils *Pou-tché* 不 窟 lui succéda,
    "Quand la dynastie des *Hia* 夏 (2205-1766 A.C.) tomba en
" décadence, la famille de Heou-tsi perdit sa dignité, et dut s'enfuir
" chez les Tartares *Jong-t'ai* 戎 泰.   Un des descendants, appelé
" *Kong-lieou* 公 劉, (vers 1797 ; voir Zottoli, II Vol., page 21) était
" d'un caractère si bénin, qu'il lui en coûtait de marcher sur l'herbe, et
" qu'en conduisant son char il évitait par respect de froisser les
" roseaux du chemin.[4]   Kong-lieou dut lui-même rester en exil, par

---

[1] Le texte omet la cinquième couleur de la formule chinoise, le blanc.

[2] Le millet est la nourriture principale dans les régions du Nord.

[3] Le nom de *Ki* a été donné à cette famille, parce qu'elle vivait près du fleuve
Ki choei 姬 水.

[4] Notons en passant la grande vertu des lettrés chinois dans les livres ; elle est
là plus que dans la pratique de la vie.

" crainte du tyran *Ti-kié* 帝桀 (1818-1766). Il demeura chez les
" Tartares, et y opéra un changement de mœurs complet ; en sorte que
" le peuple devint tout autre, et eut une administration civilisée.
" Lorsqu'il mourut, son fils *K'ing-tsie* 慶節 lui succéda.

" A la huitième génération, son successeur fut *Kou-kong-tan-fou*
" 古公亶甫, ou le Grand roi *T'ai-wang* 太王 vers 1327.
" Celui-ci suivit les traces de Kong-lieou et de Heou-tsi, pratiqua la
" vertu, et se montra juste ; aussi fut-il en grande vénération chez ces
" sauvages. Les *Hiun-yu jong-ti* 薰鬻戎狄, autres aborigènes,
" furent jaloux et l'attaquèrent. Il offrit de leur être soumis, et leur
" envoya en présent des chiens, des chevaux, des bœufs et des brebis.
" Mais ils ne cessèrent pas pour cela leurs incursions. Il leur envoya
" des peaux, des soieries, des métaux, des jades et autres pierres
" précieuses. Ils continuèrent à le vexer par leurs déprédations. Il
" leur demanda enfin ce qu'ils voulaient. Ce sont vos terres que nous
" voulons, répondirent-ils. Kou-kong dit alors ce grand mot, resté
" célèbre: Un prince sage ne garde pas à son usage ce qui devient un
" détriment pour son peuple au lieu de lui être utile pour sa subsistance ;
" ce serait perdre sa principauté, et nuire aux habitants ; je ne reste
" plus ici ! Ayant donc bien réfléchi, il quitta *Ping* 邠, (1) passa la
" montagne *Leang* 梁, et s'établit dans le pays de *Ki-tcheou* 岐周.
" Il avait dit à son peuple: Pourquoi voulez-vous m'accompagner ?
" En quoi suis-je meilleur que leurs chefs ? Restez donc avec eux ; et
" laissez-moi partir seul ! Mais tous, parents et enfants, frères aînés et
" frères cadets se mirent en route à sa suite ; ils s'entr'aidaient les uns
" les autres, portant les vieillards impotents sur leurs épaules, tenant
" par la main leurs petits enfants ; emportant leurs chaudrons et leurs
" marmites en terre cuite, etc. En deux mois ils élevèrent un rempart
" en terre, et formèrent un bourg ; deux ans plus tard c'était une ville
" de premier ordre ; le nombre des habitants avait quintuplé.

" Kou-kong eut trois fils: l'aîné *T'ai-pé* 太伯 ; le second *Tchong-*
" *yong* 仲雍, nommé aussi *Ou-tchong* 吳仲 ; le troisième *Ki-li* 季歷,
" qui fut *Wang-ki* 王季, père du fameux empereur *Wen-wang* 文王
" (vers 1122 A.C.). Ce troisième fils prit pour femme la princesse
" (2) *T'ai-jen* 太任 ; il en eut un enfant qu'il appela *Tch'ang* 昌 ; à

---

1 Ping est actuellement la ville de *Tsi-hien* 漆縣, dans la préfecture de *Sin-p'ing* 新平, province du Chen-si. La montagne Leang est dans le territoire de *Hia yang* 夏陽. Le pays de Ki-tcheou est maintenant appelé *Ki chan-hien* 岐山縣.

2 Cette princesse était de la principauté de *Tche* 摯. Voir Zottoli, III, p. 229, Ode 2ème, T'ai-ning, vers 3ème

"son tour, celui-ci eut un fils nommé *Cheng-choei* 聖瑞. Voyant
"que Tch'ang était un homme éminemment sage, Kou-kong voulut
"en faire son héritier; car, disait-il, qui serait plus capable que Tch'ang
"pour faire fleurir le royaume? C'est pourquoi il changea son nom en
"celui de Ki-li, qui signifie jeune héritier. T'ai-pé et Tchong-yong
"comprirent l'intention de leur père, sachant bien qu'héritier signifie
"successeur. Aussi, quand Kou-kong tomba malade, les deux princes
"s'éloignèrent, sous le prétexte d'aller chercher des herbes médicinales
"sur la montagne *Heng-chan* 衡山 (dans le Hou-koang). Ils se
"retirèrent chez les *King-man* 荊蠻, ou sauvages des broussailles, nom
"des sauvages méridionaux. Là, ils se coupèrent les cheveux tout ras;
"ils se tatouèrent; ils prirent les mêmes vêtements que les gens du
"pays; montrant ainsi publiquement qu'ils ne voulaient pas succéder
"à leur père.

"A la mort de Kou-kong, T'ai-pé et Tchong-yong rentrèrent
"dans leur patrie, pour rendre les derniers honneurs à leur père; le
"deuil fini, ils retournèrent chez les sauvages King-man. Ceux-ci
"les reconnurent pour princes, et leur furent soumis; comme déno-
"mination de leur principauté, ils adoptèrent les deux caractères *Keou-
"ou* 勾吳. Tsouo-k'ieou-ming (vol. 48, p 2), dit que T'ai-pé régnait et
gouvernait d'après les lois du *Tcheou-li* 周禮; mais son frère Tchong-
yong s'accommoda aux usages des indigènes, et ne sut ni les relever
ni les civiliser—Mais n'est-ce pas le lettré chinois qui perce là? T'ai-
pé est un des saints chinois des lettrés. Ceux-ci n'admettront jamais
qu'un de leurs anciens saints ait vécu à la manière des barbares; il est
pour eux bien plus simple de nier l'histoire.

Cependant les livres historiques de la dynastie des *Han* 漢
racontent absolument les mêmes détails que ci-dessus. Une question
très controversée chez les lettrés, c'est de savoir ce que signifie le
caractère *Keou* 勾 devant celui de Ou? Plus tard, ce pays et ce royaume
ne furent connus que sous le nom de Ou. Pourquoi s'appelle-t-il
donc *Keou-ou* dans les anciens documents? L'opinion la plus probable
est que *Keou* est une particule préfixe prise du langage des barbares; ce
serait donc une phonétique sauvage. Tout comme on disait plus tard
Yu-yué, au lieu de Yué; ou le mot Yu est regardé comme une phonétique
particulière aux barbares de Yué (Cf. Mei-li tche, page 1). Le vieux bouquin *Yué-ts'iué* 越絕, vol 3, p. 1, dit aussi que les gens de Ou étaient
des *Sauvages* 夷狄, et ennemis de la Chine. Une autre explication
nous est donnée dans les livres: quelques gens de Ou demandèrent à
T'ai-pé pour quel motif il avait ajouté ce nom de *Keou*? Moi, répondit-
il, quoique fils aîné de ma famille, je n'ai pas de successeur. Celui

qui, après moi, doit hériter de cette principauté est mon frère Ou-tchong; voilà pourquoi je l'ai appelée Keou-Ou; c'est-à-dire celui qui prend la succession de Ou; n'est-ce pas juste et convenable?[1]

Les annales continuent leur récit, comme il suit: "Les sauvages King-man trouvant en T'ai-pé un homme juste, lui obéirent volontiers; ils l'accompagnèrent, au nombre de plus de mille familles, pour aller fonder Keou-Ou." D'après ce texte, T'ai-pé se serait d'abord établi dans le *Hou-koang* 湖 廣; il aurait plus tard quitté ce pays pour venir à Ou-si. D'autres historiens disent que T'ai-pé est venu dès le commencement dans les pays de Ou. Nous verrons bientôt que les deux opinions peuvent s'expliquer assez facilement; et que la contradiction est plus apparente que réelle. Poursuivons notre récit.

" Dans l'espace de quelques années, le peuple augmenta en nombre
" et en richesse. Vers la fin de la dynastie des *Yn* 殷 (vers 1200 avant
" J.C.), quand le gouvernement impérial était en pleine décadence, les
" divers princes s'arrogeaient le droit des armes. Craignant qu'ils ne
" vinssent jusqu'au pays des King-man, T'ai-pé fit élever des remparts
" d'une circonférence de trois ly et deux cents pas, pour protéger sa
" capitale. Plus tard la principauté comprenait plus de trois cents ly
" dans la direction Nord-ouest; mais son influence morale devait être
" sans limites. Son nom était *Kou-ou* 古 吳, c'est-à-dire Ou l'ancien;
" tout le peuple s'y appliquait à l'agriculture.

Le Mei-li-tche (vol. 2, p. 2,) dit qu'alors on haussait le terrain de trois *tchang* 丈 (30 pieds!), pour assurer la salubrité des habitations à bâtir; car tout le pays était marécageux.

Le Sou-tcheou-fou tche ajoute, à son tour, ce qui suit: le pays de Mei-li est plus haut que le reste du pays. C'est bien une preuve qu'il fut peuplé le premier. En retirant la vase des canaux on exhaussa insensiblement le terrain. Le territoire de Mei-li est même trop élevé maintenant pour la culture du riz; c'est pourquoi on a pris de la terre des champs qui sont trop hauts, et l'on a fait des buttes qu'on trouve partout dans les environs de Mei-li (vol. 44, page 1).

Voici maintenant quelles étaient l'étendue et la position de ce pays: A l'ouest, cette principauté s'étendait jusqu'au canal impérial (actuel); à l'est, jusqu'au lac *Ts'ao-hou* 曹 湖, ce qui donne une distance de soixante ly. Au sud, sa frontière était à *Li-ho* 蠡 河; au nord, à la montagne de *Koa-kiao-chan* 跨 膠 山, ce qui fait une distance de quarante-cinq ly. Autrefois, ce territoire appartenait à la

---

[1] D'après cela, ce caractère Keou serait l'équivalent de *Kiu* 句, prendre, saisir. Même actuellement, on emploie souvent ces deux caractères l'un pour l'autre, avec le même sens.

ville de Ou-si. Mais celle-ci ayant été divisée, la 4ème année de
Yong-tcheng, en deux Sous-préfectures Ou-si et Kin-koei, ce pays est
soumis au mandarin de Kin-koei. Celui-ci a l'obligation d'aller, deux
fois l'an, à la 2ème lune et à la 8ème, offrir des sacrifices à T'ai-pé.[1]

T'ai-pé régna quarante-neuf ans; et n'eut pas de fils. (Cf. Mei-li
tche, vol. 1, p. 31). Reprenons la suite de notre histoire.

" Quand Kou-kong fut sur le point de mourir, il ordonna à
" Ki-li de laisser la couronne à T'ai-pé. Mais celui-ci la refusa par
" trois fois, et s'obstina à décliner cet honneur. De là le dicton
" populaire: T'ai-pé a trois fois refusé l'empire.

" C'est donc Ki-li qui prit en main le gouvernement. Il renouvela
" les exemples des anciens grands rois et pratiqua l'humanité, la justice.

" A la mort de Ki-li, son fils Tch'ang lui succéda et fut surnommé
" Si-pé 西伯, c'est-à-dire le grand chef occidental. (C'est le fameux
" Wen-wang 文王).

Les commentaires observent très bien que les successeurs de
T'ai-pé n'étaient que de petits princes; comment donc expliquer ici
que Tch'ang est appelé le grand chef occidental? Tse-hia 子夏 répond
que Ki-li avait déjà reçu ce titre de l'empereur Ti-i 帝乙
(1191-1154), par la collation du sceptre de jade et les cratères de viu.
C'est donc par droit d'héritage que Tch'ang (Wen-wang) avait cette
dignité.

Les annales disent de lui: "Il suivit les traces de ses illustres ancê-
"tres Kong-lieou et Kou-kong; il honora les vieillards, et aussitôt tout
" l'empire se tourna vers lui; la plus grande paix régna sous son sceptre.
" Le sage Pé-i 伯夷 vint des extrêmes côtes de la mer pour se mettre
" sous sa houlette.

" Quand Wen-wang mourut, son fils Fa 發 lui succéda (ce fut le
" roi Ou-wang 武王); il se servit de ses frères Tcheou 周 et Tchao 召
" comme auxiliaires, et alla renverser la dynastie Yn (1766-1122).
" Ainsi tout l'empire fut pacifié. Il prit le titre d'empereur, et
" décerna à son aïeul des honneurs posthumes en l'appelant T'ai-wang
" 太王, c'est-à-dire le grand roi; à T'ai-pé il décerna le titre de grand
" chef de Ou, nom sous lequel il est peut-être plus connu. T'ai-pé,
" chef de souche, a été enterré à Mei-li, dans la plaine du delta.[2]

1 La ville de Ou-si ne date que de la dynastie des Han. La circonférence de ses
murs n'était d'abord que de deux ly et dix-neuf pas. Il n'y avait qu'une porte. Les
faubourgs avaient plus de onze ly d'étendue. (Cf. Yué-ts'iué, vol 2, p. 7).

2 D'après tous les auteurs, l'ancienne capitale de T'ai-pe était au bourg actuel de
Mei-li, à 30 ly sud-est de Ou-si, et 50 ly nord de Sou-tcheou. Plus tard, comme on le
verra, le puissant roi Ho-liu transporta sa capitale à Sou-tcheou même, ville devenue
si fameuse dans les annales de la Chine, et qui encore maintenant compte parmi les
cités les plus célèbres de l'empire. (Cf. Mei-li tche, vol. 2, p. 3).

Le commentaire dit que le tombeau de ce dernier est sur la colline de *Tong-hoang-chan* 東皇山, que les gens du pays appellent maintenant *Hong-chan* 鴻山. Il dit encore qu'on y peut voir les ruines de sa maison et un ancien puits. J'ai visité le pays; on m'a montré le puits; il est actuellement dans la cuisine, et donne encore une très bonne eau; sur les anciens fondements de la maison a été construite la pagode actuelle.

Tchong-yong, frère de T'ai-pé, aurait, dit-on, mené la vie érémitique sur la montagne de *Tch'ang-chou* 常熟, avant de lui succéder. C'est pourquoi il fut enterré à cet endroit. Cette montagne se trouve au nord de la ville, et s'appelle *Yu-chan* 虞山[(1)]. La bru du dernier roi de Ou, une princesse de *Ts'i* 齊, est aussi enterrée là; un pic de la montagne s'appelle encore *Ts'i-niu-fong* 齊女峯, ou pic de la princesse de Ts'i.

Voici la liste des rois de Ou, telle que la donne le recueil Ou-ti-ki (page 14), avec la durée de leur règne:

泰伯在位四十九年 無子弟仲雍立 *T'ai-pé*, régna 49 ans; il n'eut pas de fils; son frère cadet lui succéda.

仲雍 未詳年數 *Tchong-yong*; on ne sait pas au juste combien d'années il occupa le trône.

周繇王 在位三十七年 子熊遂立 *Tcheou-yao-wang*, régna 37 ans.

熊遂 在位四十九年 子旱軫立 *Hiong-soei* régna 49 ans; fils du précédent.

旱軫 在位五十九 子欨吾立 *Tsao-tchen*, régna 59 ans, fils du précédent.

欨吾 在位三十八年 兄夷處立 *K'oan-ou* régna 38 ans, fils du précédent.

夷處 在位三十九年 姪璧羽立 *I-tch'ou* régna 39 ans, frère aîné du précédent.

璧羽 在位三十六年 子齊玄立 *Pi-yu* régna 36 ans, neveu du précédent.

齊玄 在位五十年 子柯盧立 *Ts'i-hiuen* régna 50 ans, fils du précédent.

柯盧 在位二十七年 弟柯轉立 *Ko-lou* régna 27 ans, fils du précédent.

柯轉 在位二十四年 子嬌夷立 *Ko-tch'oan* régna 24 ans, frère cader du précédent.

嬌夷 在位二十四年 姪馶夷立 *Kiao-i* régna 24 ans, fils du précédent.

---

[1] *Yen-yen* 言偃, disciple de Confucius, a aussi son tombeau sur cette colline. C'est Se-ma Ts'ien qui l'affirme; il n'y a pas lieu de le contredire.

眡夷 在位三十年　子界嗣立 *Tch'e-i* régna 30 ans, neveu du précédent.

界嗣 在位三十五年　子知潯立 *Kiai-se* régna 35 ans, fils du précédent.

知潯 在位二十七年　子諸樊立 *Tche-tsi* régna 27 ans, fils du précédent.

諸樊 在位十四年　弟餘潯立 *Tchou-fan* régna 14 ans, fils du précédent.

餘潯 在位十七年　弟餘眛立 *Yu-tsi* régna 17 ans, frère cadet du précédent.

餘眛 在位二十一年　子僚立 *Yu-mei* régna 21 ans, frère cadet du précédent.

王僚 在位十三年　堂弟光立 諸樊子刺僚 *Wang-lao* régna 13 ans, fils du précédent.

闔閭 在位二十年　子夫差立 *Ho-liu* régna 20 ans, fils de Tchou-fan. Il tua le roi précédent, son neveu.

夫差 在位二十三年 爲越勾踐所滅吳亡 *Fou-tch'ai* régna 23 ans, fils du précédent: avec lui finit le royaume de Ou détruit par Keou-tsien, roi de Yué.

巳上計二十五主治國總計六百二十四年 En tout 25 rois, qui ont occupé le trône 624 ans.

————◦◦◦◆◦◦——

ESSAI DE CRITIQUE SUR LE RÉCIT PRÉCÉDENT.

————

Naturellement il y a du fabuleux dans ce que les auteurs cités nous racontent. Mais qu'y a-t-il de certain, et de vraiment historique? Ce n'est pas facile à déterminer puisque les documents font défaut. Tous les auteurs que j'ai pu consulter ne disent que les mêmes choses; comme de coutume, ils se copient l'un l'autre. Dans toutes les éditions classiques des quatre Livres, où les commentateurs discutent longuement sur tous les personnages loués ou seulement mentionnés par Confucius, on ne dit pas autre chose sur T'ai-pé. De ses successeurs on ne dit absolument rien.

Nous n'avons donc en tout que quatre dates: L'avènement de Cheou-mong, en 585 avant Jésus-Christ, est historiquement certain. Nous donnerons son histoire au chapitre suivant. Avec lui, le royaume de Ou apparaît dans l'histoire chinoise comme un état puissant, dont les princes chinois proprement dits veulent se servir contre le royaume de *Tch'ou* 楚 (dans le Hou-koang actuel).

Une autre date historique est l'année 654, où *Kiu-pei* 句 身 le grand-père de Cheou-mong est mentionné par les auteurs Chinois.

Il y a encore l'année 1122 avant J.C., époque à laquelle Ou-wang pacifia l'empire et prit officiellement le titre reconnu d'empereur, distribuant les titres honorifiques et les différentes dignités. C'était d'après Se-ma Ts'ien, à la cinquième génération depuis T'ai-pé et son frère Ki-li, auquel T'ai-pé avait cédé la couronne.

Enfin T'ai-pé lui-même, étant le fils aîné de T'ai-wang, nous ramène environ à l'année 1327 avant Jésus-Christ.

Le reste est table rase; rien du tout de certain sur ces siècles qui séparent Cheou-mong et Kiu-pei de leur ancêtre T'ai-pé.

Celui-ci est-il lui-même un véritable personnage historique? Il y a bien des légendes sur sa naissance et sa vie; elles sont incohérentes. Toutefois, sa personnalité me semble vraiment historique. Bien longtemps je n'y crus guère; maintenant je suis pour l'affirmative. Si l'on niait son existence, il faudrait nier aussi celle de Yao et de Choen. Alors il n'y aurait plus aucune base pour l'histoire ancienne chinoise; chose qu'on ne peut admettre. T'ai-pé semble bien perdu dans les obscurités des temps anciens; mais les fondements d'une maison ne sont pas visibles non plus; pourtant ils existent, et sont nécessairement présupposés.

En Chine aussi l'écriture date de la plus haute antiquité. N'importe à quelle époque vous vouliez en placer l'invention et la rédaction définitive, il faut accorder qu'elle doit au moins se fonder sur des documents très anciens. Des généalogies aussi longues ne se retiennent pas de mémoire; elles ne se fabriquent pas tout d'une pièce, surtout chez les Orientaux, où la généalogie est si religieusement gardée, à cause du rôle qu'elle joue dans la vie religieuse et civile.

De plus, la tradition chinoise est unanime sur l'existence de ce héros, sur le pays où il a vécu, et sur plusieurs autres points. Confucius est certainement une autorité assez respectable pour mériter croyance, quand il parle de T'ai-pé comme d'un ancien sage chinois qui, par ses exemples, a contribué à former cette grande nation. Confucius a élagué bien des fables des anciens livres chinois, dont il a donné, pour son temps, une édition critique. Il a cependant conservé T'ai-pé; il en parle comme d'un vrai sage; il le propose comme un modèle. Comment donc en nier l'existence? Ainsi, dans le Luen-yu, vol. 4, p. 2 (Zottoli, II, p. 262), il dit: "T'ai-pé peut vraiment être appelé un homme d'une vertu parfaite; trois fois il a refusé la couronne. Mais le peuple n'a pu le célébrer d'après son mérite." Ici, l'existence de

T'ai-pé est supposée parfaitement sûre, et en dehors de toute espèce de doute; c'est un homme connu de tous. Il ne s'agit pas d'admettre toutes les décorations dont on le pare; c'est évident. L'antiquité partout est vénérable; les générations postérieures ont coutume d'orner à l'envi les ancêtres ou les héros dont elles se font gloire.

Son nom propre fut-il vraiment T'ai-pé? C'est encore une question discutable. Tous les auteurs chinois qui ont commenté les quatre livres et le texte que je viens de citer en particulier; ceux qui ont commenté le Che-ki de Se-ma Ts'ien, tous disent que le fondateur de la grande et si vénérée dynastie des Tcheou l'honora du titre de T'ai-pé. Cela peut signifier qu'il a ratifié un titre déjà reçu; cela peut aussi signifier qu'il lui accorda un titre honorifique qu'il n'avait pas eu précédemment[1]. De plus, ces deux caractères *T'ai-pé* 太伯 signifient "le grand oncle"; 太 s'écrit aussi 泰 qui se compose de l'eau 水, des deux mains jointes 廾, et de 大 grand; le sens est, d'après Fan-ming, "le plus excellent, le bon parmi les bons" (Williams, 848).

D'après le I-king, livre qui est tout entier consacré à l'explication des anciens caractères et symboles, le diagramme *t'ai* signifie "la "prospérité de la paix" (Zottoli III. p. 550): A l'intérieur du royaume (le bas du diagramme représente la partie intérieure) est le sage puissant qui gouverne; au dehors sont les faibles, les inférieurs qui obéissent à leur prince.

Pé 伯 signifie "l'oncle," "le grand oncle." Avec ce sens, le mot est maintenant encore en usage. Mais il signifie aussi un titre honorifique: "oncle vénérable et vénéré" puisque le frère du père est vénérable. Dans le temps du Tch'oen-ts'ieou, c'est-à-dire avant Confucius, les empereurs donnaient ce titre au plus puissant des princes.

T'ai-pé peut aussi signifier "le grand aîné." *Pé* est l'aîné des frères; *Mong* 孟 le cadet; *Ki* 季 le troisième. De fait, le frère cadet de T'ai-pé fut Mong-tchong; l'autre fut Ki-li.

Nous avons vu plus haut que "T'ai-pé avec son frère s'enfuit chez les King-man." Ces sauvages (c'est-à-dire non chinois, barbares) sont considérés communément comme les habitants primitifs du royaume de Tch'ou, qui se trouvait dans la province actuelle du Hou-koang, à l'ouest de la province du Ngan-hoei. Mais s'il s'était d'abord établi dans ce pays-là, si loin de Ou-si et de Sou-tcheou, il ne serait pas venu dans cette dernière contrée? C'est l'objection dont nous avons parlé plus haut.

---

[1] L'empereur Ou-wang le lui donna en 1122 avant J.C.

Cette difficulté disparaît, quand on considère que ce sont des auteurs chinois proprement dits, c'est-à-dire des lettrés éloignés du pays en question, qui confondent les deux contrées de Ou et de Tch'ou. Quand il s'agit de pays éloignés, encore à demi barbares, et peu fréquentés, des confusions semblables arrivent bien souvent. Que de fois des Européens, même instruits, ne confondent-ils pas les différentes contrées de la Chine, et surprennent passablement ceux qui sont plus au courant! A plus forte raison chose semblable devait-elle arriver à des lettrés chinois qui, de tout temps, ne se sont guère piqués d'être de grands géographes; surtout quand il s'agissait de pays sauvages, indignes de fixer l'attention d'hommes civilisés comme eux. On le voit, la difficulté n'est pas fort sérieuse.

Mais les auteurs chinois eux-mêmes ont encore donné une explication plausible. Ainsi, le commentaire *Tcheng-i* 正義 remarque que "les King-man, ou gens du royaume de Tch'ou, ont fait la conquête du royaume de Yué (en 334 avant J.C.); ils se sont donc incorporé aussi l'ancien pays de Ou, qui appartenait alors, comme province conquise, au royaume de Yué. Les lettrés nommèrent donc tous les pays du royaume de Tch'ou "King-man," comprenant sous cette dénomination et le Hou-kouang et le Kiang-nan et le Tché-kiang, trois grandes provinces fort différentes entre elles.

T'ai-pé et son frère s'étant retirés chez ces sauvages devinrent sauvages eux-mêmes; car, disent les auteurs chinois, " ils se coupèrent les cheveux ras et se tatouèrent." Les textes sont formels là-dessus; mais qu'un ancien sage et "saint" des lettrés se soit fait sauvage, c'est un peu humiliant pour ces gens qui se disent les seuls civilisés parmi tous les mortels! Aussi le fameux *Hou-ngan-kouo* 胡安國, de la dynastie des Song, dit-il bravement dans son Tsouo-tch'oan, page 3, "T'ai-pé s'habillait et portait le chapeau d'après les mœurs de la "dynastie Tcheou; les King-man le trouvèrent de leur goût, et "l'imitèrent au nombre de plus de mille familles. Quand T'ai-pé "fut mort, Tchong-yong lui succéda; il se coupa les cheveux tout ras "et se tatoua; aller nu était censé beau. Dès lors toutes relations "avec les Chinois furent rompues."

Ici, nous voyons la fierté du lettré chinois blessée au vif: il falsifie donc un texte admis de tous les anciens auteurs. Pour lui, l'argument à priori est péremptoire: un lettré, un chinois, ne peut jamais se faire sauvage; or T'ai-pé est un chinois, un saint, donc...... Pour lui, c'est la seule vérité possible; ainsi tous les textes anciens sont faux.

Le commentaire du Che-ki dit : "Comme il travaillait toujours dans l'eau, il se coupait les cheveux ras et se tatouait le corps pour ressembler à un dragon, et ainsi n'être pas attaqué par les bêtes aquatiques." C'est une explication quelconque, sûrement puérile.

Mon humble avis serait d'admettre les textes donnés par les anciens auteurs, tels qu'ils sont ; et de dire que T'ai-pé et son frère adoptèrent les mœurs de ces "barbares" sans qu'ils fussent pour cela devenus eux-mêmes des barbares. Si les auteurs disent que T'ai-pé s'est tatoué, il n'est pas nécessaire d'en conclure qu'il n'ait plus porté d'habits. Car, de nos jours, les Aïnos, au nord du Japon, se tatouent soit la figure soit les mains, portent des habits et ne sont nullement sauvages. Pour éviter la note infamante de "barbare," il n'est pas nécessaire d'être chinois. Peu importe l'opinion des lettrés, pour qui il n'y a pas de milieu, tout ce qui n'est pas chinois est sauvage.

Voici maintenant une autre question : les annales disent que T'ai-pé est le fils de Heou-tsi. Sur celui-ci on raconte bien des merveilles qu'on n'est pas obligé de croire. Mais ne seraient-ce pas de lointains échos des temps anciens ? N'y aurait-il pas là quelques lambeaux d'antiques traditions ?

Le "livre des vers," III, ode 11, (Zottoli, III, p. 245) raconte et célèbre la conception et la naissance extraordinaires de Heou-tsi, sa conservation et sa grandeur, etc.; bref, il en fait le sauveur de son peuple. Le même livre, IV, ode 10 (Zottoli, III, p. 297), exalte encore les hauts faits de Heou-tsi, le père de T'ai-pé, et l'ancêtre si glorieux de l'illustre dynastie des Tcheou.

Confucius, malgré sa sévérité pour ce qui ne lui semblait pas authentique, ou ne méritait pas d'être transmis aux générations futures, a cependant conservé ces chants. Depuis ils sont restés dans les livres "saints"; et sont encore maintenant appris par cœur par toute la jeunesse chinoise et commentés par les lettrés. L'édition impériale, au 18ème volume des vers, a huit longues pages pour expliquer ce poëme. On y dit, comme conclusion, que "tout est merveilleux dans la dynastie des Tcheou ; évidemment c'est le ciel qui l'a établie et choisie par une prédilection spéciale ; quiconque résisterait à cette dynastie, désobéirait au ciel lui-même." Ce principe est très-vrai, dans ce sens que toute autorité vient de Dieu, et que tout homme qui résiste à l'autorité légitime résiste à Dieu lui-même.

Tchou Hi 朱熹, le coryphée des lettrés actuels et du libéralisme littéraire qui date de la dynastie des Song, dit qu'il ne sait que faire de cette poésie. Les lettrés actuels n'y voient guère autre chose que ce qui en est écrit dans l'édition impériale, volume 18, pages 1 et 2.

Cependant le docteur Tchang, au même endroit, page 2, (au verso) émet une idée un peu plus philosophique: "Au commencement du ciel et de la terre, dit-il, il n'y avait pas encore d'hommes en ce monde. L'homme est certainement né d'une transformation que le ciel et la terre ont produite par le *K'i* 氣 (vapeur, haleine); car tout ce qui est différent des choses communes, a nécessairement une origine non commune." Ainsi, d'après ce docteur, ce poëme célèbrerait la création de l'homme, lequel ne serait pas le produit naturel de la terre. Il me semble qu'on pourrait y voir encore un travestissement de la doctrine juive sur le futur sauveur du genre humain, qui devait naître d'une vierge, échapperait à ses persécuteurs, etc. etc.

Après les louanges si extraordinaires données à la dynastie des Tcheou et à son fondateur, les flatteurs ont raconté des merveilles semblables sur les chefs d'autres familles royales; par exemple, sur Han-kao-tsou, fondateur de la dynastie des Han.

Ajoutons quelques détails pour clore cette discussion: Le cinquième successeur de T'ai-pé fut *Tcheou-tchang* 周章, (voir Sou-tcheou-fou tche, I, p. 1.) L'empereur Ou-wang l'investit de la souveraineté de Ou, et lui accorda le titre de 子 (*tse*) quatrième dignité de haute noblesse, qu'on traduit ordinairement par "Vicomte." Officiellement les princes de Ou n'ont jamais eu d'autre titre reconnu par l'empereur; mais, à l'exemple des divers princes qui prenaient un titre correspondant à leur puissance, ceux de Ou s'appelaient rois, au moins depuis Cheou-mong, et furent ainsi nommés par les autres chefs de principautés.

Siu-t'ien-hou, dans son histoire, dit que divers auteurs avaient déjà donné ce titre de roi à T'ai-pé; mais qu'il a rétabli l'ancien texte, où il ne figure pas avec cette appellation.

On sera peut-être content d'avoir quelques renseignements exacts sur le tombeau de T'ai-pé; c'est pourquoi j'ai extrait du livre Mei-li tche le dessin ci-joint; d'après ce que j'ai constaté moi-même, il est exact. Le tombeau est haut d'un tchang quatre *tche* 尺 (environ 14 pieds); sa circonférence est de trente-cinq pas. Autrefois, les gens du pays l'appelaient *Ou-wang-teng* 吳王墩[1]; actuellement le peuple des environs dit simplement: Wang-fen c'est-à-dire tombeau du roi (volume 2, p. 32).

La pagode de T'ai-pé, construite sur l'emplacement même de sa maison, date de temps immémorial. Son culte y prit de l'accroissement, quand *Tché-tsong* 哲宗 empereur de la dynastie Song (1091 P.C.)

---

[1] Butte du roi de Ou.

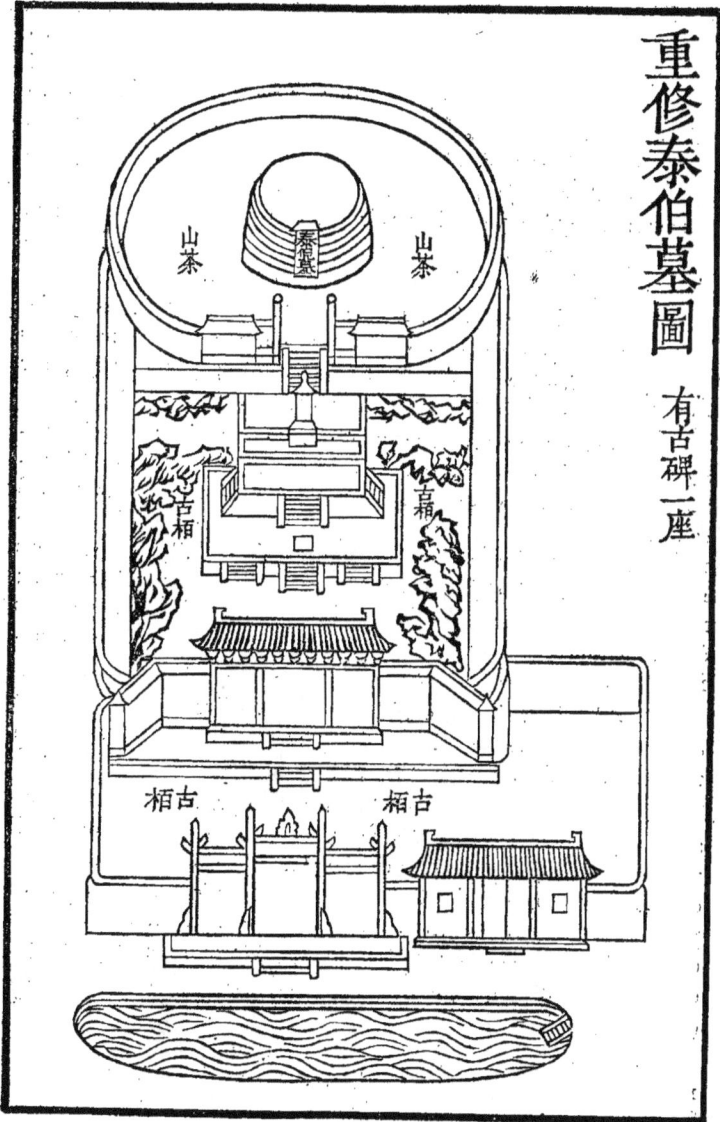

重修泰伯墓圖　有古碑一座

PAGODE DE T'AI-PÉ.

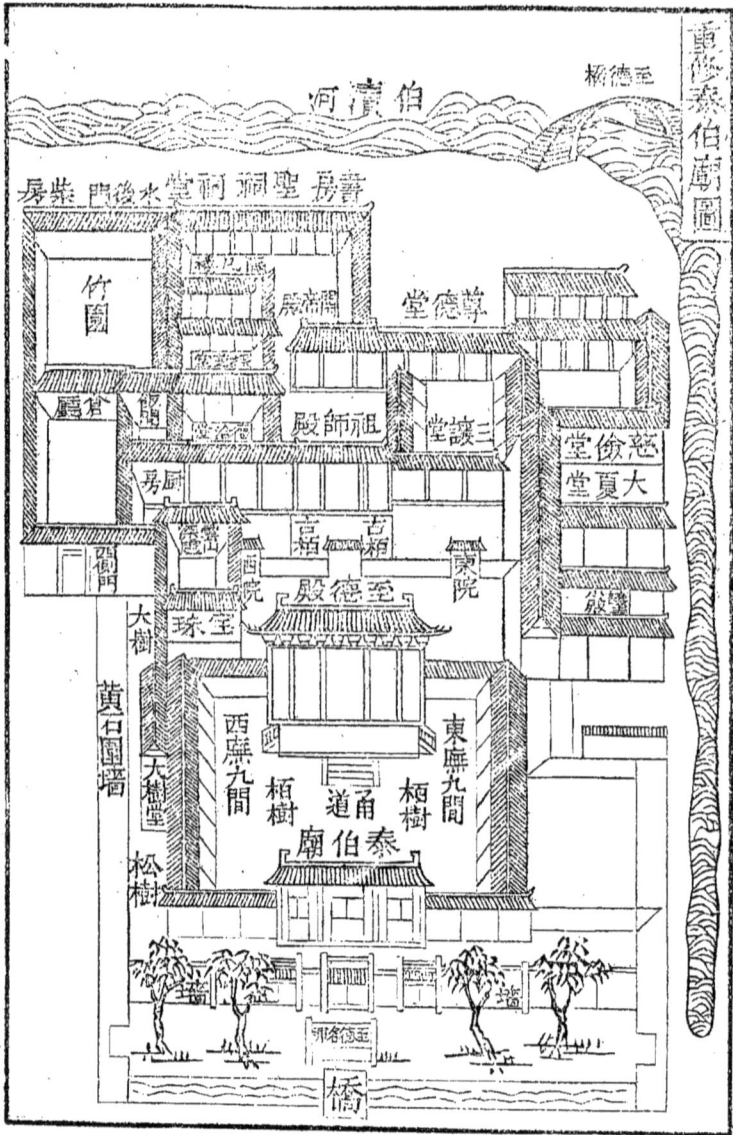

donna à cette pagode l'inscription " *Tche-té* 至 德 " c'est-à-dire l'homme de la "parfaite vertu." L'empereur K'ang-hi donna à la pagode de T'ai-pé qui est à Sou-tcheou une inscription semblable en quatre caractères " *Tche-té-ou-ming* 至 德 無 名 " c'est-à-dire l'homme de la "vertu parfaite et incomparable"; cette pagode date de la dynastie des Han.

Détail historique assez curieux: Pour ne pas être obligé de faire toujours le voyage de Mei-li, on avait autrefois bâti à Ou-si, dans la rue latérale nommée *Leou-hiang* 冀 巷 une petite pagode où le mandarin pouvait avec facilité aller offrir les sacrifices. Mais il semble que T'ai-pé n'en était pas content. Depuis longtemps, c'est à Mei-li que le mandarin va deux fois l'an lui offrir les sacrifices accoutumés; il lui fait les neuf prostrations, et lui brûle des bâtonnets d'encens, comme aux autres idoles. Onze arpents de l'ancien territoire de T'ai-pé sont exempts d'impôt.

Dans cette pagode il y a encore toutes sortes d'autres idoles. Il y a deux familles de *Tao-che* 道 士, l'une à l'est, l'autre à l'ouest, qui cultivent les terres, font les superstitions, reçoivent les visiteurs, y ont une école, etc. (Mei-li tche, vol. 2, p. 31). Actuellement les choses sont encore ainsi.

Dernier détail: A cinquante ly sud-ouest de Ou-si, sur le bord du lac *T'ai-hou* 太 湖 dans la circonscription de *Fou-ngan* 富 安 鄉, près de la montagne *Siu-chan* 胥 山 où Ou-tse-siu fut jeté dans le lac, et où il a sa pagode, le peuple presque tout entier s'appelle Ou, et prétend être la descendance directe de T'ai-pé et de son frere. (Mei-li tche, vol. 2, p. 12).

CHAPITRE II.

LE ROI *CHEOU-MONG* 壽夢 (585-560 Avant J.C.)

Sources = Tchao I, annales de Ou et de Yué, page 5 et
suivantes.
= Che-ki de Se-ma Ts'ien, volume 31.
= Tsouo-tch'oan, édition de T'ou Ling, vol. 21, p.
12—vol. 27, p. 5.
= T'ong-kien Kang-mou, ou la grande histoire de
Chine, vol. 13, p. 17—vol. 14, p. 1 et suivantes.
= T'ong-kien Kang-mou, Edition impériale, vol. 22,
p. 11—vol. 26, p. 15.

Tous les auteurs chinois reconnaissent que l'histoire vraiment
documentaire et certaine commence au moins avec Cheou-mong.
Des travaux tels que le Tsouo-tch'oan et le Che-ki en sont des
preuves évidentes. Tchao I essaie de donner une chronologie détaillée
de ce règne; mais c'est en vain, je crois, car on ne peut guère fixer
d'une manière sûre ce qui se passa dans chacune des années. Les
faits sont les mêmes, mais l'ordre varie suivant les auteurs qui les ont
racontés.

Cheou-mong 壽夢 porte encore le nom de *Tch'en* 乘. Sont-ce des
noms vraiment chinois? Bien des écrivains en doutent; ils disent que
ce sont des phonétiques représentant le nom barbare de ce roi. Ce
que nous raconterons de lui pourrait de fait confirmer cette opinion.
Les gens de Ou et leur roi sont toujours considérés comme indignes
d'être mis sur le même rang que les chinois; ni leurs habits ni leur
langage n'étaient chinois; donc le nom du prince non plus.

Un des faits les plus remarquables de son règne est sa visite à la cour de l'empereur *Kien* 簡 (584-570), puis à la cour du duc de *Lou* 魯, et à celle du roi de *Tch'ou* 楚. Le Tsouo-tch'oan place cette visite en l'année 575, c'est-à-dire la quinzième du duc Tch'eng. D'après le le Che-ki, ce serait en 570. Ces deux dates sont plus probables que celle de Tchao I; celui-ci prétend que ce fut la première année de son règne. Or, à cette époque, l'empereur n'avait plus aucun pouvoir; et personne ne se souciait de lui; pourquoi le roi de Ou se serait-il empressé d'aller offrir ses hommages à cette ombre d'empereur? Il n'en avait rien à craindre ni à espérer. Mais le fait est certain; tous les auteurs le consignent. Cheou-mong alla d'abord visiter l'empereur; puis il passa au royaume de Tch'ou pour saluer les princes et étudier les "rites" chinois qui sont la quintessence de la civilisation orientale. Le duc *Tch'eng* 成, de Lou, eut une entrevue avec lui à Tchong-li. Cette ville appartenait au roi de Tch'ou[1]. Cheou-mong s'informa à fond des "rites" et de la musique de *Tcheou-kong* 周公, le célèbre fondateur du duché de Lou. Le duc s'empressa de le renseigner exactement sur les moeurs des anciens; il fit aussi chanter devant le noble visiteur les poésies des deux antiques dynasties Chang et Tcheou, et celles de la maison princière de Lou.

Cheou-mong émerveillé s'écria, paraît-il: "moi, homme de peu, je vis parmi les sauvages; nous ne savons que nouer nos cheveux sur la tête; comment aurions-nous d'aussi beaux vêtements?" Il s'en alla, disant avec des soupirs: "Ces rites sont vraiment magnifiques!" (T'ong-kien kang-mou, vol. 13, p. 17).

Ce récit porte bien la marque de fabrique d'un lettré chinois, infatué de sa civilisation unique dans le monde, laquelle ravit et convertit quiconque a le bonheur de la voir de ses yeux. Cependant le fond peut bien être vrai; car ce sont les Chinois qui ont absorbé tous les peuples primitifs de ces immenses contrées qui forment la Chine actuelle, et se les ont assimilés.

D'après Tchao I, le royaume de Ou aurait été dans une certaine vassalité à l'égard du royaume de Tch'ou, son puissant voisin. A la deuxième année de Cheou-mong, il mentionne que le roi de Tch'ou fit la guerre au roi de Ou, et le vainquit.

Dès lors, les guerres entre ces deux pays sont acharnées; elles se renouvellent à peu près tous les ans. Le roi de Tch'ou semblerait avoir été l'ennemi commun, attaquant tous ses voisins; ceux du nord, c'est-à-dire les princes chinois; ceux de l'est, c'est-à-dire le pays de Ou.

---

[1] 鍾離 Actuellement, c'est *Hoai-nan hien* 淮南縣, sur la rive droite de la rivière Hoai, province du Ngan-hoei.

Il était donc de leur commun intérêt de se réunir contre ce terrible adversaire. Les princes chinois, en fins politiques, tâchèrent d'employer le roi de Ou en guise de bélier; c'est pourquoi ils daignèrent l'admettre à leurs cours, à leurs réunions, quoi qu'il fût un "sauvage." Sans ce motif, jamais ils ne lui auraient accordé une telle faveur; ils en attendaient une utilité évidente et palpable.

Le Tsouo-tch'oan de Tou Ling (vol. 22, p. 8) raconte que, dès la deuxième année de son règne, Cheou-mong fit la conquête de T'an 郯 d'abord, puis bientôt de Tcheou-lai 州來, deux villes qui étaient sous la suzeraineté de Tch'ou[1]. C'était au printemps; la petite principauté de T'an se soumit au vainqueur[2]. Ki-wen-tse 季文子 ministre du duc de Lou s'écria: "Les Chinois ne savent plus gouverner leur pays; aussi voilà les sauvages méridionaux qui viennent nous envahir; et personne ne nous aide, personne n'a pitié de nous." Tout cela venait de la faiblesse de l'empereur et de son lieutenant, le roi de Tsin 晉. Mais le roi de Ou devait encore porter à celui de Tch'ou des coups plus sensibles; et cela, avec l'aide de gens originaires du pays. Voici comment Tsouo-k'ieou-ming raconte les faits (Cf. Tou Ling, vol. 21, p. 12—vol. 22, p. 9.)

Le roi Tchoang 莊王 (de Tch'ou) voulait prendre une dame Hia-ki 夏姬 de la famille impériale, pour en faire sa concubine. Ou-tch'eng 巫臣, un de ses officiers, lui en fit des remontrances respectueuses, disant: " Cela n'est pas permis; vous, le chef des princes " (d'après les prétentions de ce roi), vous réunissez vos subordonnés " pour punir les méfaits; si vous prenez cette femme, vous mon- " trerez un cœur souillé de désirs impurs; vous commettriez un " crime digne d'être puni à son tour. Les "saints livres" disent: " il faut pratiquer une grande vertu, pour se garder des actions " coupables. C'est ainsi que Wen-wang a pu fonder la dynastie des " Tcheou. Une grande vertu fait des efforts sur soi-même; quiconque " ne s'expose pas au danger évitera le mal. Si vous, chef des princes, " vous commettez une telle action, ce n'est pas se garder soi-même. " Pensez-y bien."

Ayant entendu l'exhortation de ce bon apôtre, le roi abandonna son projet. Alors son grand ministre Tse-fan 子反 voulut avoir lui-même cette femme. Ou-tch'eng lui dit: "Cette personne " porte malheur; elle a fait mourir jeune Tse-man 子蠻, votre

---

1 T'an est actuellement T'an-tcheng-hien, dépendant de I-tcheou-fou 沂州府 dans le Chan-tong. Tcheou-lai était située à trente ly au nord de la ville actuelle de Cheou-tcheou, qui dépend de Fong-yang-fou (Ngan-hoei).

2 (T'ong-kien Kang-mou, vol. 14, p. 1—Édition impériale, vol. 23, p. 7).

" frère aîné, qui avait eu avec elle de mauvaises relations; elle a causé
" la mort de son mari *Yu-chou* 御 叔 après trois ans de mariage; ellei
" a encore causé la mort de *Ling-heou* 靈 侯 prince de *Tch'en* 陳, qu
" avait eu avec elle un commerce illégitime; elle a causé celle de *Hia-*
" *nan* 夏 南, le fils qu'elle avait eu de ce prince; elle a causé l'exil de
" *K'ong* 孔 et de *I* 儀, deux ministres de Ling-heou, qui avaient eu
" aussi avec elle des relations coupables; elle a enfin causé la ruine de
" la principauté de Tch'en qui a été anéantie tout entière par le
" roi de Tch'ou. Comment ne pas reconnaître que cette femme porte
" malheur? Il est déjà assez difficile pour l'homme de vivre dans ce
" bas monde; pourquoi aller soi-même chercher une mort violente?
" Il y a bien d'autres belles personnes: pourquoi vous faut-il tout
" justement celle-là?"

Après l'exhortation du bon apôtre, Tse-fan abandonna aussi son
idée. Le roi de Tch'ou donna cette femme à un de ses officiers,
nommé *Siang-lao* 襄 老. Celui-ci mourut à la bataille de *Pi* 邲,
sans qu'on pût retrouver son cadavre; son fils *Hé-yao* 黑 要 se mit à
vivre incestueusement avec sa marâtre.

Enfin le masque du vertueux Ou-tch'en tomba; il envoya dire à
cette femme: retournez chez vous, je viendrai me marier avec vous.
Il avait aussi dépêché un messager venant soit-disant de la principauté
de *Tcheng* 鄭 la patrie de cette créature, pour lui dire: retournez vite
chez vous, le cercueil de votre époux arrive; il faut absolument que
vous alliez le recevoir. *Hia-ki* communiqua cette nouvelle au roi;
celui-ci n'y ajoutant pas foi demanda à Ou-tch'en ce qu'il en était.
Le ministre répondit: "C'est très vrai; notre prisonnier de guerre
" *Tche-yong* 知 罃 est fils de l'ancien favori du roi de *Tsin* 晉; il est
" frère de *Tchong-hang-pé* 中 行 伯 général et grand favori du roi de
" *Tcheng* 鄭. Puisque le général aime tendrement son frère, il se
" servira du roi de Tcheng pour échanger son frère contre notre prison-
" nier de guerre, resté chez le roi de T'sin, et renvoyer le cercueil de
" Siang-lao. Le roi de Tcheng a peur du roi de Tsin, depuis la bataille
" de Pi; ainsi il consentira certainement à servir d'intermédiaire dans
" cet échange, pour gagner les bonnes grâces de Tsin." Trompé par
ce discours, le roi laissa partir *Hia-ki*; celle-ci se mit en route, disant
a son entourage: "Si je n'obtiens pas le cercueil de mon mari, je
ne puis revenir ici." Sur ce, Ou-tch'en envoya des cadeaux au roi de
Tcheng et demanda *Hia-ki* pour femme; le roi la lui promit. Ou-tch'en
trouva une occasion favorable pour aller la retrouver. Ce qui
précède s'était passé sous le roi Tchoang, qui mourut peu après.
Son successeur *Kong* 共 déclara la guerre au duc de Lou. Avant de

livrer la bataille de *Yang-kiao* 楊橋, il envoya Ou-tch'en comme ambassadeur chez le roi de *Ts'i* 齊, pour l'informer de son entreprise, et lui demander du secours. Ou-tch'en emmena avec lui toute sa maison ; arrivé au royaume de *Tcheng* 鄭, il remit les cadeaux pour le roi de Ts'i à l'officier qui l'acccompagnait dans cette ambassade, prit la fameuse Hia-ki, et s'enfuit. D'abord il voulait se rendre au royaume de Ts'i ; mais ayant appris que ce pays venait d'être vaincu par le roi de *Tsin* 晉, il dit : "Je ne demeurerai pas dans une contrée qui ne sait pas vaincre ses ennemis". Il se dirigea donc vers le royaume de *Tsin* 晉, où, par l'entremise de *K'io-tche* 郤至, il devint gouverneur de la ville de Y*ng* 邢.

Le premier ministre de Tch'ou voulait envoyer des cadeaux précieux au roi de *Tsin* 晉, pour l'engager à ne pas donner de dignité à ce félon. Mais le roi Kong l'en empêcha en disant : "Cet homme a conscience de son méfait actuel ; mais ce qu'il a fait pour mon père a été un service loyal ; cet acte a affermi notre royaume et partant couvre bien des fautes. Puis, s'il peut rendre d'utiles services au roi de Tsin, celui-ci ne le renverra pas à cause de vos présents ; s'il est incapable, il sera bientôt congédié par le roi lui-même. Ainsi, pourquoi lui chercher querelle ? "

Voyons maintenant comment Ou-tch'en en vint à aider le royaume de Ou contre sa propre patrie : ce récit est dans Tsouo-tch'oan de Tou Ling, volume 22, page 9. "Précédemment, c'est-à-dire en 593, l'armée de Tch'ou avait assiégé et pris la capitale du royaume de *Song* 宋. Le premier ministre *Tse-tchong* 子重, pour récompense, avait demandé des terres dans les deux villes de *Chen* 申 et de *Liu* 呂. Le roi avait d'abord consenti ; mais Ou-tch'en s'y était respectueusement opposé, disant : "C'est impossible ; ces deux villes avec leurs territoires fournissent les soldats nécessaires pour protéger notre frontière du nord ; si vous retirez ces territoires pour les distribuer, les deux villes seront comme paralysées ; alors les royaumes de *Tsin* 晉 et de *Tcheng* 鄭 avanceront jusqu'au fleuve *Han* 漢 (c'est-à-dire jusqu'au cœur de Tch'ou)." Là-dessus, le roi avait retiré sa parole, et refusé la faveur demandée. *Tse-tchong* 子重 était furieux contre Ou-tch'en. Celui-ci avait un autre ennemi dans la personne de *Tse-fan* 子反, auquel il avait habilement extorqué la trop fameuse Hia-ki. Quand donc le roi Kong (589-558) fut monté sur le trône, Tse-tchong et Tse-fan firent massacrer toute la parenté de Ou-tch'en, c'est-à-dire *Tse-yen* 子閻, *Tse-tang* 子蕩, *Fou-ki* 弗忌 et de plus *Hé-yao* 黑要 fils de *Siang-lao* 襄老. On avait en même temps partagé la fortune des victimes ; Tse-kong avait pris les propriétés de Tse-yen ; il avait distribué les terres de Tse-t'ang à ses propres amis *Chen Yng* 沈邪 et *Wang Tse-pi* 王子羆. Quant à Tse-fan, il s'était arrogé les biens de Hé-yao et de Fou-ki.

Sur ce, Ou-tch'en avait écrit aux deux ministres une lettre ainsi conçue: Vous servez votre maître en fourbes et en voleurs; et vous assassinez un si grand nombre d'innocents! Je vous ferai tant de misères, que vous en mourrez.

Alors Ou-tch'eng demanda au roi de *Tsin* 晉 d'aller, en qualité d'ambassadeur, dans le pays de Ou; ce qui lui fut accordé. Le roi de Ou fut enchanté de Ou-tch'en; et c'est ainsi que ces deux royaumes nouèrent des relations amicales. Ou-tch'en avait une suite nombreuse, composée de cent-vingt-cinq hommes et neuf chariots. Il enseigna aux gens de Ou à se servir des flèches et des chars de guerre; il réussit si bien que le roi de Ou put bientôt se soustraire à la tutelle du royaume de Tch'ou. De plus, Ou-tch'en fit venir près de lui son fils *Kou-yong* 孤庸 et le fit nommer grand-maître des cérémonies, sorte de ministre des affaires étrangères chargé des relations avec les princes.

Bientôt le royaume de Ou s'enhardit; il attaqua et prit les petites principautés de *Tch'ao* 巢 et de *Siu* 徐 qui dépendaient de Tch'ou. Tse-tchong se fatiguait à mort pour sauver ces deux petits fiefs, mais ce fut en vain. Le roi de Tch'ou étant ensuite occupé dans une réunion des princes à *Ma-ling* 馬陵, les gens de Ou occupèrent la principauté de *Tcheou-lai* 州來.[1] Tse-tchong assiégeait alors la capitale du royaume de *Tcheng* 鄭; il dut abandonner cette entreprise pour aller résister aux gens de Ou. Cette année-là, les deux ministres durent jusqu'à sept fois courir au secours des pays envahis par les gens de Ou. Ceux-ci subjuguèrent les tribus sauvages qui jusque-là avaient été soumises au roi de Tch'ou. Ainsi le royaume de Ou devint puissant, et commença à traiter d'égal à égal avec les princes supérieurs, ou chinois du nord.

[2] En l'année 581, les rois de Tsin et de Ou firent un traité à *P'ou* 蒲.[3] Tous les princes y étaient assemblés, pour prendre des

---

[1] Nous avons vu, plus haut que Tcheou lai était une ville de Tch'ou. C'est le bourg actuel de *T'sai kouo-tcheng* 蔡國城, au sud de la rivière Hoai, dans la province de Ngan-hoei. Ce bourg se trouve à trente ly au nord de Cheou-tcheou. (Cf. édition impériale, vol. 23, p. 9). Il y est dit que Tcheou-lai a une position stratégique très-importante. Pour pénétrer dans les différentes provinces, ce serait la clef nécessaire.

[2] Cf. T'ong-kien Kang mou, vol. 14, p. 2—Tou Ling, vol. 22, p. 14—Edition impériale, vol. 23, p. 9—et encore *Tch'eng tchoan-leang* 陳傳其 page, 18.

[3] Ville du royaume de *Wei* 衛, au sud ouest de *Tchang-yiuen hien* 長垣縣.

mesures de défense commune contre le terrible roi de Tch'ou. Le roi de Tsin, nommé *King* 景 (o89-579) voulait avoir une entrevue avec celui de Ou; mais celui-ci ne vint pas au rendez-vous; ils se rencontrèrent plus tard (575) à *Tchong-li* 鍾離.[1] Son successeur, nommé *Tao* 悼 (571-556) désira aussi avoir une entrevue avec le roi de Ou; celui-ci avait pour cela fixé la ville de *Ki-tché* 鷄澤 [2] (en 570); mais il n'y vint pas non plus; la rencontre se fit à *Tsi* 戚 (la 9ème lune de l'année 567).[3]

Pendant longtemps les princes de Ou se contentèrent d'un rang inférieur; et n'osèrent prendre place parmi les chefs d'états proprement chinois, ou des provinces du nord. Le roi de Tsin les y poussait pourtant; et cela pour abattre le royaume de Tch'ou, son rival. Mais quand celui-ci fut affaibli, le roi de Tsin lui-même vit son autorité sur les diverses principautés lui échapper à son tour. (Cf. Edition impériale, vol. 25, p. 17.) Ce n'est qu'à la cinquième année de *Siang-kong* 襄公 (567) que le nom du royaume de Ou est mentionné, pour la première fois, dans les " Annales" de Confucius. Il y dit sèchement, comme de coutume, "qu'au printemps deux officiers de Lou eurent une entrevue avec les gens de Ou, à 善道 *Chan-tao* "[4]. L'édition impériale, en revanche, (vol. 25, p. 17) cite beaucoup de textes d'auteurs qui commentent ces quelques mots. Tsouo-k'ieou-ming, en particulier, donne les détails suivants: "Le prince de Ou envoya *Cheou-yué* 壽越 chez le roi de Tsin, pour lui expliquer comment il n'avait pu se trouver à la réunion de 570, à K'i-tché; il lui mandait en même temps de lui procurer une autre occasion de saluer ces mêmes princes dans une de leurs assemblées, et de conclure un traité d'amitié avec eux. En conséquence, le roi de Tsin commença les préparatifs de cette réunion; il envoya des officiers de Lou et de Wei pour s'entendre sur le jour et l'endroit favorables à cette assemblée générale. Cette entrevue préparatoire avec les officiers eut lieu à Chan-tao" au printemps de l'année 567. (Cf. Tou-ling, vol. 25, p. 15).

---

[1] Voir plus haut la note concernant cette ville.

[2] Ki-tché, ville de Wei; c'est actuellement *K'iu-leang* 曲梁 qui dépend de *Koang-p'ing-fou* 廣平府, province de Tche-li.

[3] Tsi, du même royaume, est actuellement à l'ouest de *Toen k'ieou* 頓丘, dépendant de *Ta-ming-fou* 大名府, même province de Tche-li.

[4] C'est la ville actuelle de *Se-tcheou* 泗州, préfecture de 鳳陽府 *Fong yung fou* province du Ngan-hoei. Elle était au royaume de Ou. (Edit. impér., vol. 25, p. 16.)

La raison bien probable, sinon certaine, pour laquelle le roi de Ou n'avait pu se rendre à la réunion de K'i-tché (en l'année 570), c'est qu'en 569 il avait une grande guerre avec le royaume de Tch'ou. Voici ce qui en est raconté[1] : "Au printemps de 569, Tse-tchong fit une invasion dans le royaume de Ou, à la tête d'une armée choisie. Il prit *Kieou-tse* 鳩茲[2], et avança jusqu'à la montagne de *Heng-chan* 衡山[3]. De là, il envoya *Teng-leao* 鄧 廖 avec ordre de pénétrer plus avant dans le pays de Ou; celui-ci avait trois cents soldats dont la cuirasse était faite de cordes de soie vernies; trois mille autres avaient des cuirasses plus grossières et moins solides. Les gens de Ou les attaquèrent dans un défilé et prirent le chef vivant.

Des premiers cuirassiers quatre-vingts seulement échappèrent; des autres il resta un peu plus de trois cents. Tse-tchong apprenant ce désastre rentra bien vite dans son pays; il offrit aussitôt un sacrifice à ses ancêtres dans leur temple, pour leur annoncer son retour. Trois jours plus tard, l'armée de Ou envahissait le royaume de Tch'ou et ne tardait pas à prendre la ville de *Kia* 駕. Double malheur; car cette ville était aussi forte que Teng-leao était bon général. Les gens sages remarquèrent que dans cette expédition le gain ne compensait pas la perte; on en rejeta la faute sur Tse-tchong; celui-ci en tomba malade et mourut de chagrin."

Kao-kang 高 開 dit que le roi de Tch'ou avait fait envahir le royaume de Ou pour le punir de son traité d'alliance avec les princes chinois. Il avait compris que cette ligue était dirigée contre lui; aussi, voulant l'empêcher de devenir trop forte, il se jeta résolûment sur le plus puissant des princes. C'est la première invasion du royaume de Ou dont fassent mention les annales de Confucius.

Tchao I (vol. 1, p. 5) raconte qu'en 568, la 17ème année de son règne, Cheou-mong choisit Hou-yong, fils de Ou-tch'en, pour son prémier ministre. La raison est bien simple: c'est grâce à ces deux hommes que le pays de Ou était devenu le rival du royaume de Tch'ou, le plus puissant de toute la Chine à cette époque. Dans ce duel à mort les gens de Ou devaient encore remporter de grandes victoires sur le royaume de Tch'ou. Ils ne parvinrent pas cependant à l'abattre com-

---

[1] T'ou-ling, vol. 25, p. 6—Edition impériale, vol. 25, p. 7.

[2] Kieou-tse est actuellement Kieou-tse-kong, à 40 ly à l'est de Ou hou-hien 蕪 湖 縣, préfecture de T'ai-p'ing fou (Ngan-hoei).

[3] C'est probablement *Heng chan* 橫 山, qui se trouve à 60 ly au nord est de la ville de *Tang tou hien* 當 塗 縣, même préfecture de T'ai p'ing fou.

plètement; d'abord à cause de leurs dissensions intestines, ensuite parce que leur politique changeant d'objectif, ils se tournèrent contre leurs ennemis du nord, négligeant les autres plus voisins.

La 25ème année de son règne, le roi Cheou-mong mourut; c'était en 560. Confucius dit brièvement: "En automne, à la neuvième lune, *Tch'en* 乗 vicomte de Ou mourut," enregistrant ainsi pour la première fois la mort d'un prince de Ou. C'est que depuis l'entrevue de Tsi, le roi de Ou était devenu une connaissance, et au besoin un auxiliaire très utile. Mais tous les auteurs remarquent que le duc de Lou, la fine fleur des princes chinois, n'avait jamais eu de traité d'amitié avec ce barbare. Quoi qu'il en soit, l'annonce de sa mort fut enregistrée. Bien plus, le Tsouo-tch'oan raconte que le duc de Lou alla pleurer Cheou-mong dans le temple de la famille Tcheou, où était la tablette de Wen-wang le fondateur du duché. Cela était conforme aux "rites"; car à la mort d'un prince dont le nom était étranger à la maison ducale de Lou, le duc allait pleurer hors de sa capitale, et se tournait alors vers le pays du défunt. S'il portait le même nom, le duc allait pleurer dans la pagode des ancêtres. Si le défunt descendait du même fondateur de dynastie, le duc pleurait dans le temple de ce fondateur. Si le défunt était de la même branche de famille, le duc pleurait dans la pagode paternelle. Pour tous les princes qui portaient le nom de *Ki* 姫, c'est-à-dire le même que celui du duc, celui-ci allait pleurer dans la pagode de la maison Tcheou. Et comme les princes de Ou descendaient de T'ai-pé, qui lui-même était de la famille Tcheou, ayant été appelé "grand oncle" par l'empereur Wen-wang comme nous l'avons vu plus haut,[1] le duc en pleurant Cheou-mong agit conformément aux rites.

On ne parle pas des funérailles de Cheou-mong; on ne dit pas non plus si le duc y envoya un représentant, comme c'était la coutume entre princes chinois. Ces enterrements étaient retardés de trois à six mois, et quelquefois plus encore, afin de laisser aux princes voisins et amis le temps d'arriver. Ils se faisaient d'une manière très solennelle; ceux qui y assistaient aidaient aussi à en supporter les frais toujours considérables.

Les commentaires donnent plusieurs raisons pour expliquer le silence des annales sur cet enterrement. La plus probable sans doute est que Cheou-mong n'était pas Chinois; on avait honte d'être en relation avec ce barbare, même après sa mort. En maint endroit du Tsouo-tch'oan cela est clairement indiqué.

---

[1] Tou ling, vol. 27, p. 6.—Edit. imp., vol. 26, p. 15.

CHAPITRE III.

LE ROI *TCHOU-FAN* 諸樊 (560-547.)

SOURCES:—T'ong-kien Kang-mou, vol. 15, p. 5.
Tou-ling, vol. 27, p. 9—vol. 30, p. 5, etc.
Edition impériale, vol. 26, p. 18—vol. 27, p. 26.
Tchao I, annales de Ou et de Yué, vol. 1, p. 5, etc.
Se-ma Ts'ien, vol. 31.
Lié-kouo tche, vol. 13, p. 35.

Se-ma Ts'ien dit que Tchou-fan monta sur le trône la treizième année du duc Siang, de Lou. Cela nous donnerait l'année 559 pour date de son avènement. Il y a toujours quelques difficultés de chronologie pour ces vieux temps. Mais tous les auteurs disent qu'il régna treize ans.

Confucius, dans ses annales, l'appelle Ngo 遏. Les autres écrivains le nomment Tchou-fan, qui est probablement son nom barbare.

Tchao I dit: "Cheou-mong avait quatre fils: *Tchou-fan* 諸樊, *Yu-tsi* 餘祭[1] *Yu-mei* 餘眛 et *Ki-tcha* 季扎. Ce dernier était le plus capable; et Cheou-mong aurait désiré lui céder la couronne; mais Ki-tcha refusa en disant: "D'après les anciens rites il y a un ordre établi pour la succession (qui doit revenir à l'aîné); comment aller contre les anciennes coutumes, pour satisfaire le désir d'un seul homme?"

Là-dessus, Cheou-mong s'était adressé à Tchou-fan: "Je voulais, dit-il, laisser la couronne à Ki-tcha; vous n'oublierez pas cette parole que moi, homme de peu, je vous dis aujourd'hui." Tchou-fan répondit: "T'ai-wang, l'ancêtre de notre famille Tcheou, connaissant les qualités éminentes de *Si-pé* 西伯 (Wen-wang), passa son aîné pour transmettre la succession à son plus jeune fils; il a ainsi enseigné la vraie doctrine, et montré comment il faut se choisir un successeur. Mainte-

---

[1] Le P. Zottoli emploie ce même *caractère* 祭, mais le prononce Tchai.—De même, au lieu du nom Ki tcha, on trouve *Ki-tse* (季子).

nant, je vais abandonner la couronne à Ki-tcha, et j'irai cultiver les champs en quelque endroit solitaire." Cheou-mong reprit: "Autrefois la vertu (l'autorité, l'influence) de la maison Tcheou s'étendait jusqu'aux quatre mers; actuellement, vous n'avez plus qu'un petit coin de terre dans le voisinage des barbares King-man; comment pourriez-vous briguer la couronne impériale? De plus, n'oubliez pas les conseils de nos ancêtres, et certainement vous vous sentirez obligé de laisser la succession à Ki-tcha." Tchou-fan le lui promit en disant: "Comment oserais-je ne pas vous obéir?" Sur ce, Cheou-mong mourut tranquille.

Tchou-fan était fils de la femme légitime, et de plus l'aîné de tous ses frères; c'était donc à lui de s'occuper, à la mort de son père, des affaires de la maison, et de prendre en main le gouvernement du pays. Quand le roi fut enterré et le deuil fini, il offrit la couronne à Ki-tcha, disant: "Dans sa dernière maladie, notre père n'avait pas de repos; même le matin, il ne pouvait dormir, je le voyais bien à la pâleur de son visage; il avait le cœur tout occupé de son Ki-tcha; trois jours de suite, le matin, je l'entendis soupirer et gémir. Il finit par me manifester sa volonté en ces termes: "Sachant que le prince Ki-tcha est le plus capable de vous quatre, je crois devoir laisser les aînés pour choisir le plus jeune comme successeur; mais combien une parole semblable a de la difficulté à sortir de la bouche!" Moi donc, j'avais déjà en mon cœur adhéré à son désir; toutefois, sa majesté défunte n'osait jamais agir d'après ses idées personnelles, et ainsi notre père m'a laissé le gouvernement. Comment ne pas obéir à ses ordres? Je veux absolument remplir les intentions du roi notre père; ainsi, Ki-tcha, la couronne est à vous."

Ki-tcha remercia, et dit: "Vous êtes le fils de la femme légitime, et notre aîné; c'est à vous de gouverner, sans qu'il soit besoin pour vous d'aucun privilège; comment pourrait-on changer l'ordre établi par nos ancêtres et par les coutumes du pays?"

Tchou-fan reprit: "Quiconque sait répandre les bienfaits d'une sage administration n'a pas besoin de s'inquiéter de l'ordre établi par les anciens rois pour la succession au trône. De plus, T'ai-wang changea l'ordre établi de son temps, et choisit Ki-li 季歷 pour empereur; tandis que nos deux ancêtres (T'ai-pé et Tchong-yong) vinrent s'établir au milieu des sauvages King-man, où ils fondèrent un nouveau royaume. C'est alors que la grandeur de notre maison Tcheou atteignit à son apogée. Les anciens n'ont pas cessé d'avoir ces paroles à la bouche; et vous-même vous avez coutume de les répéter souvent."

Ki-tcha refusa de nouveau, en disant: "Quand mourut *Siuen-kong* 宜公, le comte de *Ts'ao* 曹 (595-576), il n'y avait que des fils de concubines (c'est-à-dire: la condition de ces princes était différente de la vôtre). Moi, Ki-tcha, quoique je sois d'une vertu bien faible, je voudrais imiter *Hin-che* 欣時, et m'enfuir comme lui.[1] Tous les sages louent sa modération. Votre seigneurie doit régner, c'est justice; qui oserait prétendre à votre couronne?"

Les gens de Ou voulaient absolument Ki-tcha pour roi; mais il refusa de nouveau, et s'en alla cultiver la terre dans un endroit bien retiré (c'est-à-dire à Kiang-yng); où le peuple enfin le laissa en repos. C'est ainsi que dans le pays de Ou s'établit l'usage de céder la couronne à son frère."

Il me semble qu'on n'est pas obligé de croire à ce beau combat de générosité entre les deux frères. Ki-tcha est un des "saints" des lettrés chinois; aussi ont-ils à qui mieux mieux fait sur son compte des amplifications littéraires; et encore maintenant ils continuent à l'exalter jusque par-delà les nues. Quant à son frere aîné Tchou-fan, ce n'était pas précisément un modèle de vertu. Tchao I lui-même dit qu'étant roi, il se montra hautain et plein de mauvaises passions; il était sans respect pour les diables et les esprits. Enfin, ayant été grièvement blessé, il invoquait la mort à grands cris. Sur le point de mourir, il aurait, dit-on, mandé à son frère Yu-tsi: "Laissez la couronne à Ki-tcha, c'est ma volonté." En même temps il le nommait seigneur de *Yen-ling* 延陵, d'où lui vint le titre de *Yen-ling Ki-tcha*.[2]

Ces amplifications célèbrent la vertu de Ki-tcha, mais nous donnent peu de faits historiques touchant le royaume. Heureusement Tsouo-k'ieou-ming nous dédommage un peu. Tou-ling, vol. 27. p. 9, raconte ce qui suit: "En 558, le roi de Ou fit la guerre à celui de Tch'ou, dont le général était *Yang-yeou-ki* 養由基. Le ministre

---

[1] Tou-ling, vol. 23, p. 11, etc., raconte au long cette histoire; en voici le résumé: Sinen accompagnait le roi de *Tsin* 晉 dans une expédition contre le roi de *Ts'in* 秦 quand il mourut en chemin. Les gens de Ts'ao retinrent *Fou-tchou* 負芻 pour administrer le comté; tandis qu'ils envoyèrent *Hin-che* 欣時 chercher le cercueil de son père. Pendant ce temps, Fou-tchou tua le prince héritier, et régna à sa place. Le roi de *Tsin* 晉 fit saisir Fou-tchou, et envoya Hin-che saluer l'empereur pour en recevoir l'investiture du comté; mais celui-ci s'enfuit chez le roi de Song. Alors Fou-tchou fut relâché par le roi de Tsin, et garda sa couronne usurpée.

[2] Yen-ling fut plus tard nommé *Pi-ling* 毘陵. C'est actuellement notre préfecture de *Tchang tcheou-fou* 常州府. Toutefois, le territoire d'alors comprenai encore *Kiang-yng hien* 江陰縣 qui possède le tombeau de Ki-tcha, à *Che.-kiang* 申港.

YANG-YEOU-KI.

Tse-keng 子庚 vint lui-même à son secours. Le général dit au ministre : Le roi de Ou profite de la mort de notre roi, et croit que nous ne pourrons pas lui tenir tête; dans son orgueil, il nous méprise; bien sûr qu'il ne prendra pas toutes les précautions nécessaires. Mettez donc en trois endroits différents des troupes en embuscade, et attendez-moi; de mon côté, j'irai l'attirer dans le piège. Tse-keng suivit ce conseil; il y eut bataille à *Yong-p'ou* 庸浦;[1] l'armée de Ou fut complètement battue; le prince *Tang* 黨 fut même fait prisonnier.

L'homme sage dira que le roi de Ou n'observait pas la loi naturelle, en ne tenant pas compte du deuil national; et qu'il mérita cette punition. Le livre des vers dit: quiconque est sans miséricorde et n'observe pas la loi du ciel aura des révolutions continuelles, sans jamais obtenir la paix.''

"En 556, il y eut une réunion des princes à *Hiang* 向 (ville du royaume de *Tcheng* 郞), sous la présidence du roi de Tsin.[2] Le roi de Ou y assista, comme Confucius le remarque expressément. Il s'agissait de réparer le désastre de Yong-p'ou, et d'abattre la tyrannie du roi de Tch'ou.[3] *Fan-siuen-tse* 范宣子, le ministre de Tsin, blâma fortement le roi de Ou de ce qu'il ne pratiquait pas la vertu, et le renvoya sans subsides. Il fit aussi saisir *Ou-leou* 務婁, prince de *Kiu* 莒, à cause de ses relations amicales avec le roi de Tch'ou. Il voulait encore faire prendre *Kiu-tche* 駒支 prince des tribus sauvages; il lui fit en public les reproches les plus violents: "Viens, lui dit-il, sauvage du nom de *Kiang* 姜; autrefois le roi de *Ts'in* 秦 a chassé ton aïeul *Ou-li* 吾離, et l'a confiné dans le pays de *Koa-tcheou* 瓜州.[4] Ton ancêtre avait des habits de joncs et de paille; il demeurait au milieu des arbrisseaux épineux; de là il vint se mettre sous la protection de nos rois. Notre prince *Hoei* 惠 avait des terres incultes, il en donna la moitié pour vous nourrir. Maintenent nos feudataires ne servent plus leur suzerain comme autrefois, à cause de vos commérages. Demain matin ne te présente pas à l'assemblée; sinon je te ferai saisir.''

---

[1] Yong-p'ou, ville du royaume de Tch'ou; actuellement au sud de *Ou-wei-tcheou* 無爲州, dans le Ngan-hoei.

[2] Il se nommait *Tao* 悼, et régna de 572 à 547.

[3] Tou-ling, vol. 27, p. 11—T'ong-kien kang-mou, vol. 15, p. 6.

[4] Actuellement, c'est *Teng-hoang-hien* 燉煌縣, dans la préfecture de *Ngan-si tcheou* 安西州, province du *Kan-sou* 甘肅. (Voir le recueil *Tchong-pien-liecu-ts'ing sin-tsi* 重編留青新集 vol. 1, p. 7.)

LE PRINCE BARBARE *Kiu-tche*.

犬戎王

Kiu-tche répondit : "Autrefois le roi de Ts'in abusant de sa force nous chassa de notre pays, dont il avait envie. Votre roi Hoei qui comprenait bien les principes d'humanité, dit à nos ancêtres : "Vous autres, sauvages des quatre régions (du nom de *Kiang* 羌) vous êtes aussi les descendants des grands officiers du temps de l'empereur Yao ; il ne serait pas juste de vous laisser exterminer." Ainsi il nous donna les terres méridionales, remplies de renards et de loups ; nos ancêtres en arrachèrent les ronces et les épines ; ils en chassèrent les renards et les loups. Devenus sujets de vos anciens rois, nous sommes restés fidèles jusqu'à ce jour, sans jamais nous révolter. Quand plus tard votre fameux roi *Wen* 文 alla avec le roi de Ts'in 秦 attaquer le pays de *Tcheng* 鄭, et que le roi de Ts'in fit traîtreusement alliance avec celui de Tcheng, leur commun ennemi, alors eut lieu la grande bataille de *Hiao* 殽. [1] Votre armée de *Tsin* 晉 prit l'ennemi de front ; nous autres, barbares, nous l'attaquâmes par derrière ; de sorte que pas un homme de Ts'in 秦 n'échappa, grâce à nous autres ; c'était comme quand on force un cerf ; vos gens de Tsin le saisirent aux cornes ; nous autres, par les pieds ; ensemble nous l'avons jeté à terre ; quel crime avons-nous donc commis ? Depuis ce temps, chaque fois que votre roi eut des affaires sur les bras, jamais nous n'avons manqué de l'aider ; nous avons obéi à ses ministres, du même cœur qu'à la bataille de Hiao ; comment aurions-nous osé nous séparer de vous, et vous trahir ? Si les princes feudataires ont changé de sentiments envers vous, la faute ne tombe-t-elle pas sur vos généraux ? Et vous osez nous blâmer ! Nous autres sauvages, nous n'avons ni les mêmes vêtements, ni la même nourriture que vous autres, chinois ; [2] nos cadeaux ne ressemblent pas à vos cadeaux, ni notre langage au vôtre ; comment donc pourrions-nous faire ces commérages dont vous parlez ? D'ailleurs ne pas assister demain à votre réunion ne me causera pas le moindre chagrin !"

Là-dessus, il chanta les vers de "la mouche verte," et s'en alla. [3]

---

[1] C'était en 625—Hiao est un défilé dans le Ho-nan, à cinquante ly au nord de *Yong-ning-hien* 永寧縣, préfecture de *Ho-nan-fou,* 河南府. On y voit encore la montagne Hiao-chan, avec un bourg nommé *Che hao-tcheng* 石濠鎭 (Edition impériale, vol. 16, p.19.)

[2] Le commentaire dit que les Jong mangeaient la viande crue ; qu'ils avaient des vêtements de joncs tout comme maintenant les Chinois le disent encore des Miao-tse qui sont aussi regardés comme des sauvages.

[3] *Ts'ing-yng* 青蠅 est la 65ème ode du 3ème livre des Vers (Zottoli, III, p. 209) Cette ode exhorte à ne pas croire à la calomnie.

Fan-siüen-tse reconnut son tort, s'excusa, et rappe a Kiu-tche à l'assemblée. Le premier ministre montra en cela sa noblesse de caractère. Mais il faut avouer que dans cette réunion *Tao* 悼, roi de *Tsin* 晉, se montra bien incapable : il ne sut que blâmer le roi de Ou, comme ignorant la vertu; il déclara rompre avec lui; puis reprit de nouveau les anciennes relations avec ce prince. Il menaça de saisir Kiu-tche, à cause de ses rapports avec le pays de Tch'ou; mais finalement il continua à le traiter en ami.

Quant à la guerre contre le royaume de *Ts'in* 秦, les officiers des divers princes suivaient l'armée du roi de *Tsin* 晉; mais celui-ci ne se mit pas à la tête de ses troupes; on s'avança jusqu'au fleuve *King* 涇 sans le traverser; les deux généraux se querellèrent; et l'on s'en retourna sans avoir rien fait. C'est pourquoi cette campagne n'est pas mentionnée dans les annales de Confucius. Les lettrés disent que ce silence était un blâme sévère à l'adresse du roi *Tao* 悼. Depuis ce temps, les liens qui unissaient les divers princes au roi de *Tsin* 晉, leur chef, se relâchèrent de plus en plus; ils finirent même par ne plus venir aux réunions d'usage."

[1] Dans l'été de l'an 548, le roi de Tch'ou envoya une flotte attaquer le royaume de Ou; mais c'étaient des troupes sans discipline militaire; le général n'avait proclamé ni récompenses pour les vaillants, ni peines pour les lâches, aussi rentra-t-il sans avoir obtenu aucun résultat.[2]

Tchou-fan résolut de se venger. L'année suivante (547) il excita les gens de *Chou-kieou* 舒鳩, fief de Tch'ou, à se revolter contre leur suzerain. Lui-même, à la douzième lune, alla assiéger la ville de *Tch'ao* 巢, au royaume de Tch'ou. Le commandant de cette ville nommé *Nieou-tch'en* 牛臣 dit à ses soldats: le roi de Ou est vaillant, mais il est imprudent; si nous ouvrons la porte, il va pénétrer lui-même; je lui décoche une flèche, et il est mort; alors enfin nos frontières seront en paix. Ce qui fut dit fut fait; Tchou-fan entra sans précautions; Nieou-tch'en, caché derrière un petit mur, lui envoya une flèche dont il mourut. (Tou-ling, vol. 30, p. 6, et p. 15.)

Le roi de Tch'ou voulut alors punir les gens de Chou-kieou, il conduisit son armée jusqu'à *Hoang-p'ou* 荒浦 une de leurs villes; de là il envoya deux officiers, *Chen-yng-cheou* 沈尹壽 et *Che-k'i-li* 師祁犂. Les habitants du pays allèrent à leur rencontre, leur firent beaucoup d'honneurs, affirmant n'avoir aucunement fait défection, et

1 T'ong-kien kong-mou, vol. 15, p. 6.

2 Tou-ling, vol. 30, p. 3.

proposant de renouveler leur traité d'alliance. Les deux officiers revinrent auprès de leur roi; mais celui-ci persistait à vouloir punir les coupables. Alors *Wei-tse* 蓬子 le premier ministre prit ainsi leur défense: "Une répression plus forte n'est pas nécessaire; ces gens affirment leur fidélité; ils veulent renouveler leur alliance; les attaquer serait attaquer des innocents. Retournons chez nous; laissons nos soldats se reposer, et attendons les événements. Si finalement ces gens ne se révoltent pas, que demandons-nous de plus? S'ils se révoltent, ils n'auront plus d'excuse; nous, au contraire, nous aurons de la gloire à les punir.''

Ayant entendu ce bon conseil, le roi de Tch'ou s'en retourna chez lui avec son armée. (Tou-ling, vol. 30, p. 5—Edition impériale, vol. 27, p. 26.)

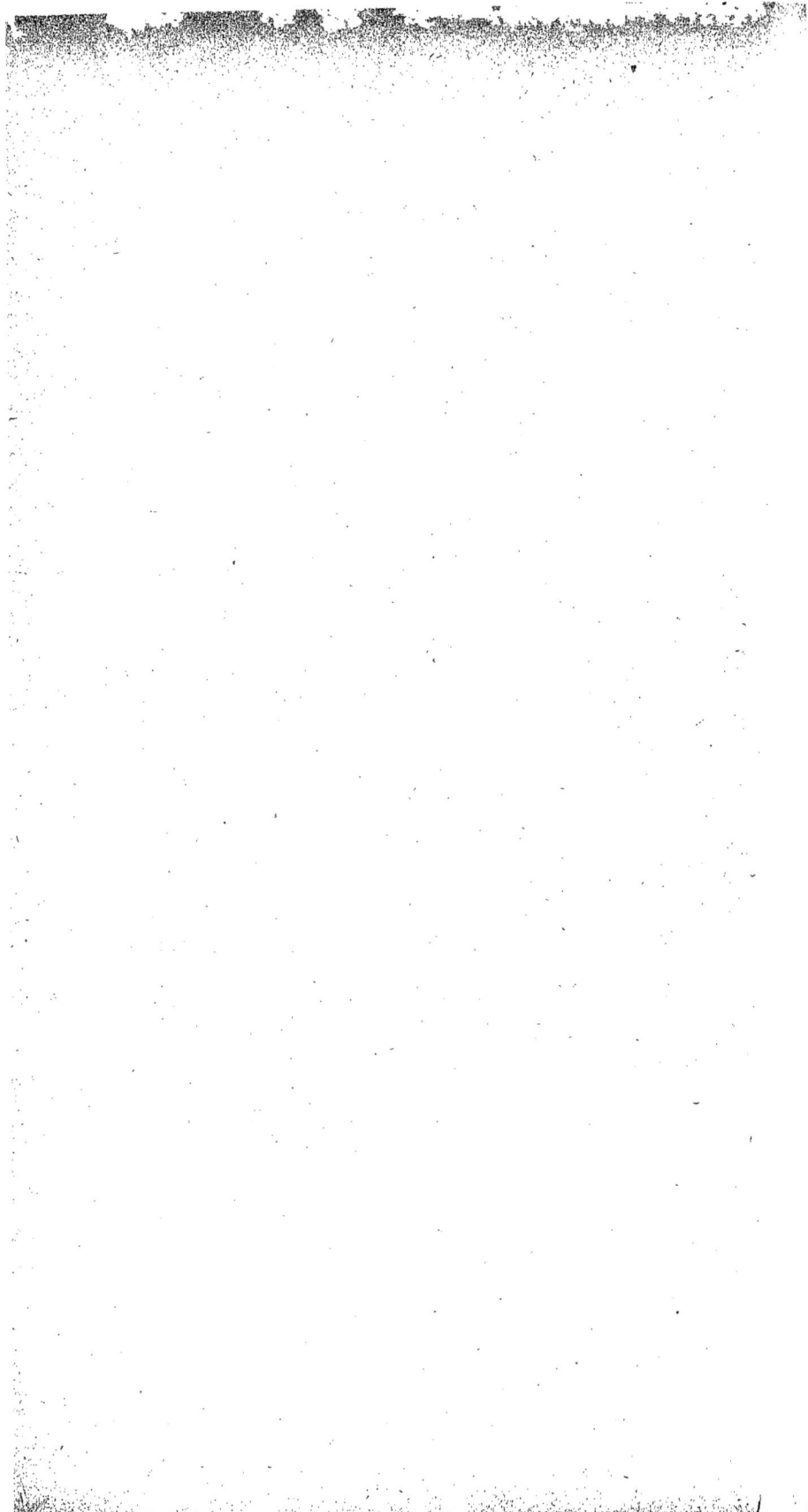

CHAPITRE IV.

⊶∞⊷

LE ROI *YU-TSI* 餘祭 (547-543.)

Sources:—Tchao I, vol. 1, p. 7.
T'ong-kien Kang-mou, vol. 16, p. 1.
Lié-kouo tche, vol. 14, p. 24, 35, 41.
Tou-ling, vol. 32, p. 12, etc.
Édition impériale, vol. 28, p. 19, etc.

Nous avons vu que Tchou-fan, sur le point de mourir, ordonna à son frère Yu-tsi de céder ses droits au trône à Ki-tcha,[1] qui alors vivait loin de la cour. Mais celui-ci persista à refuser la couronne. Alors, dit-on, Yu-tsi fit cette prière au ciel: "Faites-moi mourir au plus tôt, afin que mon jeune frère soit forcé d'être roi; car c'est la volonté de mon père et de mon frère, tous deux défunts; ce dernier a même été au-devant de la mort, pour hâter l'avènement de Ki-tcha."

Son entourage lui fit observer que tout homme désire mourir âgé, tandis que lui voulait en finir au plus vite; n'était-ce pas contraire aux usages de tous les peuples? Yu-tsi répondit "Notre ancêtre écarta du trône l'aîné de ses fils, pour y établir le plus jeune; et alors notre dynastie fut solide et florissante. Maintenant nous sommes trois frères qui devons régner successivement; si je parvenais à un âge avancé, Ki-tcha n'aurait plus le temps de gouverner à son tour; c'est pourquoi je désire mourir au plus tôt." [2] Voilà de la vertu dans les livres des lettrés: "in hypocrisi loquentium mendacium" I. Tim. 4 2.

"L'histoire de Ou et de Yué" a une chronologie si confuse qu'on ne peut pas suivre Tchao I dans ce qu'il y dit sur Yu-tsi. D'après lui, ce roi aurait gouverné dix-sept ans; mais tous les auteurs ne lui donnent que quatre ans de règne; ils indiquent aussi l'année et les circonstances de sa mort. Quand on voit un auteur comme Tsouo-k'ieou-ming différer tellement dans son récit d'avec celui de Tchao I, on en est bien étonné. Du reste, son éditeur Siu-t'ien-hou a fait cette remarque depuis longtemps.

---

[1] Tchao I, vol. 1, p. 7—T'ong-kien Kang-mou, vol. 15, p. 14.

[2] Lié-kouo-tche, vol. 14, p. 24.

L'ouvrage intitulé *Nien-piao* 年 表 dit clairement que Yu-tsi ne régna que quatre ans. Il est probable que Tchao I a fait des deux frères et successeurs Yu-tsi et Yu-mei une seule personne; ainsi s'explique comment il a pu donner au premier dix-sept ans de règne; ou bien il y a des fautes d'impression ou des lacunes dans le texte.

En 545, la seconde année de Yu-tsi, le roi de Tch'ou (559-544) assembla les divers princes, pour aller attaquer le royaume de Ou. Voici le texte même du recueil Lié-kouo tche, vol. 14, p. 35: "Le roi *K'ang* 康 envoya une flotte attaquer le royaume de Ou; ce dernier s'y attendait; aussi se trouva-t-il prêt à repousser l'invasion; la flotte s'en retourna donc sans avoir rien accompli. Yu-tsi était courageux et ne craignait nullement la mort."

Si l'on compare les deux récits, le texte de Tchao paraît bien singulier. Nulle part, jusque-là, il n'a été dit que le roi de Tch'ou ait été chef des princes, ni qu'il ait eu autorité pour les réunir en assemblée; de plus, tous les princes chinois étaient continuellement harcelés par ce terrible roi de Tch'ou leur ennemi juré; ils s'appuyaient sur le roi de Ou pour contrebalancer sa puissance. Comment donc se seraient-ils assemblés sous la présidence d'un tel ennemi pour attaquer leur ami le roi Ou? On pourrait peut-être expliquer le texte qui parle des "divers princes" 諸 侯, en disant que l'historien entend par-là les petits princes feudataires placés sous la suzeraineté du roi de Tch'ou. Ainsi disparaîtrait la difficulté causée par ce texte.

Suivons maintenant le vaillant Yu-tsi: Furieux d'avoir été attaqué par le roi de Tch'ou, il envoya son ministre *K'iu Hou-yong* 屈 孤 庸, exciter à la révolte l'état feudataire de *Chou-kieou* 舒 鳩 [1]. Aussitôt *K'iu Kien* 屈 建 premier ministre de Tch'ou conduisit une armée pour punir cette rébellion. Le général *Yang Yeou-ki* 養 絲 基, se proposait de commander l'avant-garde; mais le premier ministre lui dit: "Votre excellence est âgée; Chou-kieou n'est qu'un embryon d'état, rien n'est plus facile que de remporter la victoire; inutile de vous fatiguer pour si peu." Yang Yeou-ki répondit: "Notre roi attaque Chou-kieou; bien certainement le roi de Ou viendra au secours; c'est moi qui de tout temps ai conduit nos troupes contre les gens de Ou; je connais leur manière de combattre; je désire donc faire cette campagne avec vous; tant mieux si j'y péris! J'ai reçu tant de bienfaits de nos rois que je veux absolument les remercier, en me sacrifiant à leur service."

---

1 Chou-kieou, ou encore *Li tch'eng* 離 城, est actuellement la Sous-préfecture de *Chou-tch'eng-hien* 舒 城 縣 dépendant de *Liu-tcheou-fou* 盧 州 府, dans le Ngan-hoei.

K'iu Kien l'entendant ainsi parler, fut contristé; mais voyant sa résolution si déterminée, il lui accorda ce qu'il voulait; il se contenta de lui donner pour adjudant le grand-officier *Si-hoan* 息 桓.

Yang Yeou-ki étant parvenu jusqu'à *Li-tch'eng* 離 城 y rencontra *Yu-mei* 餘 眛 frère de Yu-tsi avec le ministre *K'iu Hou-yong* 屈 狐 庸, tous deux amenant l'armée de secours. Si-hoan voulait attendre le gros de l'armée pour livrer lataille; le brave Yang Yeou-ki lui dit: "Les gens de Ou sont bons marins, mais manvais piétons; ils viennent de quitter leurs vaisseaux, et veulent combattre sur la terre ferme, eux qui ne savent ni lancer les flèches ni conduire les chars de guerre; fondons sur eux avant qu'ils n'aient eu le temps de s'orienter. Aussitôt il saisit son arc et ses flèches et entraîne ses troupes à sa suite; quiconque était visé par lui tombait du coup. D'abord les soldats de Ou furent un peu ébranlés. Yang Yeou-ki les pressa plus vivement. Apercevant K'iu Hou-yong sur un char de guerre il l'apostrophe: "Traître et fuyard, de quel front oses-tu paraître devant moi sur le champ de bataille?" Il lui décoche en même temps une de ses flèches; Hou-yong l'évite et fuit à toute bride. Yang Yeou-ki en est consterné: "Hélas, s'écrie-t-il, les gens de Ou savent maintenant conduire les chars; que n'ai-je lancé ma flèche un peu plus tôt!" Il n'avait pas encore achevé ces paroles, que déjà de toutes parts des chars cuirassés l'entouraient et l'enserraient, lui et ses compagnons; tous ces chars étaient montés par des soldats du Kiang-nan bien exercés; ceux-ci lancent des milliers de flèches; Yang Yeou-ki tombe mort, accablé par cette attaque inattendue. Le roi *Kong* 共[1] lui avait donc bien prédit qu'il périrait victime de son habileté à tirer de l'arc.

Si-hoan rallia les débris de son armée, et s'en alla porter cette mauvaise nouvelle au premier ministre. K'iu Kien s'écria: "Puisque Yang Yeou-ki est mort, moi je suis un homme perdu!" Il mit ses soldats en embuscade au pied de la montagne *Eul-chan* 桶 山, et ordonna au général *Tse-kiang* 子 疆 d'aller avec ses troupes attirer les gens de Ou. Ceux-ci comprirent la tactique et s'en gardèrent. Yu-mei était alors sur une hauteur; n'apercevant aucun indice d'embuscade, il s'élança sur les soldats de Tse-kiang qui simulaient une débandade. K'iu Kien aussitôt sort de sa retraite, fond sur Yu-mei et ses gens, les entoure et va les accabler. Heureusement Hou-yong survient; il délivre Yu-mei de ce grand péril, et taille en pièces l'armée ennemie. Les gens de Chou-kieou ne gagnèrent cependant rien à cette victoire; car les soldats de Ou croyant la campagne finie s'étaient retirés. L'armée de Tch'ou revint à l'improviste et détruisit la ville.

---

[1] De 590 à 559.

L'année suivante (544), K'ang 康 le roi de Tch'ou essaya une nouvelle attaque contre le pays de Ou. Il s'adressa au roi de Ts'in 秦 pour demander une armée de secours. Celui-ci, nommé King 景 (576-536), envoya son frère Kong-suen-kien 公孫鍼 conduire les troupes auxiliaires. Mais l'armée de Ou garda si bien l'entrée du Yang-tse-kiang que les gens de Tch'ou ne purent pénétrer dans le pays (Lié-kouo tche, vol. 14, p. 35, etc.); ils durent se contenter d'avoir en vain assiégé la ville de Tchou-fang 朱方.[1]

La raison, ou plutôt le prétexte, de cette expédition c'est que le roi de Tch'ou voulait punir le prince K'ing-fong 慶封, accusé d'avoir été plusieurs fois explorer en espion le royaume de Tch'ou, pour le compte du roi de Ou. Quel est ce personnage nouveau? Tsouo-k'ieou-ming nous l'apprend en ces termes: (Cf. Tou-ling, vol. 32, p. 8) C'était auparavant le premier ministre du roi de Ts'i 齊, et un homme très-capable; mais il abandonnait toute l'administration à son fils, et s'adonnait uniquement au vin et à la chasse; il en résulta une révolution dans le royaume. Les deux puissantes familles Tcheng 陳 et Pao 鮑 excitèrent une guerre acharnée. Au milieu de ces troubles le roi Tchoang 莊 perdit la vie, et K'ing-fong dut s'enfuir. Il s'était d'abord réfugié auprès du duc de Lou; mais il y fut inquiété par le nouveau roi de Ts'i; alors il se retira chez le roi de Ou, qui lui donna Tchou-fang 朱方 comme fief; il y réunit toute sa famille, et devint plus riche que dans sa propre patrie. Tse-fou-hoei-pé 子服 惠伯, officier de Lou, dit alors à Chou-suen-mou-tse 叔孫穆子: "Comment le ciel bénit-il un si mauvais homme? Voilà K'ing-fong de nouveau riche et puissant!" Chou-suen répondit ce mot resté célébre en Chine: "Si un homme droit devient riche, c'est une récompense du ciel; si un méchant homme devient riche, c'est pour son malheur; le ciel prépare sa ruine. Le ciel a réuni toute la famille de K'ing-fong, c'est pour l'exterminer d'un seul coup." De fait, sept ans plus tard (en 537), Ling roi de Tch'ou anéantit toute cette famille. (Tou-ling, vol. 35, p. 18, etc.)

Cependant Yu-tsi voulut à son tour punir le roi de Tch'ou de cette tentative d'invasion: "K'ing-fong, dit-il, est venu pauvre ici; je lui ai donné Tchou-fang pour montrer que je reçois volontiers les gens distingués qui se réfugient près de moi."[2] Là-dessus, il leva une armée, pénétra dans le royaume de Tch'ou, prit deux villes, et rentra vengé. (Tchao I, vol. 1, p. 7.)

---

1 C'est actuellement Tan-tou-hien 丹徒縣, dépendant de Tcheng-kiang-fou 鎮 江府, à l'est de Nan-king, sur le Yang-tse-kiang.

2 Le texte n'est pas très clair; le voici: 以效不恨士也

L'année suivante (543) le roi de Tch'ou recommença la guerre ; il avait au cœur une haine irréconciliable ; il avança jusqu'à *Kan-ki* 乾谿.[1] L'armée de Ou alla à sa rencontre, et le défit complètement.

Enfin, cette même année, la 4ème de son règne, (543) Yu-tsi mourut d'une manière tragique. Confucius, dans sa chronique, dit brièvement : "En été, le gardien aux pieds coupés tua le roi de Ou nommé Yu-tsi." Voici l'explication de ce texte : Dans une guerre contre le royaume de Yué, le roi de Ou avait fait un prisonnier ; on lui avait coupé l'extrémité des pieds, et on l'avait établi portier ; ensuite on lui avait confié la garde d'un vaisseau. Yu-tsi étant venu faire une visite à bord, ce gardien saisit un glaive et le tua. (Tou-ling, vol. 32, p. 12.—T'ong-kien Kang-mou, vol. 16, p. 1.)

Dans l'édition impériale (vol. 28, p. 13) il y a beaucoup de considérations philosophiques sur ce fait ; choisissons un ou deux passages : Un homme comme il faut n'approche pas d'un mutilé ; sinon il s'expose à la mort (Kong-yang). D'après les "rites" un homme sage n'emploie pas un homme sans vergogne, n'approche pas d'un homme mutilé, ne traite pas familièrement avec un ennemi, ne va pas près d'un rancuneux. (Ko-leang)—La chronique de Confucius rapporte les malheurs qui provinrent de négligence : "Les rois de Ou encourent la mort par leur légèreté ; Tchou-fan meurt à *Tch'ao* 巢 ; Yu-tsi est tué par un gardien ; Leao est assassiné par *Tchoan-tchou* 專諸" (*Kia-hiuen-wong* 家鉉翁).

Ici viennent de nouveau de longues amplifications sur la vertu de Ki-tcha. Les lettrés se plaisent à orner leur "saint" de toutes les vertus ; ils finissent par l'en surcharger. "En mourant, disent-ils, Yu-tsi voulut laisser le gouvernement à Ki-tcha ; celui-ci refusa en ces termes : "C'est bien décidé, je ne veux pas régner ; les rois précédents m'en avaient donné l'ordre ; j'ai répondu que je veux imiter l'exemple de Tse-tchong, afin que mon corps reste pur, et que mes actions soient irréprochables ; je vise haut, et je veux marcher sur le chemin de la vertu ; c'est de l'humanité que je veux m'occuper exclusivement ; richesses et dignités ne sont pas plus que le souffle du vent d'automne." Ayant ainsi parlé, il s'enfuit à Yen-ling ; et les gens de Ou établirent Yu-mei pour roi. (Tchao I, vol. 1, p. 8.)

Mais voici bien une autre affaire : On raconte que Ki-tcha n'était pas dans le pays de Ou à la mort de Yu-tsi ; il aurait été envoyé en ambassade par Yu-tsi auprès des princes chinois. A la sixième lune, il se trouvait à la cour du duc de Lou, pour entendre la vieille musique.

---

[1] Au sud est de *Po-tcheou* 亳州, prefecture de *Yng-tcheou-fou* 潁州府, dans le Ngan-hoei.

C'est à ce propos que Tsouo-k'ieou-ming a écrit une des plus belles pièces de poésie; elle est tout entière à l'honneur de Ki-tcha qui venait chercher et admirer la civilisation chinoise; à l'honneur des lettrés, qui savent former par leur doctrine et leur musique des hommes saints tels que Ki-tcha. C'est un des morceaux les plus célèbres de la haute littérature; tous les étudiants disent le savoir par cœur; elle est d'une saveur si pure, si délicieuse, que tout vrai lettré en la récitant oublie de respirer, et laisse la salive couler de sa bouche entr'ouverte. Nous autres, profanes, nous avons quelque peine à aller jusqu'au bout, et nous demandons quand ce chef-d'œuvre va-t-il finir? Il faut pourtant la connaître, puisqu'elle est entièrement à la gloire du royaume de Ou, et qu'elle peint si bien la suffisance des lettrés. Il y est dit qu'aux simples paroles de la poésie, au son de la musique, Ki-tcha reconnaissait de quel pays il s'agissait, si les gouvernants étaient vertueux ou non; l'avenir s'ouvrait devant ses yeux; il faisait des prophéties qui se sont trouvées vérifiées dans la suite. Confucius dit de lui: "le vicomte de Ou envoya Ki-tcha saluer le duc de Lou." Le commentaire remarque que Confucius ne l'appelle pas " prince," parce qu'au fond ce n'était qu'un barbare dégrossi, nullement égal à un chinois; il l'exalta pourtant comme un saint, mais un saint parmi les barbares. (T'ong-kien Kang-mou, vol. 16, p. 2.) C'était la première ambassade amicale que le duc de Lou recevait du royaume de Ou, qui commençait enfin à se civiliser. Voici le texte du récit: "A la cour du duc, Ki-tcha fut réjoui de rencontrer *Chou-suen-mou-tse* 叔孫穆子; cependant il lui dit: 'seigneur, vous ne mourrez pas de votre belle mort; vous êtes personnellement bien bon; mais vous ne savez pas choisir vos hommes; j'ai entendu dire qu'un sage s'applique avant tout à bien choisir son monde; vous êtes le premier ministre de Lou, c'est une haute dignité; si vous ne faites pas sérieusement attention au choix de vos subordonnés, comment pourrez-vous éviter des malheurs?'"

Ki-tcha demanda à entendre la musique de *Tcheou-kong* 周公 (c'était la même que celle de la maison impériale); Chou-suen-mou-tse lui envoya le chef des musiciens qui lui chanta les hymnes de *Tcheou* 周 et de *Tchao* 召. Ki-tcha dit: "C'est bien beau! C'est le commencement de la fondation; ce n'est pas encore la perfection; le peuple souffre, mais n'a pas de ressentiment."—On lui chanta les poésies des principautés de *Pei* 邶, *Yong* 鄘, et *Wei* 衞; il s'écria: "C'est bien beau! c'est profond! les peuples sont dans la pauvreté, mais ne sont pas écrasés; j'ai entendu dire que *Wei-k'ang-chou* 衞康叔 et *Ou-kong* 武公 avaient en effet les vertus que l'on exalte; ces poésies ne seraient-elles pas du royaume de Wei?"—On lui chanta les poésies de *Wang* 王 ; il s'exclama encore : "Ah ! que c'est beau ! Il (le prince) a conscience de sa position difficile, sans la craindre ; ne seraient-ce pas des poésies de la maison Tcheou orientale ? "—On lui chanta les poésies de la principauté de *Tcheng* 鄭 ; il dit : "Que c'est donc beau ! L'état est petit, le peuple est incapable de supporter sa misère ; ne serait-ce pas la première principauté qui doit périr ? "—On lui chanta les poésies du royaume de *Ts'i* 齊 ; il dit : "Que c'est beau ! Ce sont de grands airs, qui trahissent la grande mer orientale ; ne seraient-ce pas les poésies de *Kiang-t'ai-kong* 姜太公 ? Ce royaume est sans limites."—On lui chanta les poésies de *Ping* 豳, et il dit : "Que c'est beau ! la joie est grande, sans être relâchée ; ne seraient-ce pas les poésies du duc Tcheou émigré à l'est ? "—On lui chanta les poésies du royaume de *Ts'in* 秦 ; il dit : "Les paroles sont chinoises ; si ces peuples parviennent à devenir tout-à-fait chinois, ils deviendront grands, très-grands ; ne seraient-ce pas les poésies des anciens territoires de Tcheou ? "—On chanta les poésies de *Wei* 魏 ; il dit : "C'est bien beau ! Si la résolution est grande et sait se borner, alors on fera facilement de grandes choses ; si un homme vertueux était venu au secours de ce roi, il serait bientôt devenu un grand prince." On chanta les poésies de *T'ang* 唐 ; alors il dit : "Les idées sont profondes ; ne seraient-ce pas des souvenirs de l'ancien empereur Yao ? Si non, comment ces plaintes viennent-elles de temps si éloignés ? Si ce n'étaient les descendants d'hommes de grande vertu, comment diraient-ils des choses semblables ? "—On lui chanta les poésies de *Tcheng* 陳 ; il s'écria : "Un royaume sans roi peut-il durer longtemps ? "—On lui chanta encore les poésies de *Koei* 鄶 et de *Ts'ao* 曹 ; mais il ne fit point de remarques. On lui chanta les poésies *Siao-ya* 小雅 ; il dit : "Que c'est donc beau ! Le peuple pense aux vertus des anciens rois, et ne se révolte pas ; il déteste le régime actuel, mais n'en dit rien ; ne seraient-ce pas des poésies de l'enfance du royaume de Tcheou ? Il y a encore un mélange de mauvais restes de l'ancien régime."—On lui chanta le *Ta-ya* 大雅 ; alors il s'exclama : " Ceci est magnifique ! la forme est un peu tortueuse, mais le fond est droit ; ne serait-ce pas la manière de faire du roi *Wen-wang* 文王 ? "—On chanta les hymnes (*Song* 頌) ; il s'écria : "Voici la perfection ! C'est la droiture, sans aucun mélange d'orgueil ; c'est flexible, mais on ne quitte pas le vrai chemin ; c'est voisin, mais on ne se heurte pas mutuellement ; c'est éloigné, sans être absolument séparé ; on se quitte sans tomber dans le vice ; on change sans être dégoûté ; on est dans la misère, mais on supporte son sort ; on se réjouit sans effusion ; on montre de la vertu sans jamais l'épuiser ; on fait des aumônes sans dissiper son bien ; on reçoit sans convoitise ; on gouverne sans faire à sa tête ; le fleuve coule sans jamais

quitter les rives tracées; les cinq sons musicaux sont d'accord; les huit
mélodies sont à l'unisson; les divers instruments sont à leur place
respective; toute la pièce a de la suite; la vertu des trois royaumes se
trouve ici réunie toute entière.''—On lui joua les pantomimes avec drapeaux et instruments de musique: "C'est beau, dit-il, mais il y a encore
du ressentiment.''—On représenta devant lui les pantomimes du roi
Ou 武; il dit: "C'est bien! la perfection de Tcheou est donc parvenue
jusqu'à ce point.''—On représenta les pantomimes de l'empereur T'ang,
de la dynastie Yng; il dit: "La vertu des anciens saints est bien étendue;
mais il y a encore des hontes dont ils souffrent.''—On joua les pantomimes de l'empereur Yu; il dit: "Quelle beauté! Il s'applique (à
son devoir), sans se vanter; en dehors de Yu, qui aurait été capable de
travaux pareils?''—A la représentation des pantomimes de l'empereur
Choen 舜, il s'écria: "C'est ici le comble de la vertu; c'est grand et
vaste, comme la terre qui porte toutes choses; même s'il y avait
encore d'autres vertus (en ce monde), on ne saurait rien ajouter à
celle-ci. Restons-en là! Même s'il y avait encore d'autres belles
musiques, je ne désire plus rien entendre!''

Ki-tcha se rendit auprès des divers princes chinois, pour leur
annoncer l'avènement au trône du nouveau roi de Ou;[1] c'est pourquoi
du duché de Lou il passa dans le royaume de Ts'i 齊. Il fut enchanté
d'y faire la connaissance de Yen-p'ing-tchong 晏平仲. Il lui dit:
"Seigneur, rendez bien vite la ville que vous avez en fief, et quittez
votre dignité de premier ministre; ainsi vous éviterez de grands
malheurs; le royaume de Ts'i doit enfin trouver son assiette; sinon
il est impossible d'espérer la paix." Sur cet avis, Yen-p'ing-tchong
s'adressa à Tch'eng-hoan-tse 陳桓子, et rendit à son prince sa
dignité et sa ville; de cette manière il échappa à l'anéantissement qui
atteignit deux autres familles Loan 欒 et Kao 高.

De là, Ki-tcha se rendit au royaume de Tcheng 鄭; il y rencontra le sage Tse-tch'an 子產 qu'il traita comme un grand ami;
il lui donna une ceinture de soie, tandis que Tse-tch'an lui fit
présent d'une robe de lin. Ki-tcha lui dit: "Votre premier ministre
Pé-yeou 伯有 ne garde pas de mesure; aussi le malheur l'attend;
l'administration sera remise entre vos mains; quand vous l'aurez
remplacé, observez exactement les rites; sinon le royaume de Tcheng
sera perdu.''

---

[1] Etait-ce une annonce tardive concernant Yu-tsi, dont il aurait alors ignoré
la mort? Etait-ce une annonce concernant Yu-mei? Dans ce dernier cas il faudrait
supposer un ordre survenu de la part de ce roi; mais alors que devient la prétendue
lutte d'humilité racontée un peu plus haut? Voilà donc encore un point qui reste
obscur.

KI-TCHA OFFRE SON ÉPÉE.

Ki-tcha se rendit dans le royaume de *Wei* 衞; il fut grandement réjoui d'y faire la connaissance de *Kiu-yuen* 蘧瑗, *Che-keou* 史狗, *Che-ts'ieou* 史鰌, *Kong-tse-king* 公子荆, *Kong-chou-fa* 公叔發, et *Kong-tse-tchao* 公子朝. Il leur dit: "Le royaume de Wei a beaucoup d'hommes de mérite; aussi ne subira-t-il point de calamités."

Ki-tcha passa au royaume de *Tsin* 晉. En chemin, il voulait s'arrêter une nuit à *Ts'i* 戚, quand il entendit battre une choche: "C'est bien singulier! dit-il; j'ai autrefois ouï dire que quiconque fait le fier, sans avoir de vertu, périra de mort violente. Ce seigneur a offensé son prince; réfugié à la campagne, il ne se croit pas encore en sûreté; quelle joie peut-il goûter? Le cercueil de son maître est encore à la maison; comment a-t-il le cœur de faire de la musique?" Ayant dit ces paroles, Ki-tcha reprit aussitôt sa route. *Suen-wen-tse* 孫文子 informé de ce propos ne voulut plus, de toute sa vie, entendre les sons du luth.

Arrivé au royaume de Tsin, Ki-tcha aimait à converser avec *Tchao-wen-tse* 趙文子 *Han-siuen-tse* 韓宣子, et *Wei-hien-tse* 魏獻子. Il leur dit: "Ce royaume sera facilement partagé entre vos trois grandes familles." Il eut encore des relations amicales avec le fameux *Chou-hiang* 叔向; il lui dit: "Seigneur, prenez garde! votre prince dépasse les bornes; et pourtant il a autour de lui plusieurs grandes familles (capables de la supplanter)! Celles-ci attirent à elles toute l'administration; vous, un homme si droit, vous devez songer à prévenir ce malheur!"

Différents auteurs prétendent que Ki-tcha apprit la mort de Yu-tsi pendant qu'il faisait ces visites d'amitié. Lui qui répandait à foison les prophéties, il semble avoir ignoré ce qui se passait dans son propre pays, dans sa famille.

Le recueil Mei-li tche, vol. 1, p. 27, relate encore les détails suivants concernant l'ambassade: Pendant que Ki-tcha se dirigeait vers l'ouest, pour visiter le roi de *Tsin* 晉, il passa par la capitale du prince de *Siu* 徐. Or, en qualité d'ambassadeur, il portait une épée extrêmement précieuse. Le roi de Siu l'ayant examinée aurait bien voulu l'avoir; il n'en dit mot, mais son visage avait assez laissé voir sa pensée. Ki-tcha s'en était aperçu; déjà, dans son cœur il la lui avait destinée; mais, pour le moment, il ne pouvait s'en défaire, ayant encore à visiter quelques princes, avant d'achever sa tournée. A son retour, il apprit que le roi de Siu était mort dans le royaume de Tch'ou. Ki-tcha détacha son épée, et l'offrit au successeur du défunt. Les gens de sa suite l'en dissuadaient, disant: "Cette épée est un trésor qui appartient au royaume de Ou; il ne faut pas la donner au roi de Siu." Ki-tcha leur répondit: " Ce n'est pas d'aujourd'hui seulement que j'ai résolu de faire ce cadeau ; depuis longtemps, dans ma pensée, j'avais déstiné cette épée au roi défunt ; si maintenant je ne la lui offrais pas, ce serait me tromper moi-même. Tenir encore à cette épée dénoterait un cœur faux ; un homme droit ne ferait jamais cela." Aussitôt il alla présenter cette épée au nouveau roi. Celui-ci la refusa, disant : "Mon prédécesseur ne m'a pas donné d'ordre relatif à cette affaire ; ainsi moi, orphelin, je n'ose accepter ce cadeau." Alors Ki-tcha suspendit l'épée à un arbre, près du tombeau du roi. Les habitants de Siu chantèrent les louanges de Ki-tcha, disant : " Le seigneur deYen-ling n'oublie pas ses amis, même défunts; il s'est privé d'une épée valant mille onces d'or, et l'a suspendue à un arbre du tombeau."[1]

Dans l'édition impériale, vol. 28, p. 13, il y a des voix discordantes, parmi ce concert de louanges si universel en l'honneur de Ki-tcha, On ose le rendre responsable de tous les malheurs qui se sont abattus sur le royaume de Ou. S'il n'avait pas refusé la couronne, de telles calamités ne seraient pas arrivées; ainsi la faute retombe sur lui, etc, etcs

K'ong Yng-ta 孔應大 remarque avec justesse que Ki-tcha n'a pu annoncer l'avènement de Yu-mei, puisque les ambassades ne furent envoyées qu'après la fin du deuil. En temps de deuil il n'aurait pu entendre la musique, ni assister aux fêtes. Ainsi Ki-tcha semble n'avoir eu connaissance des événements qui s'étaient passés dans sa patrie qu'au retour de sa fameuse ambassade.

Désormais il n'est plus guère question de lui dans l'histoire; on ne relate même pas les circonstances de sa mort. Nous ajouterons seulement quelques détails concernant son tombeau. (Cf. Kiang-yng-hien tche, vol. 7, p. 22—Mei-li tche, vol. 2, p. 33)-Ki-tcha, nous l'avons vu plus haut, avait reçu le fief et le nom de *Yen-ling* 延 陵 : sous cette appellation se trouvait compris le territoire du *Tchang-tcheou-fou*

---

[1] Dans le recueil Mei-li tche, vol. 1, p. 25, il y a la note suivante : Quand On-Ki-tcha fut de retour de sa visite chez le roi de *Ts'i* 齊, son fils aîné mourut et fut enterré à *Yng ponu* 嬴 博. Confucius dit alors : "Ki-tcha est l'honneur du royaume de Ou, l'homme le plus versé dans les Rites ; voyons un peu comment il va enterrer son fils!" Or, la fosse ne fut pas creusée trop profonde, de peur que l'eau ne vint à surgir, comme dans un puits; les habits du mort étaient ceux de la saison; après l'inhumation, un tertre fut élevé sur la fosse; il était large comme la roue d'un char; tout juste assez haut pour intercepter la vue. Quand ce fut fini, Ki-tcha se dénuda le bras et l'épaule gauches; ensuite, se dirigeant du côté droit, il fit trois fois le tour du tertre en se lamentant et disant : "Chair et os doivent retourner à la terre; c'est là leur sort ! Quant à l'âme (*Hoen-k'i* 魂 氣) elle peut aller n'importe où !" Là-dessus, Confucius le loua de son exactitude, et dit : "Ki-tcha, le seigneur de Yen-ling, est vraiment bien au courant des rites !"

actuel 常 州 府, *lato sensu*; mais sa résidence ordinaire était au bourg actuel de *Chen-kiang* 申 港 鎭 à soixante-dix ly Est de Tchang-tcheou, trente ly Ouest de Kiang-yng; c'est là qu'est son tombeau, sa pagode. De son temps il n'y avait pas encore de canal; ou bien il était beaucoup plus petit qu'aujourd'hui; car l'histoire raconte que le canal actuel a été creusé au troisième siècle avant Jésus-Christ, par le fameux *Tch'oen-chen-kiun* 春 申 君.

D'après la tradition, c'est Confucius lui-même qui a écrit l'inscription tumulaire en dix caractères pour le tombeau de Ki-tcha, lorsqu'il eût appris la mort de ce "saint." D'aucuns doutent de la véracité de ce récit. Peu importe; l'inscription existe, et est certainement antique. Sous la dynastie *T'ang* 唐, en 748, l'empereur fit de nouveau graver cette inscription effacée par le temps. On prétend que ni la pluie, ni la foudre, ni le feu, n'ont jamais pu détruire cette pierre; il n'y aurait là rien de bien extraordinaire; mais les païens croient à une protection de Confucius; c'est bien leur idée quand ils font cette remarque.

Depuis l'année 1511, sous la dynastie des Ming, le mandarin de Kiang-yng est obligé d'aller dans cette pagode offrir des sacrifices. Depuis ce temps la dévotion des lettrés s'est accrue; on a offert force tablettes, force inscriptions, etc; mais l'ornement principal est toujours l'inscription de Confucius et de l'empereur. *K'ang-hi* 康 熙, en a envoyé une aussi.

Les rebelles *Tchang-mao* avaient tout brûlé, tout détruit en 1864; l'inscription de Confucius a pourtant échappé à ce désastre; elle est encore intacte. En 1874, on a rebâti la pagode; tout le monde y a contribué, depuis le vice-roi et le gouverneur, jusqu'au menu peuple. Cette construction, pour laquelle on a dépensé beaucoup d'argent, n'a rien cependant de grandiose. Ce sont treize chambres, plus ou moins grandes, avec quelques chambrettes latérales; le mur d'enclos est vilain; le jardin sans fleurs et presque sans arbres; l'entretien est négligé. Et pourtant on avait recueilli un fond assez considérable: le gouverneur de Sou-tcheou, le fameux inspecteur impérial *P'ong-kong-pao* 彭 宫 保, le commandant général du Yang-tse-kiang, ont réuni un capital de cinq cents dollars; on prend encore cinquante mille sapèques sur le trésor; de plus, on a appliqué à cette pagode toutes les terres qui autrefois, dans les trois circonscriptions de *Chen-kiang* 申 港, *Yu-men* 虞 門 et *Heou-mei* 後 梅, étaient destinées à l'entretien des écoles gratuites; soit environ deux-cent-trente *Meou*. Il y aurait donc de quoi entretenir convenablement cet édifice; mais, comme de coutume, l'argent reste entre les mains des administrateurs. Des bonzes desservent cette pagode.

A *Hia-Kiang* 夏港, vieux bourg situé à l'est, puis à Kiang-yng même, il y a encóre deux pagodins consacrés au culte de Ki-tcha.

Le 29ème jour de la 4ème lune est l'anniversaire de la naissance de Ki-tcha; il y a une foire très animée à Chen-kiang, avec procession en l'honneur du patron local; bref, c'est une grande fête populaire et on y vient de loin. (Cf. Tchang-tcheou-fou tche, vol. 9, p. 8.)

Tous les gens de Kiang-yng qui s'appellent *Ou* 吳 prétendent être la descendance directe de Ki-tcha. C'est naturel; chacun aime à se donner des ancêtres illustres!

La gravure ci-jointe est une copie réduite de l'inscription attribuée à Confucius et qui orne encore aujourd'hui la tombe de Ki-tcha. Les caractères sont de forme antique: leurs équivalents dans l'écriture moderne seraient les suivants: 嗚呼有吳延陵季子之墓, qui se traduiraient ainsi: "Hélas! hélas! Voici le tombeau du roi de Ou, Ki-tse, prince de Yen-ling!"—Les petits caractères modernes de droite font bien à Confucius l'honneur de la composition de l'épitaphe; mais ils semblent aller contre la tradition populaire, indiquée plus haut, qui croit que cette pierre est celle-là même sur laquelle l'épitaphe fut gravée du temps du célèbre philosophe. Or, il est dit expressément que l'inscription a été gravée par l'ordre d'un préfet (知府) nommé *Mo-yu* (莫愚), la huitième année de la période Tchong-t'ong (*sic*) de la dynastie *Yuen*. Je ne trouve dans les tables chronologiques des dynasties chinoises aucune dénomination de règne désignée par ces deux caractères. N'indiqueraient-ils pas la période qui précéda immédiatement l'avènement au trône de Chine du prince mongol Koublaï-khan, ou même les premières années de son règne, avant la période *Tchong-t'ong* (中統) *i.e.* 1259-1260 P.C.? C'est une question que je ne suis pas en état de résoudre et que je livre aux recherches des érudits.

孔子題吳季子墓碑 元正統八年知府莫愚摹刻于石

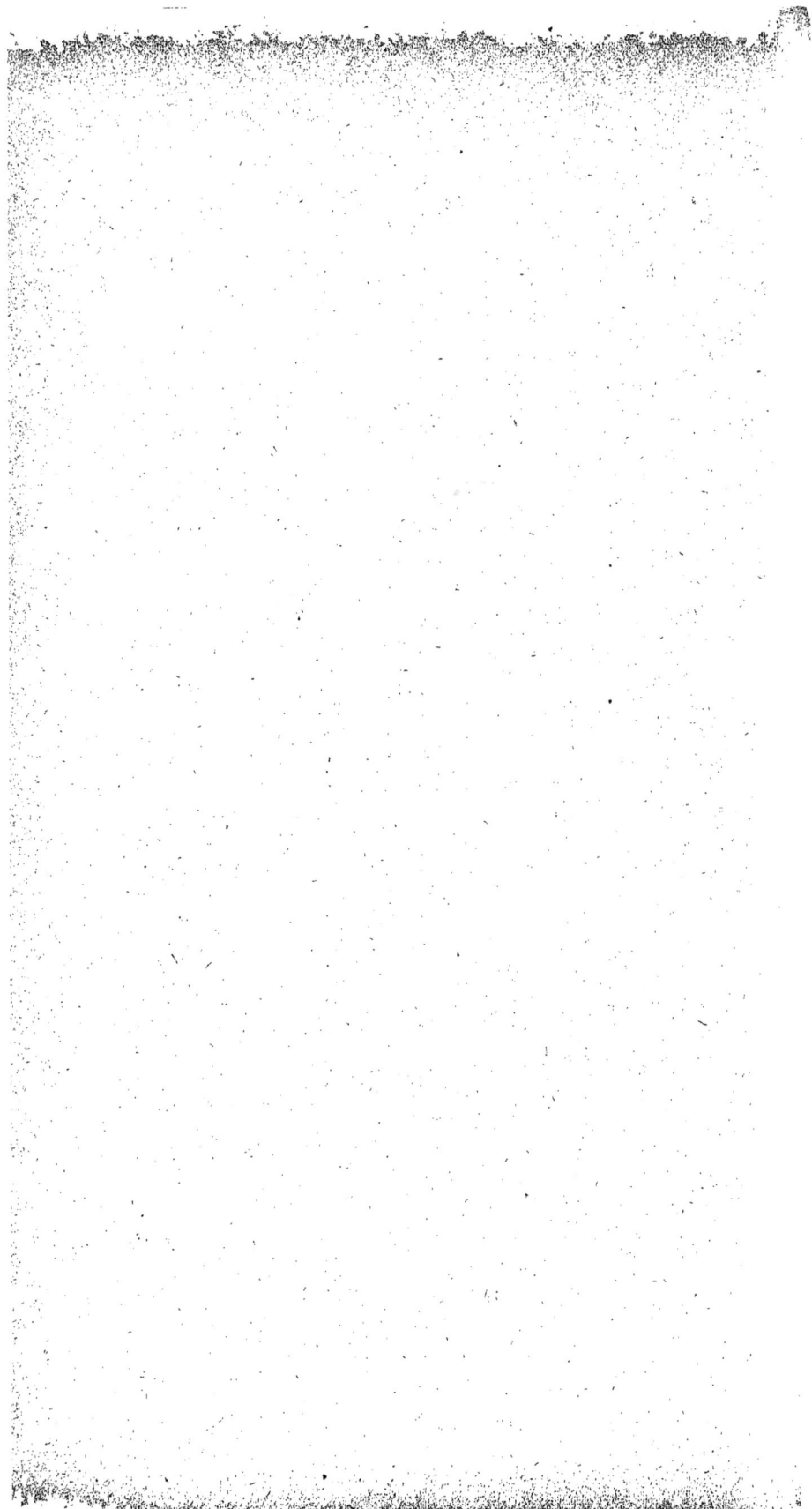

CHAPITRE V.

LE ROI *YU-MEI* 餘 眜 (543-526).

SOURCES:—Tsouo-tch'oan Tou-ling, vol. 33, p. 15—vol. 39, p. 4.
Edition impériale, vol. 28, p. 29—vol. 31, p. 3.
T'ong-kien Kang-mou, vol. 16, p. 12.
Mei-li tche, vol. I, p. 7.
Lié-kouo tche, vol. 15, p. 28.

Le roi Yu-mei est aussi appelé *I-mei* 夷 眜. Au début de son règne, il s'occupa sans doute des affaires intérieures de son royaume, afin de l'affermir ; car l'histoire n'a rien conservé sur cette époque.

En 541, il envoya *K'iu-hou-yong* 屈 狐 庸 saluer le roi de *Tsin* 晉. Il voulait conserver les relations amicales établies avec lui, et ne voulait pas qu'on oubliât les chemins de communication entre les deux royaumes. Dans le pays de Tsin, le premier ministre *Tchao-wen-tse* 趙 文 子 demanda : "Ki-tcha, seigneur de Yen-ling et de Tcheou-lai n'est donc pas encore devenu roi de Ou? Tchou-fan est tombé au siége de Tch'ao; Yu-tsi a été assassiné par le gardien mutilé; le ciel semblait avoir préparé la succession à Ki-tcha. L'ambassadeur répondit : "Les deux rois défunts ont subi le sort que le ciel leur avait fixé; s'il y a une providence dans ces événements, c'est en faveur du roi actuel. C'est un homme d'une grande vertu, et d'une prudence consommée; ayant de la vertu, il ne perdra pas l'affection de son peuple; avec sa prudence, il connaîtra toujours son devoir; quand le peuple aime son roi, quand il y a de la suite dans les affaires, c'est bien le ciel qui accorde ce bienfait. C'est la descendance de mon maître qui est appelée à régner désormais sur le royaume de Ou. Ki-tcha demeure l'homme probe et vertueux que vous avez connu; il pouvait être roi, il ne l'a jamais voulu." (Tou-ling, vol. 33, p. 15— Edition impériale, vol. 28, p. 29).

Cette même année (541), à la 11ème lune, *Tchan Yu-tchou* 展 輿 著 de *Kiu* 莒 se révolta contre son père *Li-pi* 黎 比, vicomte de cette principauté.[1] Dans cette rébellion, Li-pi fut tué; sa femme était la

---

[1] Actuellement *Kiu-tcheou* 莒 州, dans le Chan-tong.

sœur de Yu-mei; Tchan Yu-tchou s'enfuit chez son oncle. (Cf.Tou-ling, vol. 33, p. 14). Il est probable que Yu-mei établit son neveu sur le trône de cette petite principauté, après en avoir chassé le frère aîné, fils d'une autre princesse. (Tou-ling, p. 15.)

En 536, à la septième lune, le roi de Tch'ou eut une grande réunion de princes, à *Chen* 申. Douze princes y étaient assemblés; c'est-à-dire ceux de *Ts'ai* 蔡, de *Tcheng* 陳, de *Tcheng* 鄭, de *Hiu* 許, de *Siu* 徐, de *T'eng* 滕, de *Touen* 頓, de *Hou* 胡, de *Chen* 沈, de *Siao-tchou* 小邾, de *Song* 宋, et le chef des sauvages orientaux riverains de la *Hoai* (淮夷). C'étaient tous les voisins du royaume de Tch'ou, exposés par conséquent aux invasions de ce puissant état. Le roi de *Tsin* 晉 était de droit le chef des princes; et seul il pouvait les réunir; mais il était devenu trop faible pour les protéger contre un tel rival. En 545 il avait donc été réglé que les plus proches voisins de *Tsin* 晉 auraient leur assemblée chez lui; les plus proches de Tch'ou se réuniraient chez ce dernier. (Edition impériale, vol. 28, p. 1.)

Le but de la présente assemblée était de préparer une guerre contre le royaume de Ou.

Le roi de Song ne suivit pas l'armée de Tch'ou; il y envoya à sa place son frère *Hoa Fei-soei* 華費遂. Le roi de Tcheng envoya un de ses officiers.

Le roi de Tch'ou ordonna à *K'iu-chen* 屈申, son général, d'aller assiéger la ville de *Tchou-fang* 朱方,[1] fief que K'ing-fong avait reçu du roi de Ou, comme nous l'avons vu plus haut. A la huitième lune, la ville fut prise, K'ing-fong fait prisonnier et toute sa famille immédiatement massacrée. Le roi de Tch'ou voulait se défaire de ce voisin dangereux, qui lui faisait beaucoup de mal; mais, pour l'attaquer, il prétexta les grands principes de loyauté, disant qu'il voulait le punir d'avoir trahi son prince le roi de *Ts'i* 齊. Il le réservait pour une mort ignominieuse. Alors *Tsiao-kiu* 椒舉 lui fit cette remontrance: "J'ai ouï dire qu'un homme sans reproche peut bien en exécuter un autre d'une manière ignominieuse; mais aujourd'hui il s'agit de K'ing-fong, caractère altier et opiniâtre; ira-t-il au supplice sans mot dire? S'il vous insulte en présence des princes, quel avantage aurez-vous?" Le roi de Tch'ou ne tint pas compte de cet avis; il ordonna que K'ing-fong, portant la hache du bourreau, passerait devant les princes en disant: "Que personne ne fasse comme moi, K'ing-fong, qui ai assassiné mon roi, maltraité son fils orphelin, et fait une conjuration avec les grandes familles!" Or, au lieu de ces

---

[1] Voir plus haut la note concernant cette ville.

paroles, Kʻing-fong dit les suivantes, extrêmement injurieuses pour le roi de Tchʻou: " Que personne ne fasse comme *Wei* 圍, le fils d'une concubine du roi Kong, qui a assassiné *Mi* 麇 le fils et l'héritier de son frère aîné, a usurpé le trône, et demandé les hommages des autres princes ! " Furieux, le roi de Tchʻou le fit tuer sur-le-champ.

De là, l'armée se rendit dans la petite principauté de *Lai* 賴.[1] Le prince de cette ville vint s'offrir de lui-même les mains liées derrière le dos, un jade à la bouche, la partie supérieure du corps déshabillée, et suivi de son cercueil ; il s'avança ainsi jusqu'au milieu du camp. Le roi de Tchʻou demanda ce que cela signifiait. Tsiao-kiu dit : " Quand autrefois le roi *Tchʻeng* 成 (671-625) prit la capitale de *Hiu* 許, *Hi-kong* 熙公, prince de Hiu, sortit aussi dans le même attirail ; votre ancêtre délia les cordes de sa propre main ; lui retira le jade de la bouche, et brûla le cercueil." Aussitôt le roi de Tchʻou fit de même.

La ville s'étant donc rendue à discrétion, les habitants furent transportés à *Yen* 鄢, dans le royaume de Tchʻou ; à leur place vinrent les gens de l'ancienne principauté de Hiu. Le roi de Tchʻou ordonna à *Teou-wei-koei* 鬬韋龜 et au prince *Tsi-tsi* 棄疾 de construire les murs de cette ville ; puis il rentra lui-même dans sa capitale.

Chen-ou-yu 申無宇 remarqua : " Voilà le commencement de nos malheurs ; notre roi a convoqué les autres princes pour attaquer la ville de Lai ; l'ayant prise, il s'empare encore d'un autre état, sans que personne lui fasse de remontrances ; le bon plaisir du roi n'est contrarié par personne ; comment le peuple pourrait-il vivre en paix ? Si le peuple ne peut vivre en paix chez soi, pourra-t-il supporter les fantaisies du roi ? S'il récuse ses ordres, alors la révolution est là ! " (Tou-ling, vol. 35, p.p. 12, 17, etc.)

Pendant l'hiver de l'année 537, le roi de Ou prit trois villes dans le royaume de Tchʻou, à savoir : *Ki* 棘 *Li* 櫟 et *Ma* 麻.[2] Il se vengeait ainsi de la campagne du roi de Tchʻou contre Tchou-fang. *Chen-yng-cheou* 沈尹壽, général de Tchʻou accourut à marches forcées

---

[1] Tou Yu dit que c'est la ville de *Chang-tchʻeng* 商城, dans la préfecture de *Koang-tcheou-fou* 光州府, province du Ho-nan. (Kong-yang l'écrit 厲 Li.)

[2] Au nord-est de la ville de *Tsouan-hien* 酇縣, il y a encore un kiosque nommé *Ki tʻing* 棘亭. Li, à vingt ly nord de *Sin-tsʻai-hien* 新蔡縣, préfecture de *Jou-ning fou* 汝寧府 (Ho-nan) ; c'est maintenant le bourg de *Yé li-tien* 野櫟店. Ma est actuellement le bourg de *Ngan-yang tchʻeng* 安陽城, de la ville de *Tʻang-chan-hien* 碭山縣, préfecture de *Sin-tcheou-fou* 徐州府 (Kiang-sou).

jusqu'à *Hia-joei* 夏汭 [1] pour couper la retraite à l'armée de Ou; mais ce fut en vain. *I-kieou* 宜咎, officier de Tch'ou, s'empressa de bâtir les fortifications de *Tchong-li* 鍾離: *Yuen-ki-kiang* 薳啟疆 bâtit celles de *Tch'ao* 巢, *Jan-tan* 然丹 celle de *Tcheou-lai* 州來. Les eaux étant trop grandes dans la partie orientale du pays, on ne put en fortifier les villes; *P'ong-chen* 彭生 fatigua en vain ses soldats dans ce travail. (Tou-ling, vol. 35, p. 19, etc.).

Dans l'hiver de l'année 536, le roi de Tch'ou, avec les princes de *Ts'ai* 蔡, *Tcheng* 陳, *Hiu* 許, *Toen* 頓, *Chen* 沈, *Siu* 徐, et les gens de *Yué* 越 [2] attaquèrent le royaume de Ou. L'historien remarque que cette guerre était entreprise pour punir le roi de Ou de ce qu'il avait pris les trois villes susdites, Ki, Li et Ma. L'officier *Yuen-ché* 薳射, conduisant les troupes du pays de *Fan-yang* 繁揚, rejoignit le roi de Tch'ou à *Hia-joei* 夏汭; *Tchang-cheou-kouo* 常壽過 officier de Yué le rejoignit à *Souo* 瑣. [3]

Ayant appris que le roi de Ou était déjà lui-même entré en campagne, le général *Yuen-ki-kiang* 薳啟疆 se mit à sa poursuite. Dans sa hâte, il négligea les précautions nécessaires, et fut complètement battu à *Ts'io-ngan* 鵲岸. [4] Le roi de Tch'ou vint en toute hâte jusqu'au fleuve *Louo-joei* 羅汭. Le roi de Ou envoya son frère *Kiué-yeou* 蹶由 avec des vivres, pour en faire don au roi. Les gens de Tch'ou le prirent, et allaient aussitôt le mettre à mort, voulant avoir son sang pour en teindre leurs tambours, lorsque le roi envoya un officier lui demander: "Avant de venir, avez-vous consulté les sorts? Ont-ils été favorables?" Le prisonnier répondit: "Oui, les sorts étaient favorables, notre petit prince ayant appris que votre noble roi conduisait une armée pour attaquer notre petite

---

[1] C'est *Han-k'eou* 漢口, où le fleuve Han se jette dans le Yang-tse-kiang; ou plutôt, c'est *Kiang-hia-hien* 江夏縣 préfecture de *Ou-tchang-fou* 武昌府 (Hou-Koang).

[2] Tsouo-k'ieou-ming ajoute à la chronique de Confucius une remarque où il diffère du texte; il dit que l'expédition eut lieu à la 10ème lune; à la place de "Gens de Yué" il écrit "les sauvages orientaux;" de fait, cela revient au même.

C'est ici, pour la première fois, que le nom de Yué apparaît dans l'histoire chinoise.

[3] Souo (royaume de Tch'ou) était à l'est de la ville actuelle de *Ho-K'ieou* 霍邱, préfecture de *Cheou-tcheou-fou* 壽州, (Ngan-hoei) (Edition impériale, vol. 29, p. 27.

[4] Au sud-ouest de *Fan-tchang-hien* 繁昌縣, préfecture de *T'ai-ping-fou* 太平府, Ngan-hoei, il y a, au milieu du Kiang, une île appelée *Tsio-tcheou* 鵲州, ou île de la pie; il y a aussi une montagne nommée *Tête de la pie* 鵲頭山, et trois autres collines appelées *Queue de la pie* 鵲尾. (Cf. Edition impériale, ibid).

province, se servit de la tortue pour consulter les sorts.[1] Il dit à la tortue: "J'envoie à la hâte des vivres aux soldats de Tch'ou, pour savoir si la colère du roi est violente, ou non, et prendre mes mesures en conséquence; pourrais-je l'apprendre?" La tortue a répondu: "C'est bien! vous pourrez l'apprendre." Si donc votre roi se réjouit et me traite amicalement, notre petite ville sera négligente à faire ses préparatifs de défense; elle ne croira pas sa ruine si proche; et celle-ci n'en arrivera que plus vite. Aujourd'hui votre noble roi est en colère et semble vouloir lancer la foudre sur moi; vous saisissez un ambassadeur; vous allez l'immoler; son sang teindra vos tambours. Ainsi le roi de Ou saura qu'il doit se tenir prêt. Notre petite ville est bien faible; mais si elle prépare à temps ses armes, elle sera capable de vous résister. On peut donc dire que le présage aura été heureux; les sorts ont été jetés pour l'intérêt commun, non pas pour moi seul; si moi, l'envoyé, j'obtiens de teindre de mon sang vos tambours de guerre, tandis que mon petit pays évite par-là de plus grands malheurs, ma récompense est suffisante. Chaque royaume ayant sa tortue divinatoire, dans quelle affaire importante ne la consulterait-on pas? Tantôt les présages sont favorables, tantôt funestes; qui pourrait garantir la stabilité? La même chose vous est arrivée: votre présage à la bataille de *Tch'eng-p'ouo* 城濮 s'est vérifié à la bataille de *Pi* 泌. Si le message d'aujourd'hui tourne mal pour moi, le présage heureux s'accomplira plus tard."

Ayant entendu ce discours, les gens de Tch'ou ne tuèrent pas l'ambassadeur.

Quand les troupes eurent traversé le fleuve Louo-joei, *Chen-yng-tche* 沈尹赤 rejoignit le roi de Tch'ou, et campa au pied de la montagne de *Lai-chan* 萊山. *Yuen-ché* 薳射, conduisant les soldats de Fan-yang, entra le premier dans le pays de *Nan-hoai* 南懷; les troupes du roi le suivirent, et atteignirent *Jou-ts'ing* 汝清; mais on ne put envahir le territoire de Ou. Le roi de Tch'ou fit alors une revue de toute l'armée, au pied de la montagne *Ti-ki* 抵箕.[2] Le roi de Ou avait si bien préparé cette campagne que le roi de Tch'ou dut s'en retourner sans avoir rien accompli; il garda l'ambassadeur comme

[1] Cette tortue était regardée comme le palladium d'un royaume.

[2] Nan-hoai et Jou ts'ing étaient au royaume de Tch'ou; elles devaient être entre la Hoai et le Kiang. Ti-ki est actuellement la montagne de *Tch'e-tch'ou* 跚躪, à 37 ly sud de *Tch'ao hien* 巢縣, préfecture de *Ou-wei tcheou* 無爲州 (Ngan-hoei). (Edition impériale, vol. 29, p. 27).

ôtage; puis, craignant une attaque du roi de Ou, il envoya le général *Chen-yng-ché* 沈 尹 射 à *Tch'ao* 巢, le général *Yuen-ki-kiang* 薳 啟 彊 à *Yu-leou* 雲 樓, pour attendre de nouveaux ordres. Ce fut prudence de sa part. (Tou-ling, vol. 36, pp. 1, 8, etc.).

L'édition impériale fait observer que depuis 558 les armées de Tch'ou avaient attaqué le royaume de Ou jusqu'à quatre fois. Seul le roi Tchou-fan leur avait rendu la pareille ; mais il trouva la mort en chemin, avant d'avoir accompli son dessein qui était d'anéantir la puissance de Tch'ou. Celui-ci vint chaque année harceler le royaume de Ou ; le roi de ce pays n'en avait point peur ; au contraire, il préparait des armées redoutables pour abattre à son aise son adversaire. C'est pourquoi nous le verrons plus tard, après l'unique grande bataille de *Pé-kiu* 栢 舉, occuper *Yng* 郢, la capitale de Tch'ou, et mettre cet état à deux doigts de sa perte.

Dans l'automne de l'année 535, *Yuen-pi* 薳 罷, premier ministre de Tch'ou conduisit une armée attaquer le royaume de Ou. Tsouo-k'ieou-ming donne les détails suivants : *I-tch'ou* 儀 楚, officier de *Siu* 徐 étant allé en ambassade saluer le roi de Tch'ou avait été saisi par celui-ci ; mais il s'était enfui, et avait pu regagner son pays. Le roi de Tch'ou craignant que cette principauté ne se soustraignît à sa suzeraineté, envoya *Yuen-sié* 薳 曳 en assiéger la capitale. L'armée de Ou accourut au secours. Yuen-pi (autrement Tse-tang) conduisit donc une armée dans le dessein d'envahir le pays même de Ou. Il rassembla ses troupes[1] à *Yu-tchang* 豫 章 et vint camper à *Kan-k'i* 乾 谿. L'armée de Ou le battit à *Fang-tchong* 房 鍾 et fit même prisonnier l'officier *K'i-tsi* 弃 疾. Dans sa colère, le premier ministre rejeta la faute sur Yuen-sié et le fit mettre à mort.

L'édition impériale observe que la faute ne devait pas être rejetée sur Yuen-sié ; mais qu'on le mit à mort tout de même. Confucius dit que Yuen-pi fut cause qu'on attaqua le royaume de Ou ; par ces paroles il lui impute le désastre. L'armée de Tch'ou, cette fois encore, n'ayant pu rien obtenir dans le pays de Ou, se dirigea vers les principautés de *Tcheng* 陳 et de *Ts'ai* 蔡 ; quand, plus tard, elle allait encore attaquer le pays de *Siu* 徐, la révolte éclata dans le royaume même de Tch'ou. Ce fut donc pour la cinquième fois que le roi de Tch'ou s'attaquait au pays de Ou, sans pouvoir s'en rendre maître.

---

[1] Yu-tchang était au sud de la Hoai. Kan-k'i se trouvait près du bourg actuel de *Tch'eng-fou-ts'ouen* 城 父 柯, au sud-est de *Po-tcheou* 亳 州, préfecture de *Fong-yang* 鳳 陽 (Ngan-hoei) [Edition impériale, vol. 29, p. 30]. Fang-tchong, du royaume de Ou, est actuellement Mong-tch'eng-hien 蒙 城 縣, préfecture de *Cheou-tcheou fou* 壽 州 府 (Tou-ling, vol. 36, p. 9, et 13.)

L'année 529, en hiver, le roi de Tch'ou envoya à la fois cinq généraux attaquer la petite principauté de Siu. (C'était pour effrayer le roi de Ou, parent du prince de Siu). Lui-même ne s'y rendit pas; il avait préféré se livrer à la chasse, à *Tcheou-lai* 州來. Mais, pendant son absence, son propre frère s'empara de la couronne (528). A cette nouvelle, le roi se pendit de désespoir. Ce prince s'appelait *Ling* 靈, et avait régné de 540 à 528; son armée ayant appris cette révolution s'était aussitôt dispersée; les cinq généraux qui se rétiraient du siege de Hiu furent surpris à Yu-tchang,[1] et furent tous faits prisonniers. (Cf. Tou-ling, vol. 38, p. 6, et 13—Lié-kouo tche, vol. 15, p. 28).

L'année 527, en automne, il est dit que le roi de *Tsin* 晉 réussit à réunir, pour la dernière fois, les divers princes à *P'ing-kieou* 平丘.[2] Se sentant faible et impuissant il avait voulu faire une démonstration pour effrayer les petits états, et les empêcher de se soustraire à son autorité. Dans le même temps aussi, il avait invité le roi de Ou à venir lui faire visite; et lui avait donné rendez-vous à *Leang* 頁;[3] mais il fut impossible aux barques de parvenir jusque là; le roi de Ou l'en fit prévenir et retourna chez soi. Comme l'on voit, le roi de Tsin recherchait l'amitié du puissant royaume de Ou, pour relever son propre prestige perdu.

A la fin de cette même année, le roi de Ou anéantit la petite principauté de *Thceou-lai* 州來. *Tse-ki* 子旗 premier ministre de Tch'ou voulait aussitôt lever une armée pour venger cette perte; mais le nouveau roi *P'ing* 平 (528–515) ne le permit pas. Nous n'avons pas encore, dit-il, relevé notre peuple de sa misère, ni réconcilié les esprits, ni achevé les préparatifs nécessaires, ni solidement établi notre règne. Si nous demandons cet effort à notre peuple, et perdons ensuite la bataille, nos regrets viendront trop tard. Tcheou-lai, sous la domination de Ou, est comme si elle était sous notre propre domination; pour le moment, attendez encore.

---

[1] Yu-tchang n'est pas sûrement connu. A l'est de *Ngan-lou-fou* 安陸府, il y a une montagne appelée *Tchang-chan* 章山; on suppose que c'est là l'endroit mentionné. Le Lie-kouo tche, vol. 19, p. 28, dit que le prince Kuang surprit l'ennemi dans un défilé, le tailla en pièces, et prit vivants les cinq généraux de Tch'ou, avec un grand butin; de là il se dirigea vers Tcheou-lai, dont il s'empara.

[2] Actuellement les restes de cette ville sont à 90 ly nord de *Tcheng-licou-hien* 陳留縣, préfecture de *K'ai-fong-fou* 開封府 (Ho-nan).

[3] C'est maintenant Hia-pei-hien 下邳縣 préfecture de *Siu-tchcou-fou* 徐州府.

Nous avons vu plus haut que le roi de Ou avait autrefois (582) pris cette ville ; puisqu'elle était un point stratégique si important, il aurait dû la fortifier ; mais ayant omis cette précaution, il n'avait pas tardé à la perdre. Cette fois, après cinquante ans, il s'en empara de nouveau, et l'anéantit. C'etait une faute ; aussi il ne garda cette principauté que sept ans ; en 521, le roi de Tch'ou la reprendra et la fera enfin fortifier. (Edition impériale, vol. 30, p. 37) [Tchao-Kong, 19ème année].

Yu-mei fit une grave maladie. Sur le point de mourir, il imita son père et son frère ; il offrit de nouveau la couronne à Ki-tcha ; mais celui-ci refusa absolument. Sur ce, les officiers de Yu-mei lui conseillèrent de nommer roi son propre fils *Tcheou-yu* 州 于. Celui-ci accepta la succession, et prit le nom de *Leao* 僚. Sachant que le prince *Koang* [1] 光 était un homme très expérimenté dans l'art de la guerre, il lui donna le titre de général.

En 526, à la première lune, le roi Yu-mei mourut, (Cf. Lié-kouo tche, vol. 15, p. 38). L'édition impériale remarque qu'il aurait dû laisser la couronne à *Ho-liu* 闔 盧 (fils aîné de Tchou-fan). Celui-ci, homme énergique, violent même, s'emparera bientôt du trône par le meurtre et la révolution. (Edition impériale, vol. 31, p. 3—Touling, vol. 89, p. 4).

---

1 Il était fils de Tchou-fan, donc cousin du nouveau roi ; il se rendra célèbre, sous le nom plus connu de Ho-liu.

CHAPITRE VI.

—=◄●►=—

LE ROI *LEAO* 僚, (525-513.)

Sources:—Tou Ling, vol. 39, p. 13, etc.
Edition impériale, vol. 31, p. 13.
Mei-li tche, vol. 1, p. 7.
Tch'ao I (Ou-yué tch'oen-ts'ieou) vol. 1, p. 8.

La seconde année de son règne, (523) le roi Leao envoya son cousin, le prince Koang, faire la guerre au royaume de Tch'ou ; le prétexte était de venger la prise de *Tchou-fang* 朱方 et la mort de K'ing-fong, dont nous avons déjà parlé, sous le roi précédent.

Confucius, dans sa chronique, dit seulement ces mots : "les armées de Tch'ou et de Ou se battirent à *Tchang-ngan* 長岸." [1] C'est probablment le texte tel qu'il l'avait trouvé dans les archives du duché de Lou. Le premier ministre de Tch'ou consulta les sorts ; ils étaient funestes. *Tse-yu* 子魚 ministre de la guerre dit au premier ministre *Yang-hiong* 陽匃 : "Nous avons pour nous le courant du Kiang ; comment les sorts peuvent-ils être contraires ? De plus, d'après les anciennes traditions de notre royaume, c'est au ministre de la guerre de commander à la tortue ; permettez-moi de consulter les sorts une seconde fois." Il commanda donc et dit : "Si moi, Tse-yu, avec mes soldats, je combats jusqu'à la mort, et que le reste de l'armée nous suive, pouvons-nous gagner la victoire?" La réponse fut favorable. Sur ce, on livra bataille à Tchang-ngan ; Tse-yu et ses soldats se dévouèrent pour leur pays ; le reste de l'armée les suivit, et remporta une éclatante victoire. On prit même *Yu-hoang*, 餘皇, le vaisseau royal de Ou ; celui-ci fut alors confié à la garde des soldats de *Soei* 隋 avec le concours des dernières recrues de Tch'ou ; autour du vaisseau ils creusèrent un fossé si profond qu'on finit par voir l'eau surgir ; sur la passerelle de communication avec la terre ferme, on entretenait des charbons ardents, pour écarter l'ennemi ;

---

[1] Tchang-ngan, du royaume de Tch'ou, était à 30 ly au sud-ouest de la ville actuelle de *Tang-tou-hien* 當塗縣, préfecture de *Tai p'ing-fou* 太平府 (Ngan-hoei). Il y a un défilé formé par les deux montagnes *Leang-chan* 梁山 ; on le nomme *Tien-men-chan* 天門山. (Edition impériale, vol. 31, p. 13.)

et la compagnie de garde se tenait sur le qui-vive, les soldats serrés les uns contre les autres, attendant les ordres du roi. De son côté, le prince Koang s'adressait à son armée en ces termes: "Nous avons perdu le vaisseau royal; la faute n'en est pas à moi seul, mais aussi à vous; ainsi, aidé de votre concours, je vais aller le reprendre et éviter une mort honteuse." Tous ses soldats s'engagent à le suivre. Le prince Koang envoie donc trois individus à longue barbe,[1] leur ordonne de se faufiler le plus près possible du vaisseau captif, et leur dit: "quand je crierai Yu-hoang! vous me répondrez." A la faveur de la nuit, l'armée de Ou s'avance en silence; arrivé non loin du vaisseau, le prince Koang pousse les trois cris convenus; les espions y répondent fidèlement. Les soldats de Tch'ou cherchent les traîtres pour les tuer; il s'ensuit une grande confusion; la garde est assaillie par les gens de Ou; le vaisseau repris; le reste de l'armée de Tch'ou mis en déroute. En fin de compte, le prince Koang avait regagné la bataille perdue, et pouvait rentrer avec honneur dans sa patrie. Ce trait prouve qu'il était en effet un homme fort capable. (Tou Ling, vol. 39, p. 17, etc.)

Mais son ambition n'était pas moins grande que ses qualités; mécontent d'avoir été écarté du trône, il cherchait à s'en emparer par le meurtre de Leao. "Pour arriver à son but, il lui fallait des complices; il se mit à en chercher; il employa pour cela un moyen assez curieux: il mit comme gardien à la porte de la capitale un homme réputé grand physionomiste avec ordre de lui trouver parmi les passants des gens capables de le seconder dans ses projets." (Tch'ao I, Ou-yué tch'oen-ts'ieou).

Ce passage de notre auteur est à remarquer; c'est une préface dont le sens est celui-ci: quiconque veut avoir des hommes capables de le seconder, doit les chercher et savoir les trouver. C'est un des grands et infaillibles principes des lettrés, ces sages qui se croient toujours délaissés. D'après eux, tous les malheurs de la patrie viennent de ce qu'on néglige leurs talents cachés. Ho-liu (le prince Koang) sut chercher; il eut la bonne fortune de découvrir le fameux *Ou Tse-siu* 伍子胥, qui devait faire la gloire du royaume de Ou; ce grand lettré négligé, le royaume devait nécessairement périr.

Hou Ngan-kouo 胡安國 fait l'observation suivante: "Le royaume de Tch'ou avait une étendue de cinq mille ly; il avait plusieurs centaines de mille de soldats, il avait vaincu toutes les autres principautés, il avait écrasé la Chine entière, et surpassait de beaucoup le royaume de Ou en puissance. Mais son roi ne savait pas écarter la

---

[1] Le commentaire dit que les gens de Tch'ou avaient la barbe fournie; ceux de Ou, au contraire, la barbe rare; il choisit donc trois hommes semblables aux gens de Tch'ou.

calomnie; il ne savait pas non plus réprimer l'avidité de ses officiers, il ne savait pas se servir des gens de talent et de probité; ceux-ci s'en allaient chercher fortune dans d'autres pays. C'est pourquoi le royaume allait s'affaiblissant de jour en jour; ce fut jusqu'à ce point qu'à la bataille de Ki-fou, malgré le secours de sept principautés auxiliaires, il fut complètement battu par le roi de Ou." (Edition impériale, vol. 31, p. 13).

Mais il nous faut maintenant connaître Ou Tse-siu, ce grand personnage, ce héros qui va paraître sur la scène de notre histoire.[1] Il se nommait encore *Ou Yuen* 伍 員; il vint au royaume de Ou, la cinquième année du règne du roi Leao (c'est-à-dire en 521). La vie abonde en traits caractéristiques chinois encore vivants aujourd'hui au cœur du peuple; c'est un héros resté vraiment légendaire. Voici ce qu'en raconte Tou Ling, vol. 40, p. 5.

Fei Ou-ki 費 無 極, grand officier de Tch'ou, et grand calomniateur, dit un jour à son roi: "Votre fils héritier *Kien* 建, avec son précepteur *Ou-ché* 伍 奢,[2] va prendre les territoires de *Fang-tch'eng* 方 城, ou des forteresses septentrionales; puis il va se déclarer indépendant, comme les principautés de *Song* 宋 et de *Tcheng* 鄭. Les princes de *Ts'i* 齊 et de *Tsin* 晉 l'aideront dans ce projet; ensemble ils font cause commune, et vont créer bien des malheurs au pays; on dit que c'est une affaire conclue."

Le roi crut ces calomnies, et interrogea Ou-ché. Ce dernier répondit: "Votre majesté a déjà offensé une fois son fils; c'est une fois de trop; pourquoi croire encore ces calomnies?"[3] Le roi, furieux de ces paroles, fit enchaîner Ou-ché; puis il ordonna à *Fen-yang* 奮 楊, commandant des forteresses, de tuer son fils. Cet officier connaissait la calomnie; secrètement il dépêche, avant son arrivée, un messager confidentiel au prince héritier; celui-ci, le 3 de la 3ème lune, s'enfuit chez le roi de Song. Le roi rappelle Fen-yang; celui-ci se fait enchaîner par les habitants de Fang-tch'eng, et c'est ainsi qu'il se fait conduire au palais. De loin, le roi lui crie: "Mes paroles n'étaient

[1] Le vieux bouquin *Yué-ts'iué* 越 絕 en parle, vol. p. 4—vol. 5, querelles avec son rival *Ta-tsai Pi* 大 宰 嚭,—vol. 15, p. 4, parallèle entre lui et Fan-li—vol. 14, sa mort.

[2] La famille de *Ou* 伍 servit le roi de Tch'ou pendant trois générations, et lui donna de fidèles et prudents ministres. (Tch'ao I, vol. 1, p. 9).

[3] Et c'est Fei ou-ki qui avait conseillé au roi de prendre sa bru pour concubine, en lui exaltant la beauté de cette personne. Pour écarter du trône le prince héritier, il inventait encore ces calomnies. Il espérait ainsi échapper à la punition de ses forfaits; et rendre sa position solide, en faisant déclarer héritier le fils de cette concubine, princesse de *Ts'in* 秦. (Tch'ao I, ibid.)

OU TSE-SIU.

伍子胥

sorties de ma bouche que pour entrer dans tes oreilles; quel autre que toi a pu avertir le prince Kien?''—''C'est moi le coupable, en effet, répond le commandant; car votre majesté m'avait autrefois ordonné de servir ce prince comme je vous servirais vous-même; je suis un homme stupide, qui ne sait pas changer de sentiment; ainsi j'ai fidèlement exécuté votre premier ordre; le second me parut trop sévère; c'est pourquoi j'ai laissé échapper le prince; plus tard, je m'en suis repenti, mais il était trop tard.''—''Alors, comment as-tu osé reparaître devant moi?'' lui dit le roi.—''C'est qu'ayant déjà désobéi une fois à votre majesté, si je n'avais obtempéré à votre appel, j'aurais été deux fois traître; alors où m'enfuir?'' A cette réponse, le roi lui dit: ''Va, retourne à ton poste, et garde-le bien.''

Fei Ou-ki, le calomniateur, parla de nouveau au roi en ces termes: ''*Yuen* 員, le fils de Ou-ché, est un génie; s'il s'enfuyait jamais chez le roi de Ou, il causerait de grands malheurs à notre pays. Pourquoi ne le rappelez-vous pas, sous prétexte de pardonner à son père à cette condition? C'est un fils pieux, il va certainement se rendre ici; autrement, il nous arrivera malheur.'' Le roi fit donc mander cet ordre à Ou Tse-siu: ''Venez ici; alors je pardonnerai à votre père.''

Mais *Chang* 尚, le fils aîné de Ou-ché, dit à son frère: ''Vous, enfuyez-vous chez le roi de Ou; moi, je me rendrai à la cour, et je subirai la mort à votre place; car mes talents sont bien loin d'égaler les vôtres. Je puis mourir, sans grand préjudice; vous saurez bien venger notre mort. Le roi nous rappelle, sous prétexte de pardonner à notre père, il faut absolument que l'un de nous se présente; d'autre part il n'est pas possible de laisser notre père sans vengeur; rentrer pour sauver son père, c'est de la piété filiale; s'enfuir pour le venger est aussi de l'humanité; choisir un homme capable pour cette vengeance, c'est de la prudence; ne pas s'enfuir quand la mort vous menace, c'est du courage. Laisser notre père, sans qu'aucun de nous s'en occupe, ce n'est pas possible; mais laisser éteindre notre nom est aussi impossible; allons! du courage! Agir ainsi vaut mieux que de faire tous deux la même chose.'' Là-dessus, Chang rentra dans sa patrie. Quand Ou-ché sut que Tse-siu ne venait pas, il s'écria tout réjoui: ''Maintenant le roi et ses officiers n'auront plus le loisir de dîner tout à leur aise!'' (tellement ils vont être harcelés par lui!)

Ou-ché et son fils aîné furent, de fait, mis à mort. Quand Ou Tse-siu arriva dans le pays de Ou, la capitale Mei-li avait ses murs d'enceinte et ses maisons d'une faible élévation, ses rues étroites, son palais royal vulgaire; mais il y avait, en revanche, une masse innombrable de barques et de brouettes. Ou Tse-siu n'était connu de

OU TSE-SIU MENDIANT.

personne ; il commença par simuler la folie, avait les cheveux épars, les pieds nus, la figure sale ; il avait une flûte à la main et mendiait son riz de porte en porte. (Lié-kouo tche, vol. 16, p. 8. Le volume 15, p. 43 et suivantes, puis le volume 16, parlent beaucoup de Tse-siu ; le fond est le même ; seulement il y a plus de détails.)

C'est donc dans cet accoutrement que Tse-siu parcourait les rues de la capitale ; malgré cela, le fameux physionomiste dont nous avons parlé sut découvrir en lui l'homme de génie, et le présenta à la cour du roi Leao. Là il exposa les avantages qu'il y aurait à ce moment si l'on attaquait le royaume de Tch'ou. Mais Ho-liu (le prince Koang) opina contre lui, disant : "C'est parce qu'on a anéanti sa famille qu'il veut se venger ; il ne faut pas suivre son conseil."[1] Ou Tse-siu devina la pensée du prince, et dit : "Je comprends votre idée ; je vous chercherai un homme de valeur ; quant à moi je vais en attendant rentrer dans mon obscure occupation. Sur ce, il alla saluer *Tchoan-ché-tchou* 傳設諸, se lia d'amitié avec lui ; puis s'occupa d'agriculture. (Tou Ling, vol. 40, p. 5.—Edition impériale, vol. 31, p. 21.)

En 518, l'armée de Ou attaqua Tcheou-lai. Le généralissime de Tch'ou était alors *Yuen-yué* 薳越, en l'absence du premier ministre Tse-hiai alors malade. Il accourut en grande hâte avec ses troupes et celles des autres royaumes.[2] Les gens de Ou avaient déjà occupé *Tchong-li* 鍾離 ; le premier ministre *Tse-hiai* 子瑕, quoique malade, avait suivi l'armée de Tch'ou ; il ne tarda pas à mourir et ses soldats perdirent courage. Le prince Koang remarqua : "Les divers princes qui aident le roi de Tch'ou sont tous faibles ; c'est par peur qu'ils accompagnent l'armée de Tch'ou ; ils ne peuvent faire autrement. J'ai ouï dire aux anciens : quand il s'agit d'affaires, courage et décision valent mieux qu'amitié ; même un homme plus faible peut ainsi l'emporter sur de plus forts. Les princes de *Hou* 胡 et de *Chen* 沈 sont jeunes et légers ; *Gnié* 齧, l'officier de *Tcheng* 陳, est dans la force de l'âge ; mais il est peu intelligent, et entêté ; les trois princes de *Toen* 頓, *Hiu* 許 et *Ts'ai* 蔡 détestent le gouvernement de Tch'ou ; le vrai général de ce royaume vient de mourir, et le découragement

---

[1] Ho-liu voyait bien cette possibilité et ces avantages ; mais il ne voulait pas laisser le gouvernement de son cousin (le roi Leao) se fortifier par quelques victoires.

[2] La ville de *K'i-fou* 雞父 était à l'ouest de Tchong-li, et à l'est de Tcheou-lai ; l'armée de Ou n'était pas encore arrivée à cette dernière ville. A 60 ly sud ouest de *Cheou-tcheou* 壽州 préfecture de *Fong-yang fou* 鳳陽府 (Ngan-hoei), il y a encore les restes d'une ville postérieure, à savoir *Ngan-fong* 安豐. Là se trouve au sud ouest, un Kiosque appelé *Ki-pei-t'ing* 雞備亭 (Edition impériale, vol. 32, p. 9—Mei-li-tche, vol. 1, p. 8.)

s'est emparé de l'armée ; le commandant en chef est sans autorité ; tout se fait par faveur ; les ordres ne seront pas exécutés ; les troupes de sept royaumes sont bien rassemblées, mais il n'y a pas d'ensemble dans l'action ; un général sans autorité ne peut mettre une armée en rang de bataille, ni faire accepter ses ordres. Ainsi il est clair que nous pourrons battre l'armée de Tch'ou. Si nous divisons nos troupes pour attaquer d'abord celles de Hou, Chen, et Tch'eng, celles-ci certainement vont s'enfuir ; elles une fois battues, celles des autres principautés seront déjà ébranlées ; le désordre se mettra dans toutes les recrues auxiliaires ; bientôt l'armée de Tch'ou sera vaincue. Ainsi je propose que notre avant-garde s'avance d'abord en simulant la négligence et le désordre ; puis notre corps d'armée suivra en rangs serrés, et en ordre parfait. Le roi de Ou suivit ce conseil. Le dernier jour de la 7ème lune eut lieu la bataille de K'i-fou. Le prince Koang plaça au premier rang trois mille malfaiteurs, chargés d'engager le combat avec les troupes de Hou, Chen, et Tch'eng. Celles-ci ne se doutant pas du piège commencèrent la lutte avec une grande ardeur. L'armée de Ou était divisée en trois corps; au centre était le roi; à gauche, son frère *Yen-yu* 掩餘. Les malfaiteurs exécutèrent les ordres reçus; les uns combattaient, les autres s'enfuyaient; les trois armées ennemies s'étant éparpillées pour les poursuivre, les gens de Ou se précipitèrent sur elles et les défirent complètement; les princes de Hou et de Chen, puis l'officier de Tch'eng, furent faits prisonniers. On relâcha les simples soldats de Hou et de Chen, afin qu'ils portassent la mauvaise nouvelle chez les autres princes réunis. L'armée de Ou les suivait de près, poussant des clameurs effrayantes. Les autres troupes furent facilement défaites; enfin l'armée de Tch'ou fut complètement battue.

Confucius écrit: "*Koen* 髡 prince de *Hou* 胡, et *Tch'eng* 逞 prince de *Chen* 沈 furent anéantis; *Hia-gnié* 夏齧 grand officier de *Tch'eng* 陳 fut fait prisonnier; c'est-à-dire qu'étant tombé sur le champ de bataille, son cadavre fut saisi; c'est la différence qu'on fait entre les princes et les officiers." [1]

---

[1] Le mot "anéantir" (滅 Mié) s'applique à la pagode des ancêtres et protecteurs du royaume, laquelle fut détruite quand la famille régnante tomba. Cette pagode suivait le sort de la dynastie; elle restait debout, ou tombait avec elle.—Par extension le mot anéantir est appliqué à chaque prince régnant qui tombe sur le champ de bataille, ou qui est fait prisonnier, même si la famille princière n'est pas détruite.

D'un officier on dit qu'il est pris (獲 houo), même si seulement son cadavre reste aux mains des ennemis. Ainsi parle l'Edition impériale, vol. 32, p. 10, citant *Hou Ngan-kouo* 胡安国.

Tsouo-k'ieou-ming remarque, avec raison, que Confucius ne dit pas que l'armée de Tch'ou ait combattu (戰 *tchan*); le motif de cette réticence est sans doute parce que cette armée n'avait pas encore été rangée en ordre de bataille.

Le combat fut livré le dernier jour de la lune; les gens de Tch'ou ne s'y attendaient point; car les derniers jours d'une lune, d'une division de temps quelconque, sont réputés néfastes. Encore maintenant, ce préjugé persiste parmi les païens de ces pays; jamais ils ne feront soit noce, soit autre chose d'importance, les derniers jours de la lune. Le roi de Ou avait donc employé là une bonne ruse de guerre. (Edition impériale, vol. 32, p. 9.)

L'année suivante (516), le roi de Tch'ou prépara une flotte pour envahir le pays de Ou. *Chen Yng-siu* 沈尹戍, grand officier, lui fit une remontrance respectueuse: "A cette expédition, lui dit-il, notre royaume perdra quelque ville; car avant d'avoir refait votre peuple, vous allez de nouveau le fatiguer par une guerre; sans avoir été provoqué par le roi de Ou, vous allez vous-même le harceler; celui-ci vous poursuivra; et comme aux frontières rien n'a été préparé, comment l'empêcherez-vous d'entrer? Certainement quelque ville sera perdue!"

Siu-ngan 胥犴, grand dignitaire de Yué, était venu offrir au roi de Tch'ou des cadeaux en vivres, à l'endroit où le fleuve *Yu-tchang* 豫章[1] fait une courbe. *Ts'ang* 倉, prince héritier de Yué, offrait une barque pour l'usage personnel du roi. Lui-même, ainsi que le général *Cheou-mong* 壽夢, amenait une armée auxiliaire. Le roi de Tch'ou étant parvenu jusqu'à *Wei-yang* 圍陽 s'en retourna brusquement. Le roi de Ou le poursuivit; et comme la frontière n'était pas gardée, il prit les villes de *Tch'ao* 巢 et de *Tchong-li* 鍾離; puis rentra victorieux dans sa capitale.

Le recueil Mei-li tche, vol. 1, p. 8, raconte qu'en 516, après la victoire remportée sur le roi de Tch'ou, le prince Koang alla à la rencontre de la mère du prince *Kien* 建, qui demeurait à Kiu-tsao, et la conduisit dans le pays de Ou. Evidemment il faisait cela pour plaire à Ou Tse-siu devenu son ami intime. Le sort de celui-ci était étroitement lié à celui du prince Kien et de sa mère; c'est pour eux qu'il était en exil.

Au même endroit, ce recueil donne les détails suivants: Une jeune personne de *Pei-leang* 卑梁, ville de Tch'ou située près de la frontière, avait eu une querelle avec une autre jeune personne du pays

[1] Yu-tchang est un cours d'eau du Kiang-si actuel.

de Ou, à propos de feuilles de mûrier. Les deux familles en vinrent jusqu'à vouloir se détruire mutuellement, et entraînèrent leurs deux villes à se livrer un véritable combat. La ville de Ou fut vaincue et détruite. Le roi de Ou entra en fureur; aussitôt il attaqua le royaume de Tch'ou, et lui prit deux villes.

Chen Yng-siu 沈尹成, l'homme sage, fit de nouveau une remontrance: "L'invasion de notre capitale, dit-il, aura sa raison d'être dans cette malheureuse expédition. En une seule campagne, notre roi a perdu deux commandants et leurs territoires (Tch'ao et Tchong-li); comment le roi de Ou ne parviendrait-il pas jusqu'à notre capitale Yng? Le livre des "vers" dit: Quiconque prépare une échelle au malheur, en subit les suites (III, 23 Zottoli, III, p. 268); cela n'est-il pas vrai de notre roi?

L'édition impériale (vol. 32, p. 16) fait remarquer que "plusieurs de ces villes frontières furent tour à tour prises, perdues, reprises par les deux états rivaux. En 613, la ville de Tch'ao, capitale d'un petit état indépendant, fut assiégée et prise par le roi de Tch'ou; dès lors elle fut incorporée comme fief à ce royaume. En 546, c'est le roi de Ou qui l'assiège et la prend de nouveau, pour la perdre bientôt. Yu-mei prend Tcheou-lai; Leao reprend Tch'ao, etc. Le gouvernement de Tch'ou baissait de jour en jour, parce que le roi prêtait l'oreille aux calomniateurs, dont l'un des pires était Fei Ou-ki."

A l'année 513, Confucius écrit: "En été, à la 4ème lune, le royaume de Ou massacra son roi Leao." Le commentaire ajoute: Ce roi vexait son peuple par des guerres continuelles; il ne respectait même pas le deuil du royaume de Tch'ou, et osait l'attaquer en un pareil moment. C'est pourquoi le prince Koang profita de l'occasion pour s'emparer de la couronne. Les différents commentaires font observer que Confucius a écrit: " le royaume de Ou," pour indiquer que le roi Leao avait eu tort, et avait lui-même donné occasion à cet acte de violence. En 514, le roi *P'ing* 平 de Tch'ou étant mort, Leao voulut profiter du deuil national pour entrer en campagne contre ce pays. Il envoya les deux princes *Yen-yu* 掩餘 et *Tchou-yong* 燭庸, ses propres frères, assiéger la ville de *Ts'ien* 潛.[1] En même temps il avait envoyé Ki-tcha, gouverneur de Kiang-yng et Tcheou-lai, faire des visites amicales aux rois chinois du nord; ce prince avait commencé sa mission par le pays de *Tsin* 晉. Au fond, c'était un moyen de connaître la force ou la faiblesse des divers états.

---

[1] C'est actuellement le bourg de *Ts'ien-tch'eng* 潛城, au nord-est de *Ho-chan-hien* 霍山縣 préfecture de *Liu-tcheou-fou* 廬州府 (Ngan-hoei.) (Edition impériale, vol. 33, p. 8.)

Le recueil Lié-kouo-tche (vol. 16, p. 9) raconte ce qui suit:
C'est le prince Koang, lui-même, qui avait donné au roi Leao ce
perfide conseil d'une guerre contre le royaume de Tch'ou. Chargé du
commandement de l'armée, il se laissa tomber de son char, et prétexta
une blessure à la cheville du pied pour demander à être déchargé de
son office, et retourner à la capitale. Les princes Yen-yu et Tchou-
yong eurent ordre de prendre sa place, à la tête de l'armée. K'ing-ki
慶忌, le fils de Leao, avait été envoyé en ambassade auprès
des rois de *Tcheng* 鄭 et de *Wei* 衞, pour les engager à attaquer de
leur côté le pays de Tch'ou. Ainsi, le vide avait été habilement fait
autour du roi Leao; celui-ci, très-orgueilleux, s'était laissé circonvenir
par les basses flatteries du prince Koang, qui lui garantissait les plus
grands succès dans cette entreprise; et il avait éloigné de sa personne
les plus sûrs appuis de sa famille; cette faute va lui coûter la vie.

Deux officiers de Tch'ou, *Jan* 然 et *Mi* 麋, s'étaient mis en
campagne pour secourir la ville de Ts'ien; le ministre de la guerre,
Chen Yng-siu 沈尹戍 conduisait lui-même la garnison de la capitale
au secours de la même ville, et avait rejoint les deux officiers auprès
du fleuve K'iong 窮.[1] Le premier ministre *Tse-tchang* 子常 avait
amené une flotte jusqu'à la rivière *Cha-joei* 沙汭;[2] puis il était
reparti. Enfin, K'io-yuen 郤宛 et Cheou 壽, deux grands-officiers,
conduisaient encore une autre armée de secours. Ainsi, les troupes de
Ou furent prises parvedant et par derrière, sans pouvoir reculer. Le
moment était des plus critiques.

Le prince Koang en profita pour exécuter ses projets. Il s'adressa
au fameux *Tchoan-ché-tchou* 鱄設諸 que Ou Tse-siu avait gagné à
sa cause. "Les chinois, lui dit-il, ont un proverbe: "qui ne désire
rien, n'obtient rien;" moi, l'héritier légitime, je veux avoir la place
qui m'est due; si l'affaire réussit, quand même Ki-tcha reviendrait ici,
ce n'est pas lui qui me renversera du trône!

[3] Tchoan-ché-tchou répondit: "Tuer le roi, je pourrais bien le
faire; mais ma mère est vieille, et mon fils tout jeune; comment

[1] Ce fleuve sort de *Ho-k'ieou-hien* 霍邱縣. A l'est de cette ville il y a une vallée
qui rappelle ce nom; c'est *Kiong-kou* 窮谷, préfecture de *Fong-yang-fou* 鳳陽府
[Ngan-hoei] (dition impériale, vol. 33, p. 8.)

[2] Cette rivière est un affluent de la *Hoai* 淮; elle se trouvait à la frontière
orientale de Tch'ou. Actuellement c'est le territoire de *Hoai-yuen-hien* 懷遠縣,
au nord est de la ville. (Edition impériale, ibid.)

[3] Le nom de cet assassin doit sans doute se prononcer Tchoan-ché-tchou; car on
l'écrit tantôt 鱄, tantôt 專; or la prononciation de ce dernier caractère
n'est pas douteuse. De plus, on appelle aussi cet homme *Tchoan-tchou* 專諸
tout court.

MASSACRE DU ROI LEAO ET DE SES GARDES.

pourrais-je entreprendre un coup pareil? J'y perdrai peut-être la vie."
—"Sois tranquille, reprend le prince Koang; je tiendrai ta place
auprès d'eux."

Le recueil Ou-ti-ki, page 2, raconte que le roi Leao aimait
beaucoup les poissons frits. Le prince Koang et Ou Tse-siu recom-
mandèrent à Tchoan-tchou d'apprendre l'art de la friture; il y réussit
à merveille; pour cette raison, il fut introduit dans le palais; si les
poissons n'étaient pas frits par lui, le roi Leao n'en voulait pas. Ce
détail paraît plutôt une légende populaire qu'un trait historique.
Quoiqu'il en soit, il est dit qu'un jour le prince Koang invita le roi à
venir dîner chez lui: " J'ai eu la bonne fortune, dit-il, de trouver des
poissons magnifiques, et un cuisinier émérite qui les prépare mieux
que personne." Le roi se méfiait bien du prince Koang, mais il ne
crut pas pouvoir refuser cette invitation, par crainte d'offenser son
cousin. Par précaution, il revêtit trois cuirasses, fit placer des gardes
depuis le palais jusqu'à la porte du prince; et même, jusque dans la
maison, dans la salle à manger, partout il y avait des gardes fidèles et
dévoués. Tout cela fut inutile.[1] Le prince Koang avait caché des
soldats en grand nombre dans les caves de sa maison. Au moment
convenu, il prétexta son mal à la cheville, pour se retirer quelques
instants; il alla aussitôt rejoindre ses sicaires dans la cave, et y
attendit le signal. Tchoan-ché-tchou avait caché un poignard dans
les flancs d'un énorme poisson; ayant déposé le plat sur la table, il
retire prestement le poignard, et le plonge dans la poitrine du roi
avec une telle violence qu'il traverse les trois cuirasses, et ressort par
le dos. Au même instant l'assassin tombe lui-même percé par les
épées des gardes du roi. Les cris et le tumulte avertissent le prince
Koang que son stratagème a réussi. Il sort aussitôt; ses satellites se
jettent sur les gardes du roi, tuent les uns, mettent les autres en fuite.
Au-dehors, Ou Tse-siu s'était chargé de faire massacrer le reste des
soldats; il se jette sur eux à l'improviste, et les tue en grand nombre.
Ainsi, d'un seul coup, le parti du roi est anéanti. Pour gagner le
peuple, le prince Koang fait ouvrir les trésors et les magasins du roi,
et distribue largement les vivres et l'argent. Personne n'a le courage
de protester; on accepte le fait accompli et le nouveau régime, comme
si rien d'insolite n'avait eu lieu. Le prince Koang, maître du palais

---

[1] Il est encore dit que, pour plus de sécurité, les servants de table qui apportaient
les plats devaient enlever leurs vêtements et en revêtir d'autres avant d'entrer; ils se
présentaient à genoux; à leurs côtés se tenaient deux soldats du roi qui les touchaient
de leur épée sur l'épaule.

royal, s'empare de la couronne, sous le nom de Ho-liu; pour ministre il prend le fils de Tchoan-ché-tchou.[1]   Le drame était joué.

Cependant Ki-tcha ne tardait pas à revenir de sa légation. Ho-liu l'avait bien jugé. Apprenant ce qui s'était passé: "Si mes ancêtres les anciens rois, dit-il, ont leurs sacrifices; si le peuple a un maître qui le gouverne; si les esprits tutélaires ont leurs offrandes; si le royaume subsiste, cela me suffit; qui en prend soin est mon roi; comment oserais-je le haïr? S'il meurt, comme le roi Leao, je porte son deuil; s'il vit, comme Ho-liu, je le sers; et j'attends l'ordre du ciel, qui rendra son trône solide ou le renversera.   Ce n'est pas moi qui ferai une révolution. Je suis et sers celui que je trouve établi. Voilà la doctrine des anciens!" Sur ce, il alla au tombeau de Leao, lui rendre compte de sa mission, et pleurer sa mort; ensuite il alla reprendre sa charge et attendre les ordres du nouveau roi.

Quant aux deux frères de Leao, Yen-yu 掩餘 s'enfuit chez le prince de Siu 徐; Tchou-yong 燭庸 chez celui de Tchong-ou 鍾吾.[2]

L'armée de Tch'ou ayant appris cette révolution rentra aussitôt dans son pays. Pendant ce temps, que devenait K'ing-ki 慶忌, le fils de Leao?

Ho-liu avait envoyé des soldats sur le bord du Yang-tse-kiang, pour s'emparer de lui, au retour de sa légation.   Il sut éviter ce guet-à-pens, et s'enfuit à Ngai-tch'eng 艾城.[3]   Là il rassembla ce qui restait des amis de son père; il appela auprès de lui les mécontents du nouveau régime; il fit alliance avec les rois voisins, et se prépara à envahir le royaume de Ou. Ho-liu avait grand' peur de ce compétiteur dangereux; il chercha le moyen de s'en débarrasser, sans recourir à une guerre. Il sut encore trouver un digne émule de Tchoan-ché-tchou, à savoir l'assassin Yao-li 要離. Il fut convenu que Ho-liu tuerait la femme et les enfants de Yao-li; celui-ci se couperait lui-

---

[1] Tchoan-ché-tchou est vénéré comme un héros. Il a son tombeau à l'intérieur de la ville de Sou-tcheou, près de la pagode appelée Ou ta fou 伍大夫, à la porte nommée P'an-men 盤門. (Sou-tcheou-fou tche, vol. 43, p.2).

[2] C'est actuellement le bourg de Se-ou-tch'eng 司吾城, au nord-ouest de la ville de Sou ts'ien-hien 宿遷縣, préfecture de Pei-tcheou-fou 邳州府. (Ngan-hoei) Siu est maintenant Se-tcheou 泗州 (Ngan-hoei), au sud de la rivière Hoai. Les princes de cet état étaient des marquis.

[3] Maintenant, c'est Ning-tcheou 寧州, préfecture de Nan-tch'ang-fou 南昌府, dans le Kiang-si. Ho-liu avait grand' peur de cette coalition des princes: "La nourriture n'a plus de goût pour moi, disait-il à Ou Tse-siu; au lit même, les soucis me tourmentent; délivrez moi de ce chagrin!"—"Pour tuer le roi Leao, répondait Ou Tse-siu, j'étais d'accord avec vous; mais tuer encore son fils est peut-être contraire aux lois du ciel! (Les brigands ont parfois des scrupules).

même une main, et s'enfuirait à Ngai-tch'eng; là, il s'offrirait à K'ing-ki comme une victime de Ho-liu, jurant la mort de ce tyran, et promettant fidélité inviolable à son nouveau maître. K'ing-ki se méfiait bien de tous ceux qui auparavant n'avaient pas été les intimes amis de son père; mais pouvait-il imaginer une scélératesse poussée jusqu'à ce point? Yao-li finit par être admis dans l'intimité du prince; et réussit à le tuer.[1] (Lié-kouo tche, vol. 16, p. 19.—Oukiun tou-king, vol. 2, p. 3).

K'ing-ki est resté légendaire dans le pays; il a une pagode à Soutcheou. On raconte de lui que c'était un hercule; mille hommes ne pouvaient lui tenir tête; il était plus rapide qu'un cheval à la course; insaisissable comme un esprit, et d'une telle adresse que de ses propres mains il pouvait attraper les oiseaux au vol.

Son infortuné père, le roi Leao, fut enterré à quinze ly au sudouest de Sou-tcheou, sur la montagne *Tso-ngo-chan* 岸鼇山 appelée encore montagne du lion 獅子山.[2] (Mei-li tche, vol. 2, p. 35,—Sou-tcheou-fou tche, vol. 43, p. 1.) Ho-liu l'inhuma avec tous les honneurs dûs à un roi. (Lié-kouo tche, vol. 16, p. 16, etc.)

Chez les auteurs chinois, il y a de longues dissertations; pour déterminer qui a été la première cause de cette révolution. Les uns jettent la faute sur Ki-tcha, qui aurait été trop vertueux en refusant jusqu'à la fin une couronne dont il était si digne. D'autres accusent Tchou-fan de n'avoir pas su prévoir de telles calamités.

Inutile de suivre nos lettrés philosophes sur une question semblable.

---

[1] Plus tard, ce misérable aventurier, venu des côtes de la mer, mécontent de Ho-liu et de soi-même, finit par se suicider. (Ou Yué tch'oen-ts'ieou, vol. 2. p. 1 à 10).

[2] Che-tse chan.

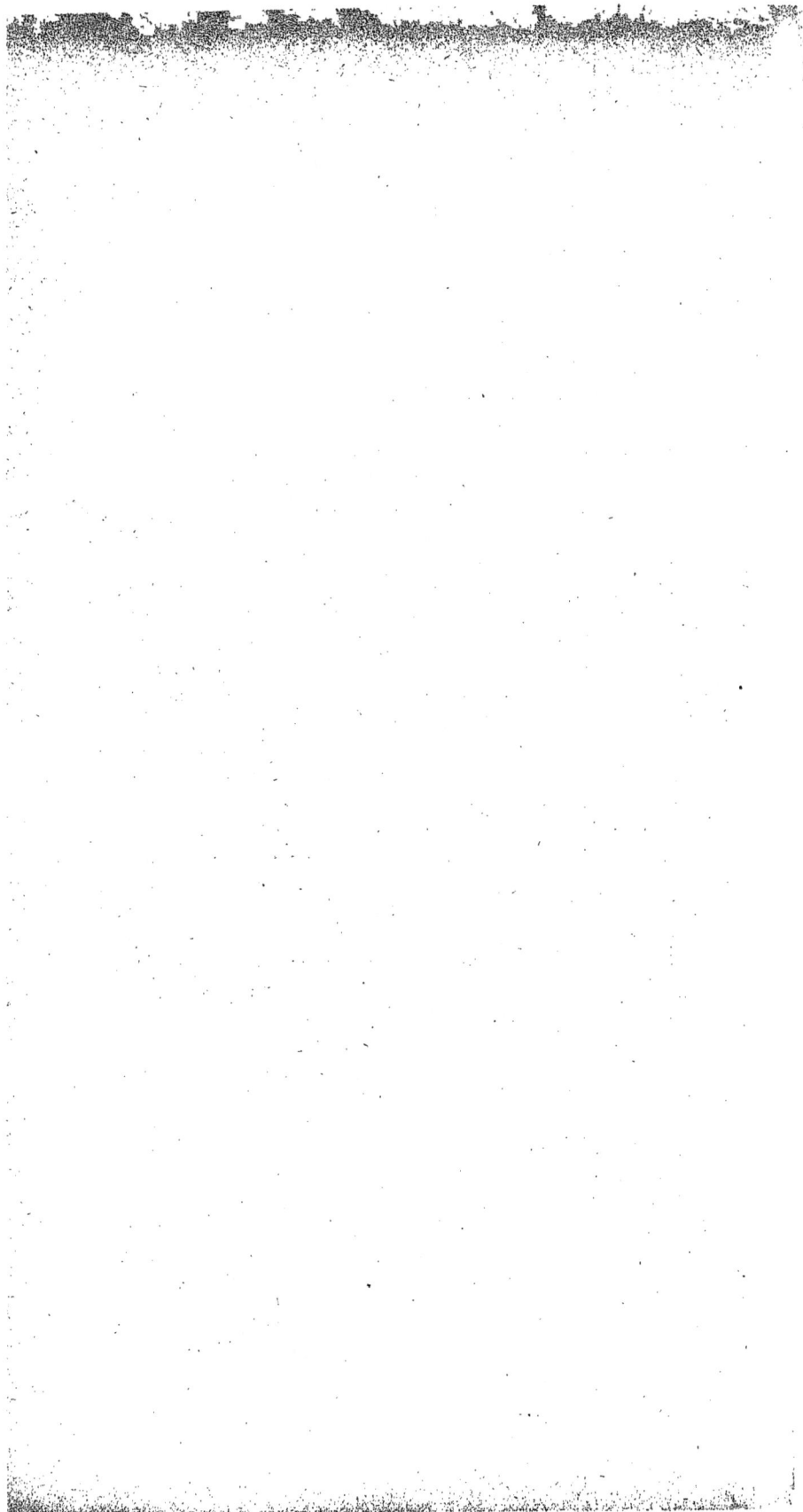

CHAPITRE VII.

<hr/>

LE ROI *HO-LIU* 闔盧 (513-494.)[1]

SOURCES :—Tou Ling, vol. 43, p. 6, et suivantes.
Edition impériale, vol. 33, p. 19, etc.
Tchao I, histoire de Ou, vol. 2.
Ou-ti-ki, passim.
Lié-kouo tche, vol. 16, p. 19, etc.

Au début de son règne, Ho-liu s'appliqua à employer des hommes sages et capables de remplir leur poste. Il était d'une grande largeur, et aimait à aider les pauvres; son humanité et sa bienfaisance furent vantées jusque dans les autres royaumes. S'il n'avait pas agi ainsi, il aurait eu à craindre quelque révolte de son peuple, et les autres princes n'auraient pas eu confiance en lui.

Il donna à Ou Tse-siu l'office important de ministre des relations extérieures; c'est lui qui recevait les légations, les messagers, etc., venant des autres royaumes, et leur en envoyait pareillement.

Ho-liu disait à OuTse-siu: "Moi, homme de peu, je veux fortifier mon royaume; je veux devenir le chef des princes; comment faut-il faire pour atteindre ce but?" OuTse-siu se jette à genoux, se traîne devant le roi, en pleurant et en frappant la terre de son front: "Moi, dit-il, je ne suis qu'un misérable transfuge du royaume de Tch'ou; mon père et mon frère ont été rejetés, comme d'inutiles objets; leurs ossements ne sont pas encore enterrés; leurs esprits n'ont point encore reçu leurs sacrifices; moi-même, plein de fautes et couvert de honte, j'ai à peine sauvé ma vie auprès de votre sublime Majesté; j'ai eu la bonne fortune d'échapper à la mort; comment oserais-je donner des conseils sur l'administration de votre royaume?"—" Si je n'avais pas suivi vos sages avis, reprend Ho-liu, moi-même aurais-je pu éviter la prison ou l'exil? Donc, je vous en prie, enseignez-moi les moyens de bien gouverner mon peuple; arrivé au point où nous en sommes, voudriez-vous m'abandonner à mi-chemin? etc., etc." Le lieu commun continue des pages entières sur le même ton; ce sont des amplifications des lettrés; ils y exposent avec suffisance leur haute valeur; et indiquent comment il faut traiter des génies comme eux.

<hr/>

[1] Tsouo-k'ieou-ming, Se-ma Ts'ien, le recueil Yué-ts'iué écrivent ainsi le nom de cet empereur; Tchao I, le recueil Ou ti ki, l'écrivent autrement, à savoir: 闔 閭.

Venons aux faits: Ho-liu avait un ministre intelligent et actif dans la personne de Ou Tse-siu; la 1ᵉʳᵉ année de son régne (513), il bâtit la ville de Sou-tcheou. Il lui donna une circonférence de 24 ly, avec huit portes pour les piétons, huit entrées pour les canaux; à l'intérieur il construisit une forteresse d'au moins huit ly de circonférence, avec trois portes; au côté sud-est il n'y avait pas d'entrée, parce que c'était la direction du pays de Yué, l'ennemi héréditaire de Ou. Pour empêcher cet ennemi d'envahir, d'approcher, de voir même la nouvelle ville, le meilleur moyen, croyait-on, était de ne pas faire de porte de ce côté. Le grand mur d'enceinte ayant cependant deux portes à l'est, celle qui regardait le royaume de Yué fut construite avec un soin religieux; on l'appela *Ché-men* 蛇 門 ou porte du serpent, parce que le serpent est un reptile redoutable, qui se rend maître de tous ses ennemis; comme emblême, on avait placé un serpent en bois sur le fronton de cette porte.[1] On prêta encore une attention spéciale à celle du nord-ouest, tournée vers le royaume de Tch'ou; elle se nommait, comme aujourd'hui, *Tch'ang-men* 閶 門, c'est-à-dire porte par où entre la fortune, porte céleste, porte du bonheur; on l'appelait encore *P'ouo-tch'ou-men* 破 楚 門, c'est-à-dire: porte par laquelle on sort pour abattre le royaume de Tch'ou. Quand le roi partait en guerre contre ce pays, l'armée passait par cette porte. Celle du sud-ouest s'appelait et s'appelle encore maintenant *Siu-men* 胥 門 ou porte de Ou Tse-siu, qui avait là sa maison.[2]

Le palais de Ho-liu était dans la rue nommée *Kao-p'ing-li* 高平里, selon l'observation du recueil Yué-ts'iué, vol. 2, p. 1. Mais je n'ai pu trouver la place qui y correspond actuellement; quelqu'un sera peut-être plus heureux que moi dans ses recherches.[3]

L'arsenal et les chantiers de construction pour les vaisseaux étaient à *Li-k'i-tch'eng* 檇 溪 城 (Yué-ts'iué, vol. 2, p. 5).

---

[1] Les astrologues et les géomanciens avaient étudié à fond le ciel et la terre pour connaître quelle position, quelles dimensions devait avoir la nouvelle capitale. D'après eux, elle devait être à jamais invincible! (Ou-Yué tch'oen-tsieou, vol. 2, p. 3).

[2] Celui qui voudrait encore d'autres remarques sur les portes de cette ville, peut consulter le recueil Ou ti ki, page 3.

[3] Les murs d'enceinte de Sou-tcheou forment une figure qui ressemble assez au caractère 亞, *Ya;* la ville est orientée aux quatre points cardinaux, comme toutes les villes chinoises, avec deux portes dans chaque direction; donc huit en tout. Du nord au sud, elle a une longueur de douze ly; de l'est à l'ouest, seulement neuf. Elle a trois grandes artères de canaux, de l'est à l'ouest; quatre, du nord au sud. Elle a plus de trois cents rues, grandes et petites; soixante d'entre elles sont spacieuses et renommées dans le pays; il y a aussi plus de trois cents ponts. La population a toujours été très-riche aussi, grâce à son industrie et à son commerce. (Ou-ti ki, p. 15).

Ho-liu se bâtit aussi des palais de plaisance, des kiosques, des tours, des étangs, des viviers, etc. Il avait ses parcs à cerfs; il avait même ses basses-cours dont on montre encore aujourd'hui l'emplacement en dehors de la porte appelée *Leou-men* 樓門. Il avait, de plus, une glacière, en dehors de la porte nommée *Ou-men* 巫門. Enfin, dans son ancienne capitale de Mei-li, il avait aussi une basse-cour très-bien fournie; tous les paysans connaissent l'endroit (au nord de Mei-li) où il faisait élever des masses de canards dans des étangs et des bas-fonds. (Yué-ts'iué, vol. 2, p. 3.—Sou-tcheou-fou tche, vol. 44, p. 17).

Il est à remarquer que dans les anciens livres on ne trouve pas trace de pagodes ni de temples, sinon ceux des ancêtres. Les sacrifices au ciel s'offraient sur des monticules ronds. C'est encore en plein air qu'on sacrifiait aux montagnes et aux fleuves. (Yué-ts'iué, vol. 5, p. 2—vol. 6, p. 3—vol. 7, p. 7).

A cent ly, à l'est de Sou-tcheou, Ho-liu fit établir un dépôt de céréales (*ts'ang* 倉); c'est ainsi que s'est formée la ville de *Ta-ts'ang* 大倉. (Sou-cheou-fou tche, vol. 1, p. 2.—Mei-li tche, vol. 2, p. 2, etc.)

Après avoir bâti Sou-tcheou, sa nouvelle capitale,[1] il fit encore construire une autre ville, au sud de la colline *Fong-hoang-chan* 鳳凰山; il l'appela *Nan-ou-tch'eng* 南武城; c'est maintenant *Song-kiang* 松江. (Lié-kouo tche, vol. 16, p. 16).

A trente-cinq ly sud-est de Sou-tcheou, Ho-liu bâtit une tour dont la construction demanda neuf ans; elle avait une hauteur de 300 *tchang* 丈;[2] et l'on pouvait voir du sommet à une distance de trois cents ly. On y montait par un escalier brisé neuf fois; sans cela il eût été trop raide; et l'on n'aurait pu en faire l'ascension. (Ou-ti ki, p. 5).

Ho-liu fit aussi fabriquer des armes; il exerçait ses soldats dans toutes les manœuvres de la guerre. Il ouvrit même des mines de fer et d'or. *Ki-suen* 季孫, ambassadeur de Lou, était dans l'admiration et disait: "Même les Chinois, avec toute leur habileté, ne sauraient fabriquer de plus belles armes!"

A la sixième lune de cette même année 513, *Pé-hi* 白喜,[3] grand officier de Tch'ou, vint se réfugier chez le roi de Ou. Il s'était

---

[1] La capitale du royaume de Ou avait été jusque-là Mei-li, 30 ly au sud est de *Ou-si* 無錫 (actuel). Ho-liu la transporta à Sou-tcheou. Depuis lors, cette dernière a gardé la prépondérance; maintenant encore elle est une des plus célèbres de toute la Chine.

[2] Un tchang égale dix pieds chinois, ou 141 "inches" anglais. Ce qui ferait soupçonner que cette hauteur est un peu fabuleuse.

[3] Se-ma Ts'ien écrit 伯嚭 Pé p'i.

enfui, parce que le roi *P'ing* 平 venait de tuer son père *Tcheou-li* 州
犁. Ce ministre avait été l'ami intime du roi, et pour cela avait
excité la jalousie du fameux calomniateur Fei Ou-ki. Sur les bons
renseignements fournis par Ou Tse-siu, Ho-liu fit de Pé-hi un ministre
avec lequel il aimait à examiner les affaires du royaume.

Pour l'année 510, Confucius dit laconiquement, dans sa chronique:
"en hiver, à la douzième lune, le roi de Ou anéantit la principauté
de *Siu* 徐. *Tchang-yu* 章 禺 s'enfuit chez le roi de Tch'ou"—
Tsouo-k'ieou-ming, dans son commentaire, donne les détails suivants:
Ho-liu ayant mandé au prince de Siu de saisir (et de lui envoyer)
Yen-yu 掩 餘; et au prince de *Tchong-ou* 鍾 吾 de lui envoyer de
même *Tchou-yong* 燭 庸 frères du roi Leao, ces deux derniers prirent
la fuite et se réfugièrent chez le roi de Tch'ou. Celui-ci leur assigna
de grands fiefs pour demeure; il envoya un grand-officier, nommé
Ta-sin 大 心 les recevoir à la frontière et les conduire à la ville de
Yang 養 fixée pour leur séjour habituel; il dépêcha en même temps
le mandarin *Jan* 然 et le grand-officier *Chen Yng-siu* 沈 尹 戌 pour
élever un mur d'enceinte à cette cité; il prit aussi du territoire dans
les deux villes de *Tch'eng-fou* 城 父 et de *Hou* 胡 pour le rattacher
à celle de Yang. Tout cela pour vexer le royaume de Ou.[1]

L'oncle du roi de Tch'ou, nommé *Tse-si* 子 西 le blâma: "Le prince
Koang (Ho-liu), dit il, vient d'obtenir la couronne; il aime son peuple,
comme son propre fils; les joies et les tristesses leur sont communes;
sous peu, il pourra faire de lui ce qu'il voudra. Si vous montrez de la
bienveillance à la frontière de Ou, et si vous êtes conciliant, nous
aurons encore à redouter quelque invasion. Si vous exaltez ses ennemis,
vous allez encore augmenter sa colère; chose que vous ne devriez pas
faire. Les rois de Ou sont les descendants de la dynastie *Tcheou* 周.
T'ai-pé et Tchong-yong, fils de T'ai-wang, vinrent au bord de la
mer inférieure; et n'eurent plus de relations avec les autres princes de
la famille *Ki* 姬. Maintenant les rois de Ou sont grands et puissants;
ils sont les égaux des princes chinois. Koang, homme d'une grande
culture d'esprit, égalera certainement ses ancêtres. Nous ignorons si
le ciel enverra des calamités à ce royaume; s'il le morcellera, pour le

---

[1] Yang est maintenant le bourg de *Yang-tch'eng* 養 城, à l'est de *Chen-kieou-hien*
沈 邱 縣, préfecture de *K'ai-fong-fou* 開 封 府, (Ho-nan). On ignore ou était cette
ville de *Hou* 胡. La principauté de Siu, située entre la rivière Hoai et le Yang-tse-kiang
avait une grande importance; c'était le chemin de communication avec les princes chinois.
En 537, le roi de Tch'ou avait déjà occupé cette ville, pour couper la route au roi de Ou;
depuis lors les princes de Siu étaient les feudataires de Tch'ou. (Edition impériale, vol.
33, p. 20).

distribuer à d'autres familles régnantes; ou si, au contraire, il le bénira (et le rendra encore plus fort); bientôt nous saurons à quoi nous en tenir. Pourquoi ne pas laisser nos esprits tutélaires se reposer? Pourquoi ne pas laisser tranquilles les princes de notre maison, et attendre la tournure que prendront les événements? A quoi bon aller nous-mêmes au-devant du malheur?"—Cette longue semonce ne fut point agréée du roi.

De son côté, Ho-liu était fort mécontent. En hiver donc, à la 12ème lune, il fit saisir le vicomte de Tchong-ou; puis il attaqua la ville de Siu; pour s'en emparer, il fit obstruer un torrent et la submergea. Le jour nommé *Ki-mao* 己卯, elle tomba en son pouvoir. Le prince *Tchang-yu* 章禹 se tondit la chevelure, et vint avec son épouse à la rencontre du roi de Ou. Ho-liu se montra clément, le consola, et lui laissa la liberté: Il lui avait même permis d'avoir une suite (de gardes et de serviteurs en rapport avec son ancienne dignité). Malgré cela, le prince détrôné s'enfuit aussitôt chez le roi de Tch'ou; et sa principauté fut anéantie.

Chen Yug-siu, général de Tch'ou, était accouru avec une armée, au secours de Siu: mais étant arrivé trop tard, il se contenta de fortifier la ville de *I* 夷; puis il y envoya le prince fugitif pour l'habiter et la garder. (Tou Ling, vol. 43, p. 6, etc.)

Après cette expédition, Ho-liu s'adressant à Ou Tse-siu lui dit: "Il y a dix ans, vous conseilliez d'attaquer le royaume de Tch'ou; je savais bien que c'était très faisable; cependant je dissuadai alors l'expédition; je craignais d'y être envoyé; et je ne voulais pas que le roi Leao recueillît une gloire qui m'était due. Maintenant je veux exécuter ce projet. Comment faire pour abattre le royaume de Tch'ou?" Ou Tse-siu répondit: "Dans le pays de Tch'ou, nombreux sont ceux qui veulent gouverner, et chacun à son idée; personne ne veut souffrir pour sa patrie. Organisez donc trois armées pour harceler ce royaume. Si l'une des trois va l'attaquer, les gens du pays vont bien vite sortir et se mettre en campagne; aussitôt notre armée se retirera; les gens de Tch'ou s'en retourneront pareillement. Les nôtres recommenceront l'attaque; ainsi les armées de Tch'ou se fatigueront en chemin; répétées plusieurs fois de suite, ces marches continuelles accableront nos ennemis. De plus, il faut les attaquer à différents endroits, pour les mieux leurrer. Dès qu'ils seront réduits à l'extrémité, notre armée entière s'avancera avec vigueur, les poussera à outrance; et notre victoire sera éclatante."

Ho-liu suivit ce plan; alors commencèrent les malheurs de Tch'ou. (Tou Lin, vol. 43, p. 8.) Ho-liu commença donc la guerre.

Le général en chef était *Suen-ou* 孫武[1] fameux capitaine de ce temps-là; ses aides-de-camp étaient Ou Tse-siu et Pé-hi, tous deux transfuges de Tch'ou. On prit la ville de *Pa-chou* 拔舒; on tua les deux frères du roi Leao, qui s'y étaient réfugiés. Après ce succès, on voulait se retirer, sans tenter une entreprise contre la capitale. Dans le royaume de Tch'ou, la terreur était grande; chacun accusait le calomniateur Fei Ou-ki d'avoir causé ces malheurs; c'est lui qui avait contraint deux grands ministres à s'expatrier; maintenant ceux-ci prenaient leur revanche! Finalement, ce mauvais homme fut tué par ordre du roi et du premier ministre *Tse-tchang* 子常; sa famille fut exterminée. Cette exécution ne sauvait pas cependant le pays de Tch'ou. Il avait un bon général, nommé *Tse-ki* 子期. Pour le faire écarter, Ou Tse-siu avait fait répandre le bruit qu'il en voulait surtout à lui; qu'il le tuerait à la première rencontre; qu'au contraire il était prêt à faire la paix avec Tse-tchang. Le roi se laissa prendre dans ce piège, et écarta Tse-ki; l'incapable Tse-tchang fut battu; l'armée de Ou prit trois villes, à savoir: *I* 夷, *Lou* 六, et *Ts'ien* 潛. C'était en automne, 509, qu'on prit la ville de I. (Ou-yué, vol. 2, p. 12— Tou Lin, vol. 43, p. 10.)[2]

Chen Yng-siu 沈尹戍, général de Tch'ou, ayant amené une armée pour secourir la ville de Ts'ien, les troupes de Ou se retirèrent. Chen Yng-siu transporta les habitants de cette ville à *Nan-kang* 南岡 et s'en retourna. Aussitôt l'armée de Ou mit le siège devant

---

1 Suen-ou est une des célébrités parmi les génies militaires de la Chine. « Ni diable, ni esprit n'aurait jamais deviné ses stratagèmes; le ciel et la terre contiennent moins de secrets que lui n'avait de ruses et de tours dans son bissac! » Il vivait à l'est de la montagne *Louo-feou-chan* 羅浮山 (où?), dans le royaume de Ou. C'était un lettré, un génie inconnu (naturellement! comme le sont tous ceux de son espèce, en Chine?). Vingt livres pesant d'or et une paire de tablettes rondes, en pierre précieuse, eurent enfin raison de sa modestie. Il consentit à se mettre au service de Ho-liu. Quand il vit ce roi, il lui offrit un livre en treize chapitres sur l'art militaire, qu'on a encore maintenant. C'est avec ce livre que la Chine a pu vaincre tous ses ennemis, et qu'elle est devenue si grande.—Mais ce livre a fait aussi son malheur; il a été en effet vendu aux étrangers, européens et japonais; ainsi la Chine a été vaincue depuis quelque temps, comme les généraux l'exposaient à l'empereur Tao-koang (Cf. Callery, guerre des rebelles.—Lié-kouo tche, vol. 16, p. 26) Il y a encore un autre auteur militaire d'une renommée égale; c'est *Ou-ki* 吳起, originaire de *Wei* 衛. Celui-ci s'était mis au service du roi de Tch'ou. Tombé entre les mains des gens de *Tsi* 齊, auxquels il faisait la guerre, il fut mis à mort (en 381 avant J.C.). Ses écrits existent encore, et sont souvent édités avec ceux de Suen-ou.

2 C'est actuellement *Po tcheou* 亳州. (Ngan-hoei)—*Lou-tch'eng* 六城 et *Ts'ien-tch'eng* 潛城 ont formé la ville actuelle de *Cheou-tcheou* 壽州, préfecture de *Fong yang fou* 鳳陽府, dans la même province. (Édition impériale, vol. 33, p. 22).

la ville de *Hien* 弦.[1] De suite, Chen Yng-siu et *Ki* 稽 revinrent au
secours de Hien, et parvinrent jusqu'à *Yu-tchang* 豫章.[2] C'est
ainsi qu'on appliquait le stratagème indiqué par Ou Tse-siu.

Pendant l'été de l'an 599, l'armée de Ou envahit le royaume de *Yué*
越, pour le punir de n'avoir pas voulu prendre part à la précédente
expédition contre Tch'ou. *Yuen-tchang* 元常, roi de Yué, s'indigna
fort contre Ho-liu: "C'est un homme, dit-il, qui n'observe pas les
traités de paix précédemment conclus; qui maltraite un royaume sans
raison, puisque nous lui offrons fidèlement le tribut et les cadeaux
d'usage; qui veut absolument rompre les liens d'ancienne amitié et
d'affinité qui nous unissaient jusqu'ici." Ho-liu ne fit pas attention à
ces récriminations. Il y avait bien eu entre les deux états des querelles
de frontière; mais jamais de guerre en règle, comme celle qu'il
entreprenait. Il fut vainqueur, et détruisit la ville de *Tsoei-li*
檇里.[3] (Ou Yué tch'oen-ts'ieou, vol. 2, p. 4.)

L'édition impériale (vol. 33, p. 24) donne encore une autre
raison de cette guerre; elle cite *Kao-kang* 高閟 qui affirme que le roi
de Yué avait été l'allié de Tch'ou contre le royaume de Ou. Nous
avons vu que Tsouo-k'ieou-ming dit la même chose; il mentionne à
plusieurs reprises des secours envoyés par le roi de Yué à celui de
Tch'ou. L'édition impériale ajoute que désormais c'est le commencement des guerres continuelles entre ces trois puissances; elles ne finiront
que par l'extinction mutuelle des trois états. (Tou Lin, vol. 43, p.
13).

Faut-il mentionner ici une prophétie à la façon de Virgile? Il y
en a un grand nombre dans les livres chinois; car les grands lettrés ont
le privilège de lire dans l'avenir. Donc, *Che-mé* 史墨 disait un jour:
"Avant quarante ans, le roi de Yué s'emparera du royaume de Ou; car
Yué a la planète de Jupiter pour protectrice. Le roi de Ou entre
en campagne contre Yué justement l'année où cette planète gouverne le ciel; sans aucun doute, il s'en attirera la colère. Jupiter accomplit
sa révolution complète en l'espace de douze ans; elle patientera trois
fois avant de laisser éclater sa fureur." De fait, trente-huit ans plus tard,
en 472, le roi de Yué anéantit le royaume de Ou. Les commentaires
font là-dessus de longues dissertations, qu'il est inutile de rapporter.

---

[1] On ignore où étaient situées ces deux villes de Nan-kang et de Hien. Le
dictionnaire du P. Couvreur dit de cette dernière: antiquum regnum in *Kouang tcheou*
光州 (Ho-nan).

[2] L'édition impériale dit vaguement (vol. 29, p. 30) que cette ville était entre la Hoai
et le Kiang.

[3] Au sud de *Kia-hing-hien* 嘉興縣 (Tché-kiang) se trouve le bourg de *Tsoei-li-
tch'eng* 檇里城.

" En automne de l'année 207, l'armée de Tch'ou envahit le roy-aume de Ou," écrit Confucius. (Tou Lin, vol. 44, p. 5.)

Les détails nous sont fournis par Tsouo-k'ieou-ming: " T'ong 桐, une petite principauté vassale de Tch'ou s'était révoltée contre son suzerain.[1] Le roi de Ou poussa en secret Chou-k'ieou-che 舒鳩氏, autre petit vassal de Tch'ou, à tendre un piège à son roi, en lui conseillant d'attaquer le royaume de Ou. "Moi, disait Ho-liu, je ferai semblant de vouloir punir T'ong de sa révolte; le roi de Tch'ou en sera flatté, et oubliera de prendre des précautions contre moi."

En automne donc Nang-wa 囊瓦 (autrement dit Tse-tchang 子常), attaqua l'armée de Ou, près de Yu-tchang. Le général de Ou fit une démonstration navale, comme s'il eût voulu attaquer la ville de T'ong, mais en secret il avait une armée en embuscade près de Tch'ao 巢. A la 10ème lune, les troupes de Ou enfermèrent l'armée de Tch'ou près de Yu-tchang, et la défirent complètement. De suite elles assiégèrent et prirent la ville même de Tch'ao, dont le gouverneur Kong-tse-fan 公子繁 fut fait prisonnier et emmené comme ôtage. Les deux chefs de cette brillante expédition étaient Ou Tse-siu et Suen-ou. Ho-liu leur dit: "Je veux profiter de ce succès pour marcher sur la capitale de Tch'ou, et détruire cette fameuse ville de Yng 郢; si nous n'y entrons pas, vos deux excellences perdront toute leur gloire passée !" Mais les deux généraux combattirent cette entreprise, comme prématurée.[2]

Les éditeurs de l'édition impériale font observer (vol. 34, p. 8.) que Confucius mentionne ici la première attaque de Tch'ou contre le royaume de Ou. Les guerres étaient continuelles; cependant Confucius n'enregistre que sept campagnes. Le roi de Tch'ou n'avait remporté qu'une seule victoire éclatante, celle de Tcheou-fang 朱方. Grâce aux querelles intestines dans la famille royale, où il y avait beaucoup de compétiteurs à la couronne, le royaume de Tch'ou s'affaiblissait de jour en jour; si bien qu'enfin la capitale sera prise, et le royaume à deux doigts de sa perte.[3]

---

[1] C'est maintenant le bourg de T'ong-tch'eng 桐城, au nord de la ville de T'ong-tch'eng-hien. près de la limite de Liu-kiang-hien 廬江縣, préfecture de Ngan-k'ing 安慶 (Ngan-hoei). (Edition impériale, vol. 34, p. 8.)

[2] Tch'ao est maintenant Tch'ao-tch'eng 巢城. A l'ouest, il y a le lac Tch'ao-hou 巢湖. On raconte que l'ancienne ville s'est effondrée donnant naissance à ce lac; pré-fecture de Liu-tcheou-fou 廬州府 (Ngan-hoei) (Edition impériale, vol. 18, p. 15). (Tou Lin, vol. 44, p. 5.) (Tchao I, vol. 2, p. 14).

[3] Yng 郢 était la capitale de Tch'ou, depuis le roi Ou 武, (746 689 avant J.C.). Elle était située à dix ly au nord de la ville actuelle de King-tcheou 荆州 [Hou pé] (Edition impériale, vol. 34 p. 16).

En 504, Ho-liu dit à ses deux généraux Ou Tse-siu et Suen-ou: "Précédemment vous disiez qu'on ne pouvait attaquer la capitale de Tch'ou; maintenant, est-ce possible?" Ceux-ci de répondre: "Après une grande victoire, il faudrait profiter de l'élan; mais en ce moment, nous ne serions pas sûrs de remporter une grande victoire."—"Pourquoi donc? Parce que l'armée de Tch'ou est la plus forte de toute la Chine. Dans nos combats contre elle, sur dix soldats qui entrent en campagne, nous n'en ramenons qu'un seul survivant. Ainsi il faut une faveur spéciale du ciel pour que nous prenions cette capitale; nous n'osons rien garantir."—"Je veux de nouveau faire la guerre au roi de Tch'ou; comment m'y prendre pour être sûr du succès?"—"Le premier ministre Tse-tchang est cupide; et, par son avarice, il s'est mis à dos tous les princes; parmi ceux-ci, deux surtout le détestent, à savoir: *T'ang* 唐 et *Ts'ai* 蔡; si vous voulez faire la guerre, il faut d'abord gagner ces deux princes."—"Quelle est la cause de cette haine?"—"Précédemment, *Tchao* 昭, roi de Ts'ai, était allé offrir ses hommages au roi de Tch'ou; il avait deux magnifiques habits en peau, avec deux superbes ornements de ceinture; de ces deux précieux objets, il en offrit un de chaque sorte à son suzerain; celui-ci les revêtit aussitôt pour l'audience solennelle; le roi de Ts'ai portait les autres en cette cérémonie. Tse-tchang ayant vu les splendides parures du prince de Ts'ai, voulut les avoir; celui-ci refusa de les lui donner; Tse-tchang le retint pendant trois ans, sans lui permettre de retourner dans son pays. *Tcheng* 成, roi de T'ang, était allé aussi présenter ses hommages à son suzerain; il avait deux chevaux marquetés d'un grand prix; Tse-tchang voulut aussi les avoir; Tcheng les lui refusa pareillement; il fut aussi retenu captif pendant trois ans. Les gens de T'ang cherchèrent le moyen de le délivrer; ils prièrent la suite du prince d'offrir secrètement ces chevaux à Tse-tchang. On invita donc les serviteurs du prince à un grand festin où on les enivra, et l'on envoya les chevaux à Tse-tchang. Celui-ci permit alors au prince de s'en retourner chez soi. Les officiers racontaient le fait de tous côtés sur leur chemin, disant: "Notre roi est resté prisonnier pendant trois ans, pour un cheval; il faut encore qu'il remercie les voleurs!" Depuis ce temps, le roi de T'ang cherche à se venger de Tch'ou; lui et ses officiers en parlent à bouche ouverte.

Quand les gens de Ts'ai apprirent cette nouvelle, ils prièrent leur prince d'abandonner à Tse-tchang les vêtements et les ornements précieux qu'il convoitait. Ainsi fut fait, et le prince put enfin rentrer dans sa capitale. Il se rendit bientôt chez le roi de *Tsin* 晉, le chef des princes, pour lui dénoncer ces faits; il laissa son fils *Yuen* 元 et le fils d'un grand officier, comme ôtages, pour prouver sa fidélité; et pria le roi de Tsin de faire la guerre au roi de Tch'ou. Voilà les raisons pour lesquelles nous disions qu'il fallait gagner ces deux princes, avant d'entreprendre la guerre."

Là-dessus, Ho-liu envoya des ambassadeurs dire aux deux princes: "Le roi de Tch'ou ne connaît pas la probité; ce tyran tue ses fidèles serviteurs, opprime ses voisins; il a fait injure à vos majestés. Moi, homme de peu, je veux lever une armée pour le punir; je voudrais pour cela m'entendre avec vos majestés."

Le roi de Ts'ai envoya son fils K'ien 乾 comme ôtage chez le roi de Ou. Les trois rois prirent en commun la résolution de faire la guerre au pays de Tch'ou.

Le roi de Ts'ai avait encore un autre motif de montrer tant d'empressement à s'allier avec celui de Ou. Voici comment Tsouo-K'ieou-ming raconte la chose. (Cf. Tou Lin, vol. 44, p. 13). Le prince de *Chen* 沈 n'étant pas venu à la réunion des princes à *T'chao-ling* 召 陵,[1] le roi de *Tsin* 晋, leur chef, chargea le prince de Ts'ai de l'en punir. En été, ce dernier anéantit la petite principauté de Chen.[2] En automne, une armée de Tch'ou vint assiéger la capitale de Ts'ai, pour venger le prince de Chen. Ou Tse-siu était d'avis qu'on devait profiter de cette occurrence, pour attaquer le pays de Tch'ou. Un autre ministre de Ou, *Pé-P'i* 伯 嚭, était aussi du même avis.[3] De plus, depuis l'avènement de *Tchao* 昭, nouveau roi de Tch'ou, il ne se passait pas d'année sans qu'il y eût quelque fait d'armes contre le royaume de Ou. Enfin, le roi de *Tsin* 晋 ayant refusé de protéger celui de Ts'ai, qui n'avait pourtant fait que lui obéir, celui-ci s'alliait de grand cœur avec le roi de Ou dans cette expédition, et ne faisait pas difficulté d'envoyer son fils K'ien, avec des fils de grands officiers, comme ôtages, pour mieux affirmer sa fidélité.

---

1 Tchao-ling était une ville du royaume de Tch'ou. Actuellement, c'est *Yen-tch'eng* 郾 城, préfecture de *Hiu-tcheou fou* 許 州 府 (Ho-nan); cette ville est restée célèbre, à cause du traité qu'y firent les rois de Tch'ou et de *Ts'i* 齊, en 654. (Edition impériale, Hi-kong, 4ème année).

2 A 60 ly, au sud-est de la ville de *Jou-yang-hien* 汝 陽 縣, préfecture de *Jou-ning fou* 汝 寧 府 (Ho-nan) il y a encore les restes de l'ancienne ville de Chen. (Edition impériale, vol. 17, p. 16).

3 L'an 513, le roi de Tch'ou avait fait massacrer *K'io-yuen* 郤 宛. Toute la famille, de celui-ci, du nom de *Pé* 伯, s'était enfuie chez le roi de Ou. Le jeune fils de *Pé-tcheou-li* 伯 州 犁, nommé *P'i* 嚭, était même devenu ministre; c'est de lui qu'il est question ici, comme nous l'avons déjà indiqué plus haut.

Donc, en hiver, les rois de Ou et de T'ang, entrèrent en campagne.[1] Les vaisseaux de guerre de Ou, ayant traversé le pays de Ts'ai, stationnaient dans la rivière *Hoai* 淮. Depuis *Yu-tchang* 豫 章, l'armée de Ou se trouvait d'un côté du fleuve *Han* 漢;[2] celle de Tch'ou était à l'autre bord; les troupes s'observaient et se suivaient ainsi de chaque côté. *Chen Yng-siu* 沈尹戌, le général commandant l'aile gauche, dit au général en chef Tse-tchang: "Appuyez-vous sur le fleuve Han; suivez l'ennemi, qu'il remonte ou qu'il descende; empêchez-le de traverser le fleuve. Moi, je vais conduire l'armée de *Fang-tch'eng* 方城[3] détruire la flotte; ensuite je reviendrai occuper les trois défilés *Ta-soei* 大隧, *Tche-yuen* 直轅 et *Ming-ngo* 冥阨;[4] alors vous passerez le fleuve, et vous attaquerez l'ennemi par devant; moi, je le prendrai par derrière; ainsi nous le battrons complètement." Ce plan convenu, Chen Yng-siu partit aussitôt. Mais le gouverneur de *Ou-tch'eng* 武城, nommé *Hé* 黑, s'adressant à Tse-tchang, lui dit à son tour: "Les armes de Ou sont en bois, les nôtres en cuir; nous ne pouvons pas tarder trop longtemps; le mieux serait de livrer bataille tout de suite."[5] D'autre part, *Che-hoang* 史皇, un autre grand personnage, disait aussi à Tse-tchang: "Le peuple vous déteste, tandis qu'il aime Chen Yng-siu. Si celui-ci détruit la flotte ennemie, occupe les trois défilés, et prend l'ennemi par derrière, comme il l'espère, la victoire tout entière lui sera attribuée. Hâtez-vous donc de livrer bataille; sinon vous êtes perdu!"

Emu par ces discours, Tse-tchang passe le fleuve, dispose son armée en ordre de bataille, depuis la montagne *Siao-pié* 小別

---

[1] L'armée de T'ang était distribuée parmi les troupes des deux autres rois; c'est pourquoi Confucius ne la mentionne pas dans son texte.

[2] Le fleuve Han vient de la montagne de *Ma ling* 馬陵, et se jette dans le Kiang près de *Ou-tchang-fou* 武昌府 (Hou-pé).

[3] Fang-tch'eng était une forteresse du nord du royaume de Tch'ou.

[4] L'édition impériale (vol. 34, p. 16) dit que ces défilés sont d'une importance extrême; par eux on communique avec le Hou-koang et le Ho-nan. Le 1er, Ta-soei, s'appelle maintenant *K'ieou li-koan* 九里關, et se trouve à cent ly au sud de la ville de *Sin yang-tcheou* 信陽州, préfecture de *Jou-ning-fou* 汝寧府 (Ho-nan). Le 2ème, Tche-yuen, s'appelle maintenant *Ta-sai ling* 大塞嶺, à 90 ly sud est de la même ville. Le 3ème, Ming-ngo, s'appelle maintenant *Hing-tché p'ouo* 行者跛, à 75 ly au sud de la même ville

[5] Le commentaire dit que les armes en bois étaient épaisses et peu effilées; les armes en cuir, au contraire, étaient tranchantes et pointues; mais pour cette même raison, ces dernières s'endommageaient facilement; si l'on devait attendre trop longtemps, elles se détérioraient.

jusqu'à la montagne *Ta-pié* 大 別;[1] il engage successivement trois combats, sans pouvoir entamer l'armée de Ou. Voyant qu'il ne peut remporter la victoire, Tse-tchang se décourage et parle de s'enfuir. Che-hoang lui dit: "En temps de paix, vous ambitionniez la première dignité du royaume; maintenant, dans l'embarras, vous voulez fuir! il faut savoir mourir, et réparer ainsi votre faute." A la onzième lune, au jour nommé *Keng-ou* 庚 午, les deux armées se livrèrent une bataille décisive à *Pé-kiu* 柏 舉.[2] Le matin de cette journée, *Fou-kai* 夫 槩 frère de Ho-liu, dit au roi: "Le premier ministre de Tch'ou manque d'humanité; aucun de ses inférieurs ne voudra affronter la mort pour lui; laissez-moi le premier l'attaquer, ses soldats s'enfuiront certainement; que le gros de notre armée suive, et notre victoire sera éclatante." Ho-liu n'approuva pas ce conseil. Fou-kai dit alors à ses amis: "Il y a un proverbe ancien ainsi conçu: que l'inférieur examine les circonstances et agisse ensuite, sans attendre l'ordre du supérieur. C'est bien notre cas. Que je meure aujourd'hui; notre armée entrera dans la capitale de Tch'ou!" Là-dessus, il conduit ses cinq mille hommes au combat; les soldats de Tse-tchang s'enfuient; l'armée de Tch'ou tout entière se débande; les gens de Ou la poursuivent, et remportent une brillante victoire. Tse-tchang s'enfuit chez le roi de *Tcheng* 鄭; Che-hoang lui-même est tué sur le char du premier ministre. Les gens de Ou étant arrivés jusqu'à la rivière *Ts'ing-fa* 清 發 voulaient de nouveau, dans leur ardeur, attaquer l'armée de Tch'ou.[3] Mais Fou-kai leur dit: "Une bête fauve poussée à bout se retourne contre son agresseur; si l'armée ennemie voit qu'il n'y a plus qu'à mourir, elle se battra à outrance, et nous vaincra peut-être; si au contraire l'avant-garde peut traverser la rivière, l'arrière-garde voudra en faire autant, et n'aura pas envie de se battre; attendons que la moitié des troupes ait passé le fleuve; alors

[1] La montagne Siao-pié est au nord de *Han-tcheou* 漢 州, préfecture *Han-yang-fou* 漢 陽 府, et s'appelle aussi *Tseng-chan* 甑 山. Ta-pié est au nord-est de la ville de *Han-yang-hien* 漢 陽 縣, et s'appelle aussi *Lou-chan* 魯 山. (Édition impériale, vol. 34, p. 16). Le *Chou-king* 書 經 (édition impériale, vol 5, p. 4) parle aussi de ces montagnes; mais l'identification en est un peu différente.

[2] Pé-kiu indique à la fois le fleuve Kiu et la montagne Pé. A 30 ly nord est de la ville de *Ma-tch'eng-hien* 麻 城 縣, préfecture de *Hoang-tcheou-fou* 黃 州 府 (Hou-pé), il y a la montagne *Pé-tse-chan* 柏 子 山. Au sud est de cette ville se trouve la rivière *Kiu-choei* 舉 水 (Edition impériale, vol. 34, p 16).

[3] Ts'ing-fa s'appelle maintenant *Yuen-choei* 溳 水 et coule au nord de la montagne *Che-men-chan* 石 門 山, qui se tr uve à 80 ly à l'ouest de *Ngan-lou-hien* 安 陸 縣, préfecture de *Te-ngan-fou* 德 安 府 (Hou-pé). (Edition impériale. vol. 34, p. 19).

attaquons-les! Ce conseil fut suivi; et de nouveau l'on remporta une grande victoire. L'armée de Tch'ou préparait sa nourriture quand on donna le signal du combat; les gens de Ou prirent cette nourriture toute prête, et continuèrent leur poursuite jusqu'à *Yong-che* 雍澨[1] où ils livrèrent un nouveau combat; c'était la cinquième bataille, et la cinquième victoire. Ils arrivèrent ainsi jusque sous les murs de la capitale.

Le jour appelé *Ki-mao* 己卯, le roi de Tch'ou, conduisant sa plus jeune sœur *Ki-mei-pi-ngo* 季芊畀我, s'enfuit et traversa le fleuve *Tsiu* 睢.[2] Le censeur *Kou* 固 était sur la même barque.

On rapporte que le roi de Tch'ou, avant de prendre la fuite, avait ordonné de mettre des torches allumées sous la queue des éléphants, et de les lancer furieux contre l'armée de Ou. Ce moyen extrême ne servit sans doute de rien; car le jour *Keng-tchen* 庚辰, les gens de Ou entrèrent dans la capitale; et chacun, d'après son rang, s'établit dans les palais abandonnés. *Tse-chan* 子山, fils de Ho-liu, avait en conséquence occupé celui du premier ministre. Fou-kai, frère du roi, voulait l'attaquer pour l'en déloger. Tse-chan eut peur, et céda la place. (Tou Lin, vol. 44, p. 14).

Après avoir occupé la capitale, comme on n'avait pas pu s'emparer du roi *Tchao* 昭, Ou Tse-siu fit ouvrir le tombeau du roi *P'ing* 平, et fit donner trois cents coups de fouet au cadavre. De son pied gauche il lui frappa sur le ventre; de sa main droite il lui arracha les yeux; et lui dit en riant: "Qui donc t'a conseillé d'écouter les calomnies, et de tuer mon père et mon frère? N'était-ce pas une injustice révoltante?" Puis il engagea Ho-liu à déshonorer la femme du roi Tchao, tandis que lui et les deux autres généraux déshoreraient les femmes des ministres, pour leur faire injure, et satisfaire ainsi leur soif de vengeance.

Quand précédemment, vers l'an 522, le prince *Kien* 建, de Tch'ou, s'était enfui avec Ou Tse-siu, ils s'étaient tous deux rendus chez le roi de *Tcheng* 鄭; car la mère du prince était une princesse de Tcheng. Malgré les liens d'une si proche parenté, le roi tua le

---

1 La rivière Yong-che est dans le Hou-pé, au sud-ouest de la ville de *King-chan-hien* 京山縣, préfecture de *Ngan-lou fou* 安陸府. (Edition impériale, vol. 34, p. 19).

2 *Tsiu-choei* 沮水, comme il est appelé maintenant, est à un ly au nord de *Tang-yang-hien* 當陽縣, préfecture de *Ngan-lou-fou* 安陸府 (Hou-pé) [Edition impériale, vol. 34, p. 19].—Quelques auteurs croient qu'il s'agit ici de deux sœurs, dont l'une s'appelait Ki-mei, l'autre Pi-ngo. L'ancien auteur *Fou-kien* 服虔 affirme cependant que c'est une seule personne, dont le surnom serait Ki-mei.

LE PÊCHEUR.

prince, et mit Ou Tse-siu en prison. Dès ce moment, Ou Tse-siu avait résolu de se venger, mais n'en avait point encore trouvé une occasion favorable. Maintenant, après des victoires si éclatantes, il pensait à exécuter son projet. Le roi de *Tcheng* 鄭 eut si grand peur qu'il publia le rescrit suivant: "Quiconque est capable de détourner de nous l'armée du roi de Ou, partagera le trône avec moi." Alors se présenta le fils du pêcheur qui avait autrefois sauvé Ou Tse-siu pendant sa fuite. Cet homme dit au roi: "C'est moi qui détournerai l'armée de Ou; je n'ai besoin ni de soldats, ni de provisions de guerre; il me faut seulement une petite barque, sur laquelle en ramant je chanterai mon refrain." Quand donc Ou Tse-siu arriva avec l'armée de Ou, le pêcheur ramait en frappant la mesure, et chantait la chanson: *Lu-tchong-jen* 蘆中人. Il continua ce manège jusqu'à ce qu'il eût attiré l'attention de Ou Tse-siu. Ce refrain qui réveillait ses anciens souvenirs lui causèrent une vive émotion; il s'écria: "Qui chante ces paroles?" On lui amena le pêcheur. "Qui es-tu?" lui dit-il.—"Je suis le fils du pêcheur qui autrefois vous a sauvé la vie; notre roi, craignant l'invasion, a promis la moitié du royaume à celui qui détournerait l'armée de Ou; mon père a autrefois sauvé votre Excellence; je viens, en retour, vous demander le royaume de Tcheng." Ou Tse-siu dit en soupirant: "Hélas! oui, j'ai reçu un grand bienfait de ton père; c'est grâce à lui que je suis devenu ce que je suis aujourd'hui; par le ciel bleu! je ne saurais oublier un tel bienfait!" Sur ce, il ramena l'armée dans le pays de Tch'ou, et se mit à poursuivre activement le roi Tchao. (Ou Yué, vol. 2, p. 17.)

Pendant tout ce temps, qu'était devenu le fameux Chen Yng-siu, qui avait tracé un si bon plan de guerre? Il était parvenu jusqu'à *Si* 息, lorsqu'il apprit tous ces désastres; de suite, il s'en retourna.[1] Il battit l'armée de Ou sur les bords du fleuve *Yong-che* 雍澨, mais fut blessé lui-même. Autrefois cet éminent général avait été officier de Ho-liu; c'est pourquoi il avait honte de tomber entre ses mains. Il avait dit à son entourage: "Qui peut sauver ma tête?" *Keou-péi* 句卑, un autre transfuge de Ou, avait répondu: "Moi, homme de rien, suis-je agréé?" Chen Yng-siu avait répliqué: "Vraiment je ne te savais pas si brave; c'est très-bien; j'accepte ton offre!" Chen Yng-siu livra trois batailles; trois fois il fut blessé; à la fin il s'écria: "C'est fini, je meurs!" Keou-pei étendit à terre son vêtement, lui coupa la tête qu'il emporta dans ses habits; quant au cadavre, il le cacha avec soin.

---

1 *Si* 息, est actuellement *Sin-si-hien* 新息縣, préfecture de *Jou-nan fou* 汝南府 (Ho-nan). [Cf. Tou Lin].

Le roi de Tch'ou, dans sa fuite, après avoir traversé la rivière Tsiu, avait encore passé le fleuve Han, et était parvenu à *Yun-tchong* 雲 中.[1] Un soir, pendant le sommeil, des brigands vinrent les attaquer; le roi fut blessé d'un coup de lance; il eût été tué, si le prince *Yeou-yu* 由 于 ne l'eût couvert de son corps; celui-ci reçut un autre coup de lance derrière l'épaule. Le roi s'enfuit de nouveau, et se réfugia à *Yun* 鄖.[2] L'officier *Tchong-kien* 鍾 建 portait la princesse Ki-mei sur ses épaules; le prince Yeou-yu, qui d'abord s'était évanoui, avait repris ses sens, et eut assez de forces pour suivre aussi le roi.

Mais un nouveau danger survint: *Hoai* 懷, frère de *Sin* 辛, était gouverneur de *Yun* 鄖; il résolut de tuer le roi, disant: "Le roi *P'ing* 平 a tué mon père; moi je vais tuer son fils; n'est-ce pas juste?"— "Non, répondit Sin; quand le roi punit de mort un de ses officiers, qui peut se venger du roi? ses ordres sont ceux du ciel même! Le livre des Vers dit: (Zottoli, III, p. 229) "je n'avale pas ce qui est tendre, ni ne crache ce qui est dur; je n'offense pas les faibles, ni ne crains les forts." Seul un homme de vertu peut agir ainsi. Eviter les forts, et se venger des faibles, c'est de la lâcheté; profiter de l'embarras d'un homme pour lui nuire, c'est barbare; causer la mort de toute notre famille, et faire cesser les sacrifices des ancêtres, c'est impie; commettre un tel forfait serait donc une folie! Si tu veux absolument exécuter ce crime, moi-même je vais te tuer!"

Sin, avec un autre frère nommé *Tch'ao* 巢, accompagna le roi jusqu'à la principauté de *Soei* 隨. L'armée de Ou le poursuivit jusque-là. Les gens de Ou disaient alors à ceux de Soei: "Toutes les principautés de notre ancienne maison impériale *Tcheou* 周, qui étaient autour du fleuve Han, ont été anéanties par le roi de Tch'ou. Le ciel nous a poussés à punir ce roi; et votre prince va encore le cacher! Quel crime la famille Tcheou a-t-elle donc commis envers vous? Si vous nous aidez à venger l'honneur de notre maison, vos bienfaits remonteront jusqu'à notre roi, et accompliront les desseins du ciel. Si votre prince nous fait cette amitié, les territoires du Han-kiang lui seront donnés en fief."

Le roi de Tch'ou se trouvait alors dans la partie nord du palais; les gens de Ou dans la partie sud. *Tse-ki* 子 期, demi-frère aîné du roi de Tch'ou (par une concubine du roi P'ing), lui ressemblait beau-

---

1 L'édition impériale (vol. 34, p. 19) dit que Yun-tchong signifie les pays bas, marécageux et inhabités, qui se trouvent entre le fleuve Han et son affluent le *Yun-ho* 雲 河.

2 Le dictionnaire du P. Couvreur dit que maintenant c'est *Yun-yang-fou* 鄖 陽 府 (Hou-pé).

CHEN PAO-SIU.

coup; il conseillait au roi de s'enfuir au plus vite, tandis que lui-même feindrait d'être le roi, disant: "Livrez-moi aux gens de Ou; ainsi notre prince pourra échapper." On consulta les sorts, pour savoir si ce parti était bon. La réponse des sorts fut négative; les gens de Soei refusèrent de le suivre. S'adressant aux gens de Ou, ils dirent: "Notre principauté est petite et isolée, mais elle s'appuie sur le royaume de Tch'ou. Jusqu'ici ses rois nous ont laissé notre indépendance; depuis des générations, nous avons ensemble des traités d'amitié qui n'ont jamais été violés. Si maintenant nous trahissons le roi de Tch'ou, dans son malheur, quelle confiance pourrait avoir en nous votre prince? Puis, votre embarras ne serait pas fini par la capture d'un seul homme; si vraiment vous soumettez à votre domination tout le royaume de Tch'ou, notre petit prince oserait-il vous désobeir?" Sur ce, les gens de Ou se retirèrent.

Le serviteur *Lou Kin-tch'ou* 鑪金初 était aux ordres du prince Tse-ki; c'est lui qui avait inspiré ce stratagème aux gens de Soei. Le roi l'appela, pour le récompenser; celui-ci refusa: "Jamais, dit-il, je n'oserai tirer avantage de ce faible service; d'ailleurs, ma langue seule en a tout le mérite." Le roi de Tch'ou fut grandement réjoui de voir tant de désintéressement. Il tira un peu de sang de la poitrine de Tse-ki, pour signer un traité d'alliance avec le roi de Soei. (Tou Ling, vol. 44, p. 15, etc.)

Autrefois, Ou Tse-siu avait été lié d'amitié avec *Chen Pao-siu* 申包胥. Quand en 522 il partait en exil, il avait dit à son ami: "Bien certainement, je me vengerai du roi de Tch'ou." Chen Pao-siu lui avait répondu: "Eh bien, efforcez-vous de vous y mettre tout entier; si vous êtes capable de le renverser; moi, je suis capable de le relever!" Maintenant Chen Pao-siu était retiré dans les montagnes; de là il envoya un messager dire à Ou Tse-siu: "Votre vengeance n'est-elle pas excessive? vous avez été officier du roi P'ing; vous avez tourné votre visage vers lui, et l'avez honoré comme majesté royale; aujourd'hui vous insultez son cadavre reposant dans le tombeau; est-ce permis d'aller jusque-là?" Ou Tse-siu répondit: "De ma part, saluez Chen Pao-siu; ajoutez aussi les paroles suivantes: "Le soleil va se coucher; le chemin est encore long; il faut donc aller vite, même en se résignant à offenser un ancien bienfaiteur."

Voyant qu'il n'obtiendrait rien de Ou Tse-siu, Chen Pao-siu résolut de s'adresser au roi de *Ts'in* 秦. Il voyageait jour et nuit, au point que ses pieds étaient enflés et couverts de plaies; il déchirait alors sa robe, enveloppait ses genoux et ses pieds; puis continuait sa route. Arrivé devant le palais du roi, il demeura prosterné à terre, implorant une armée de secours: "Le roi de Ou, disait-il, ressemble à un gros sanglier, à un énorme serpent qui dévore tous les royaumes, même chinois. Sa tyrannie s'exerce d'abord sur notre pays; au point que notre humble roi a dû s'enfuir dans les régions inhabitées; il m'a envoyé, moi, votre serviteur, pour vous exprimer sa détresse; l'appétit de ces sauvages de Ou, vous dit-il, est insatiable; si par la conquête de notre royaume ils deviennent vos voisins, vous aurez bientôt des malheurs à votre frontière. Profitez du temps où le roi de Ou n'a pas encore établi solidement sa domination, pour prendre une partie de notre pays; si le royaume de Tch'ou doit périr, ses terres sont à vous: si par votre puissant secours, vous nous faites miséricorde et nous relevez, de génération en génération nous serons vos fidèles serviteurs."

Le roi de Ts'in était un buveur; et ne s'occupait guère de son royaume; pourtant, il finit par envoyer un officier dire à Chen Pao-siu "Notre humble roi connaît maintenant vos ordres; allez vous reposer à l'hôtellerie; je vais prendre conseil et vous envoyer ma réponse." Chen Pao-siu répliqua: "Notre petit roi demeure dans des régions sauvages, et n'a pas où s'abriter; comment votre infime serviteur oserait-il prendre du repos?" Là-dessus, il restait appuyé contre le mur de la salle, et pleurait à chaudes larmes; ni jour ni nuit il ne cessait ses lamentations; ni nourriture ni boisson n'entrait dans sa bouche; tantôt il pleurait, tantôt il chantait sa complainte; cette scène dura sept jours. Le roi *Ngai* 哀 en fut très-impressionné. Le royaume de Tch'ou, dit-il, a de tels hommes; et malgré cela le roi de Ou a pu s'en emparer; notre pays qui n'a pas d'homme pareil pourra-t-il lui résister? Ah! nos jours sont comptés!" Il alla devant Chen Pao-siu chanter le chant national de Ts'in. (Zottoli, III, p. 101.) "Pourquoi dire que vous n'avez pas d'habits? Je vais partager avec vous mes robes; le roi va conduire son armée; je vais prendre ma lance, ma hallebarde, et courir avec vous sus à l'ennemi; je vais me lever avec vous; je vais partir avec vous!" Chen Pao-siu frappa neuf fois la terre de son front, et consentit enfin à s'asseoir. Bientôt après, l'armée de Ts'in entrait en campagne. (Ou Yué, vol. 2, p. 18.)— (Tou Lin, vol. 44, p. 17).

En 503, pendant que les troupes auxiliaires de Ts'in se rendaient au pays de Tch'ou, *Yuen-tchang* 元常, roi de Yué, voulant se venger de la défaite subie à *Tsoei-li* 橋里, leva aussi des soldats, et envahit le royaume de Ou, à la manière des brigands. Confucius dit: " *Yu Yué* 於越 envahit le royaume de Ou." (Tou Lin, vol. 45, p. 1.) Les commentaires soulèvent donc la question: pourquoi ce nom est-il ainsi écrit par Confucius lui-même? Le lettré *Li-lien* 李廉 cite et approuve la réponse de *Lieou-hiang* 劉向, lettré fameux de la dynastie *Han* 漢, qui dit: les gens de Yué s'appelèrent eux-mêmes dans leur langage barbare Yu-yué; tandis que les Chinois les appelaient simplement Yué. Puisque ces gens étaient eux-mêmes venus annoncer leur victoire, et qu'ils se servaient de leur expression Yu-yué, on inscrivit textuellement dans les annales de Lou ce qu'ils avaient dit. Cette explication est de fait la plus plausible; elle est de plus approuvée par l'édition impériale. (Vol. 34, p. 20). Ce royaume de Yué est aussi quelquefois appelé *Tong-yué* 東越, c'est-à-dire Yué oriental; parce qu'il avançait dans la mer plus que le reste de la côte de Chine. Son roi profitait donc de l'absence de Ho-liu et de ses troupes; son coup semblait devoir réussir à souhait.

Chen Pao-siu arriva enfin avec l'armée de Ts'in; on était à la sixième lune. Les deux généraux, *Tse-p'ou* 子浦 et *Tse-hou* 子虎, amenaient avec eux un renfort de neuf cents chariots de guerre; soit environ trente-sept mille cinq cents hommes. Tse-p'ou dit à Chen Pao-siu: "Nous ne connaissons pas le système de combat employé par les gens de Ou; que vos soldats de Tch'ou se placent à l'avant-garde; nous autres, nous les suivrons pour les appuyer et leur porter secours." De fait, on remporta la victoire à *Tsi* 稷;[1] puis on défit le prince Fou-kai à *I* 沂.[2] A la bataille de Pé-kiu, les gens de Ou avaient fait prisonnier *Yuen-ché* 蓬射, grand officier de Tch'ou; son fils étant parvenu à rassembler les fuyards suivit l'armée de *Tse-si* 子西; ensemble ils battirent les gens de Ou à *Kiun-siang* 軍祥.[3]

En automne, à la 7ème lune, *Tse-ki* 子期, demi-frère du roi, et Tse-p'ou, général de Ts'in, anéantirent la principauté de *T'ang* 唐 qui avait fait cause commune avec le roi de Ou dans cette campagne.

Ou Tse-siu était encore dans le pays de Tch'ou, espérant toujours s'emparer du roi *Tchao* 昭. Le prince Fou-kai ayant été battu, comme nous venons de le voir, rentra dans le pays de Ou, à la 9ème lune; et se déclara roi, à la place de son frère Ho-liu. Mais il fut bientôt attaqué et vaincu par celui-ci; il s'enfuit chez le roi de Tch'ou qui le reçut bien et lui assigna comme fief la ville de *Tang-k'i* 當谿.[4]

---

1 C'est maintenant *Tong-pé hien* 桐栢縣, préfecture de *Nan-yang-fou* 南陽府, Ho-nan. C'était alors une ville de Tch'ou (Edition impériale, 34, p. 22).

2 Autre ville de Tch'ou, N.E. de *Sing-yang* 信陽, tcheou.

3 Ville de Tch'ou, au sud-ouest de *Soei-tcheou* 隨州 (Hou-pé) (Edition impériale, ibid).

4 Actuellement c'est *Tang-k'i-tch'eng* 當谿城, bourg à l'ouest de *Soei-p'ing-hien* 遂平縣, préfecture de *Jou-ning fou* 汝寧府, Ho-nan. (Edition impériale, vol. 34, p. 22).

L'armée de Ou battit à son tour les troupes de Tch'ou à *Yong-che* 雍澨 ; puis l'armée de Ts'in vainquit les gens de Ou campés à *Kiun* 麇.[1] Tse-ki voulait incendier le camp et brûler l'ennemi ; son frère Tse-si lui dit : "Les ossements de nos pères et de nos frères gisent encore à terre, depuis la dernière bataille ; nous n'avons pas encore eu le temps de les inhumer ; comment irions-nous les brûler avec l'ennemi ? Ce n'est pas permis !" Tse-ki lui répliqua : "Notre royaume est perdu ; si les morts ont connaissance encore (d'eux et de nous), nous pouvons leur offrir ensuite des sacrifices ; pourquoi craindre de brûler leurs ossements ?" On mit donc le feu au camp ; on livra une nouvelle bataille ; et l'armée de Ou y fut vaincue. Elle subit encore une défaite au torrent de *Kong-siu* 公壻, dans le royaume de Tch'ou. Sur ce, Ho-liu rentra dans son pays. Il emmenait prisonnier un grand officier, nommé *Yn Yu-pi* 閻輿罷 ; celui-ci dit : "Je vais marcher devant vous ;" mais bientôt il réussit à s'echapper, et retourna dans le royaume de Tch'ou, sa patrie.

Heou-ts'ang 后臧, frère cadet de *Chen Tchou-liang* 沈諸梁 gouverneur de *Yé-kong* 葉公, avait d'abord suivi sa mère emmenée captive dans le royaume de Ou ; mais ensuite il s'enfuit et rentra chez soi, sans attendre que sa mère eût été libérée. Désormais Chen Tchou-leang ne voulut plus le voir.[2]

Ou Tse-siu n'ayant pu prendre le roi Tchao pensait enfin à rentrer dans le royaume de Ou ; auparavant il tint conseil avec ses officiers : "Quoique le roi de Tch'ou, dit-il, ait battu le reste de notre armée, le mal n'est pas bien grand."—"C'est vrai, répond Suen-ou ; nous avons décapité le cadavre de son père ; cela peut bien nous suffire." Ou Tse-siu répliqua : "Depuis qu'il y a des chefs de princes, jamais rien de semblable n'était arrivé ; jamais un inférieur n'avait pris une telle revanche !"

Là-dessus, il rentrèrent dans le royaume de Ou. Sur la route, Ou Tse-siu passa par la ville de *Li-yang* 溧陽.[3] C'est alors seulement que le roi de Tch'ou osa rentrer dans son royaume.

---

[1] C'est maintenant le bourg de *Kiun-tch'eng* 麇城, à l'est de Po-ling-hien, préfecture de *Yo-tcheou-fou* 岳州府, Hou-nan. (Edition impériale, ibid).

[2] Chen Tchou-leang était fils du génér l Chen Yng-siu, ancien transfuge de Ou ; mais la mère de Heou-ts'ang n'était pas la mère de Tchou-leang ; c'était donc une concubine du général, d'après le commentaire. Tchou-leang donna t ici une leçon de piété filiale à son demi-frère. S'il ne pouvait ramener sa mère, il devait rester près d'elle, pour la consoler et la servir. (Tou Lin, vol. 45, p. 2).

Préfecture de *Tcheng-kiang-fou* 鎮江府 (Kiang-sou).

Ho-liu apprenant le retour de ses trois généraux fit préparer un grand festin; on y servit, pour la première fois, des boulettes de poisson.[1] Ce fut à l'occasion de cette rentrée glorieuse que la porte *T'chang-men* 閶門, à Sou-tcheou, reçut le nom de *P'ouo-tch'ou-men* 破楚門, ou porte par laquelle on est sorti pour abattre le royaume de Tch'ou.[2]

En 502, à la 4ème lune, le jour appelé *Ki-tcheou* 己丑, le prince héritier de Ou, nommé *Tchong-lei* 終纍 battit la flotte militaire de Tch'ou, fit prisonniers *P'an Tse-tchen* 潘子臣, *Siao-wei-tse* 小惟子, et sept autres grands officiers. Le royaume de Tch'ou eut grandement peur, et trembla de nouveau pour son existence. Le prince *Tse-ki* 子期, conduisant l'armée de terre, fut aussi battu à *Fan yang* 繁陽 par les gens de Ou. *Tse-si* 子西, devenu premier ministre, se réjouit de ce double désastre et s'écria: "Maintenant c'est bien!" Il avait compris, en effet, que pour rendre ce royaume fort et stable, il fallait y opérer plusieurs changements importants. On transféra d'abord la capitale à *Jo* 鄀;[3] on modifia tout le système de gouvernement. (Edition impériale, vol. 34—Tou Lin: Ting-kong, 6ème année).

Quand les troupes de Ou furent bien reposées, Ho-liu réunit ses ministres en conseil; il voulait faire la guerre au roi de *Ts'i* 齊. Celui-ci, nommé *King* 景 (547-489), fut terrifié à cette nouvelle; il envoya sa fille *Siao-kiang* 小姜 comme ôtage au roi Ho-liu, qui la donna à son fils le prince héritier *P'ouo* 波.[4] Mong-tse parle de ce fait comme d'une indignité; un prince chinois donner sa fille à un sauvage comme le roi de Ou; c'était inconcevable! (Zottoli II, p. 497). Cette fille eut bientôt la nostalgie; jour et nuit elle ne faisait que penser à son pays, et pleurer; elle finit par en tomber malade. Ho-liu fit bâtir pour elle la haute porte nord de Sou-tcheou, qu'il appela *Wang-ts'i-men* 望齊門, porte pour regarder le royaume de Ts'i; il exhortait la jeune princesse à y aller souvent pour dissiper son

---

1 Ce mets traditionnel est donc venu aux gens de Ou par leur ancien roi Ho-liu.

2 C'est après cette grande expédition que Ho-liu se bâtit des palais et des maisons de plaisance, des kiosques et des tours. Il avait de l'argent; le butin de guerre avait été immense. Sa résidence d'été était à *Kou-sou-t'ai* 姑蘇臺, à trente ly sud-ouest de la ville, en dehors de la porte *Siu-men* 胥門. On y respirait l'air pur et frais du lac *T'ai hou* 太湖. En hiver, il habitait sa capitale de Sou-tcheou. (Lié-kouo tche, vol. 17, p. 25).

3 C'est maintenant *I-tch'eng* 宜城 (Hou-pé).

4 Le grand seigneur *Pao-mou* 鮑牧 accompagna la fille chérie du roi King jusqu'à Sou-tcheou. C'est alors que lui et Ou tse-siu se lièrent d'une étroite amitié. Quand plus tard Ou Tse-siu désespéra du salut de Ou, il envoya son fils à son ami Pao-mou, dans le royaume de Ts'i. (Lié-kouo tche, vol. 17, p. 22).

chagrin. Tout fut inutile; elle ne pouvait se distraire; sa maladie s'aggrava de jour en jour; enfin elle mourut. Elle avait dit: "Peut-être les morts ont-ils encore quelque connaissance (de ce qui se passe autour d'eux); il faut donc m'enterrer sur la montagne *Yu-chan* 虞 山,[1] afin que je puisse toujours regarder de là mon pays de Ts'i." Ho-liu avait grand regret de la perdre; il ordonna de faire comme elle avait désiré. Le prince héritier, à son tour, tomba malade de douleur et mourut. [2]

L'embarras de Ho-liu ne fut pas petit. Il avait beau réfléchir pour décider auquel des autres princes il laisserait la couronne; il ne parvenait pas à fixer son choix. Le fils du prince héritier défunt *P'ouo* 波 se nommait *Fou-tch'ai* 夫 差.[3] Celui-ci obsédait nuit et jour Ou Tse-siu: "Le roi, disait-il, veut se choisir un prince héritier; si ce n'est pas moi, quel autre peut-il donc avoir en vue? En vérité le sort de la couronne est entre les mains de votre Excellence." Ou Tse-siu répondit: "Le choix du roi n'est pas encore arrêté; si j'entre chez lui, je puis l'aider à prendre une décision." Peu après, Ho-liu appela Ou Tse-siu pour lui demander conseil. Ou Tse-siu parla en ces termes: "J'ai ouï dire aux anciens que l'ordre cesse d'exister dans un royaume dès que la succession est interrompue; mais qu'il fleurit dès qu'il y a une postérité assurée. Malheureusement, le prince héritier est mort; il n'a pas eu le bonheur de vous servir. Et maintenant votre Majesté veut en établir un autre; il n'y en a pas de comparable à Fou-tch'ai, le fils du prince défunt."[4] Ho-liu répliqua: "Fou-tch'ai n'a pas beaucoup d'esprit, et manque d'humanité; peut-être sera-t-il

---

1 Au nord de *Tchang-chou* 常 熟, préfecture de Sou-tcheou. Cette montagne fut nommée Tchang-chou sous la dynastie *T'ang* 唐 (637 après J.C.)—*Kiang-t'ai-kong* 姜 太 公, l'ancêtre des rois de Ts'i, y avait vécu en solitaire—A trois ly, nord-ouest de la montagne, il y a une pagode en l'honneur de *Keou-ts'ien* 句 踐, roi de Yué.—A deux ly ouest de la ville, il y en a une autre en l'honneur de Fou-tch'ai dont nous allons bientôt raconter l'histoire. (Ou-ti ki, p. 4).

2 Tchong-lei fut enterré dans le pays de *Kiang-yng* 江 陰, à 60 ly ouest de la ville, dans la circonscription nommée *Ts'ien-tcheou* 前 周. A quelques ly ouest de notre église de Li-tai (Lo-dai), on a bâti sur son tombeau une pagode appelée *Ki-koang-miao* 姬 光 廟. (Kiang-yng-hien tche, vol, 22, p. 7).

3 Fou-tch'ai avait alors 26 ans; il était né de la première femme de P'ouo.

4 Le recueil Ou-ti ki dit que Fou-tch'ai était le frère cadet de *Tchong-lei* 終 纍. Alors, que faire de *P'ouo* 波? Il y a des auteurs qui prétendent que Ho-liu eut trois fils. Peut-être encore P'ouo et Tchong-lei seraient les deux noms d'un même individu. Dans ce pays, chaque homme a plusieurs noms.—Tchao I, vol, 2, p. 23, parle encore d'un autre fils de Ho-liu, qu'il nomme *Ting* 定.—Le recueil Lié-kouo tche dit aussi que la princesse de Ts'i fut mariée au prince P'ouo. Il semblerait donc probable que Tchong-lei et P'ouo désignent le même personnage.

incapable de gouverner un royaume comme celui de Ou." Ou Tse-siu répondit: "Fou-tch'ai est vraiment un homme qui aime le peuple et la vertu; il a de la tenue dans ses actions; il est attaché aux coutumes et à la justice. De plus, d'après l'ancien droit, le fils doit succéder au père." Ho-liu dit alors: "Moi, homme de peu, je suis le conseil de votre Excellence; et je choisis Fou-tch'ai pour mon héritier." (Ou Yué, vol. 2, p. 22, etc.)

Nous arrivons à la dernière année du règne de Ho-liu. Confucius dit dans sa chronique: "A la 5ème lune de l'année 494, Yu Yué vainquit le roi de Ou, à la bataille de *Tsoei-li* 檇里; Koang, le roi de Ou, mourut." Koang n'est autre que le roi Ho-liu. Confucius donne son nom de jeunesse et de prince, parce que le royaume de Ou n'avait pas encore fait de traité d'amitié avec le duc de Lou. Quand les princes sont en relations d'amitié, leurs titres sont censés connus; alors on n'indique pas leurs noms de jeunesse. Voilà l'explication des commentaires. Le même cas se voit souvent dans l'histoire de Tsouo K'ieou-ming.

Se-ma Ts'ien dit: "Ho-liu ayant appris la mort de *Yuen-tch'ang* 元常, roi de Yué, alla attaquer ce royaume. Mais *Keou-ts'ien* 句踐, son successeur, fondit à l'improviste sur le pays de Ou, et tua même d'un coup de flèche le roi Ho-liu."

Le récit de Tsouo K'ieou-ming est un peu différent; le voici: (Tou Lin, vol. 46, p. 12.)

Ho-liu alla faire la guerre au roi de Yué,[1] pour le punir de son invasion de l'an 503 — Keou-ts'ien vint à sa rencontre, et finit même par entrer dans le royaume de Ou. C'est à Tsoei-li qu'il mit son armée en ordre de bataille. Voyant que les gens de Ou restaient résolument serrés les uns contre les autres, sans rompre les rangs, il commença à craindre. Deux fois déjà il avait lancé en vain des soldats voués à la mort attaquer et harceler l'armée ennemie; ces soldats se faisaient même prendre exprès, par les gens de Ou, dans l'espoir de mettre ainsi quelque trouble dans les rangs; mais ce manège n'avait pas réussi. Enfin il envoya trois rangs de malfaiteurs, qui tenaient des sabres posés sur leur nuque, et disaient aux gens de Ou: "Les deux rois avec leur armée s'observent mutuellement; nous, vos serviteurs, nous avons désobéi aux signaux des tambours et des drapeaux; ignorants que nous sommes, nous voici à genoux devant

---

[1] Les princes de Yué étaient les descendants du fils d'une concubine de l'empereur *Chao-k'ang* 少康, (2079-2057 avant J.C). Ce fils de concubine avait reçu en fief la ville de *Koei-ki* 會稽. C'est la ville actuelle de *Chao-hing-fou* 紹興府, Tchékiang. (Edition impériale, vol. 35, p. 27).

notre roi; nous ne récusons pas la punition qui nous est due; la mort nous est désirable, comme le retour dans la patrie." Sur ce, ils se coupèrent la gorge. Ce spectacle avait fixé les regards des gens de Ou; pendant ce temps, ils oublièrent de prendre garde; le roi de Yué profita de cette distraction, les attaqua subitement par le flanc, et remporta une grande victoire. *Ling-kou-feou* 靈姑浮, général de Yué, blessa de sa lance le roi Ho-liu lui-même. Celui-ci eut un gros doigt de pied coupé; et perdit son soulier. Il se retira du champ de bataille, et mourut à *King* 陘, à sept ly de Tsoei-li.[1]

Fou-tch'ai, devenu successeur de Ho-liu, ordonna de placer à sa porte un garde avec la consigne suivante: à chaque fois qu'il entrait ou sortait, le soldat devait lui dire: "Fou-tch'ai, avez-vous oublié que le roi de Yué a tué votre père?" Alors Fou-tch'ai de répondre: "Oui, je le sais; comment oserais-je l'oublier!" Trois ans plus tard, il alla se venger de Yué. (Lié-kouo tche, vol. 17, p. 28). (Tou Lin, vol. 46, p. 12.—Ou Yué tch'ouen-ts'ieou, vol. 2, p. 23).

Le tombeau de Ho-liu est en dehors de la porte Tchang-men, à l'endroit nommé *Hou-k'ieou-chan* 虎丘山, colline ou butte du tigre. Le cadavre fut enfermé dans un triple cercueil de cuivre 銅,[2] comme il est dit dans l'histoire de Sou-tcheou. Devant ce tombeau on creusa une pièce d'eau, profonde de six pieds; dans le cercueil on mit des canards et des oies en or, des perles et ses trois épées précieuses. Comme on avait placé sur le tombeau un tigre en pierre, on appela cette butte la colline du tigre. (Mei-li tche, vol. 2, p. 35.) L'endroit est au nord-ouest de la sous-préfecture *Ou* 吳, à neuf ly et deux cents pas de distance.[3] Il est dit qu'on employa cent mille hommes, venus de cinq préfectures, pour creuser l'étang et élever la butte.[4]

Depuis lors, des légendes se sont formées; c'est ainsi qu'on raconte les faits suivants: Trois jours après l'enterrement, un tigre blanc apparut sur la colline, d'où lui est venu le nom cité plus haut; alors, dit-on, l'or et l'argent renfermés dans le cercueil se changèrent

---

[1] C'est le bourg actuel du même nom, à 45 ly au sud de la ville de *Kia-hing-hien* 嘉興縣, Tché-kiang. Ce territoire appartenait au royaume de Ou.

[2] Différents auteurs, au lieu du caractère *T'ong* 銅 (cuivre), ont écrit *T'ong* 桐 *elæococca vernicifera* arbre très commun dans le pays et dont le bois est mauvais. C'est évidemment une erreur.

[3] Il y a là beaucoup de fleuristes et de marchands d'arbres.

[4] Le recueil Sou-tcheou-fou tche dit qu'on employa aussi des éléphants pour le transport de la terre. D'après *Lieou-hiang* 劉向, de la dynastie *Han* 漢, ce tombeau aurait déjà été ouvert et déshonoré par les gens de Yué, dans une de leurs invasions.— Maintenant, les maisons de la pagode occupent l'emplacement de l'ancien tombeau.

en tigres; etc., etc.—Quand le fameux roi *Ts'in Che-hoang* 秦始皇 passa par cet endroit, il voulut prendre les trois épées de Ho-liu; mais un tigre se tenait couché sur le tombeau, pour le protéger; Che-hoang saisit une épée pour le tuer; il manqua son coup, et frappa la pierre; la marque est encore visible, paraît-il; le tigre s'enfuit à vingt-cinq ly de là, et disparut à un endroit nommé *Hou-lieou* 虎嶁, qui autre-fois s'appelait aussi *Hou-chou-koan* 滸墅關. Mais on rapporte que l'empereur K'ien-long passant par-là se trompa en lisant le premier caractère, qu'il prononça: *Hiu (chou-koan);* et depuis lors on dit ainsi, puisque l'empereur ne peut pas se tromper!—Ts'in Che-hoang ne trouva pas d'épées; il fit en vain creuser un grand trou, qu'on appela *Kien-tch'e* 劍池, fosse de l'épée. Tout à côté il y a une immense pierre, sur laquelle mille hommes peuvent s'asseoir, dit-on; d'où son nom de *Ts'ien-jen-che* 千人石, ou pierre de mille hommes.

Sous la dynastie *Tsin* 晉 (265-419 après J.C.), les deux frères ministres *Wang-siun* 王狥 et *Wang-ming* 王珉 firent là un grand parc. En 328, ils donnèrent des terres et des maisons aux bonzes gardiens du tombeau et de la pagode. Les constructions actuelles datent du commencement de cette dynastie. La tour à sept étages est de la dynastie des *Soei* 隋 (581-618 après J.C.), époque où le bouddhisme florissait en Chine. (Ou-ti ki, p. 7—Ou-kiun tou-king, vol. 2, p. 12—Mei-li tche, vol. 2, p. 35—Sou-tcheou-fou tche, vol. 9, p. 1).

En allant de Ou-si à Sou-tcheou, on peut voir à son aise tous ces bâtiments, en regardant à gauche de la barque. Plusieurs fois, ces constructions ont été dévastées par des incendies; mais la tour avait toujours échappé jusqu'à la dynastie des *Ming* 明 (1368-1544). [Sou-tcheou-fou tche, vol. 39, p. 18—Ou-ti ki, p. 7].

Le huitième fils de Ho-liu est enterré à *San-toen-t'eou* 繖墩頭, un peu au nord de notre église de *Tcheou-tchoang* 周庄, territoire de *Kiang-yng* 江陰. Il y a là un souterrain voûté, long de plus de dix *tchang* 丈 (*i.e.* cent pieds); c'est un hypogée, genre de tombeau si ambitionné en Chine! (Kiang-yng-hien tche, vol. 23, p. 1).[1]

---

[1] Voir ci-après le jugement porté sur Ho-liu par un ennemi; selon lui c'était un grand roi, et un grand guerrier.

CHAPITRE VIII.

LE ROI *FOU-TCH‘AI* 夫差, (494-472.)

Le commentaire donne l'introduction suivante, que je traduis
parce qu'elle résume assez bien tout ce règne. (Tou Lin, vol. 47, p. 2).

"La 2ème année de *Keou-ts‘ien* 句踐, roi de Yué, Fou-tch‘ai
envahit le royaume de Yué, et assiégea la capitale *Koei-ki* 會稽
(493). Keou-ts‘ien envoya les deux grands ministres *Wen-tchong* 文種
et *Fan-li* 范蠡 pour faire la paix. Quatorze ans plus tard (479), il
envahit à son tour le royaume de Ou; six ans encore plus tard (473),
il assiégea la capitale de Ou. Le siège dura trois ans; en 472, les
gens de Yué venaient annoncer leur victoire au duc de Lou; en 471,
ils détruisirent le royaume de Ou; ils se promenèrent dans le nord
jusqu'au fleuve Hoai. Leur roi eut une entrevue avec les rois de Ts‘i.
de Tsin, et les autres princes, à *Siu-tcheou-fou* 徐州府. L'empereur
Yuen 元 (475-468) lui envoya, par un messager spécial, de la viande
offerte dans les sacrifices, et lui ordonna d'être le chef des rois et des
princes. Tous les princes situés à l'est du fleuve Hoai vinrent alors lui
offrir des cadeaux, et le saluer comme leur chef.

D'après le vieux bouquin Yué-ts‘iué, p. 7, les gens de Ou et
de Yué avaient le même langage, les mêmes mœurs; c'étaient des
des barbares de la même race.

Note.—A cause de l'abondance des matières, nous diviserons ce
chapitre en plusieurs paragraphes.

§I. GUERRES ET VICTOIRES DE FOU-TCH‘AI,
DANS SA LUTTE CONTRE LES ROIS DE YUÉ ET DE TS‘I.

En 493, Fou-tch‘ai battit le roi de Yué à *Fou-tsiao* 夫椒,[1] pour
se venger de la défaite subie à *Tsoei-li* 檇里. De suite, il envahit
le pays de Yué. Keou-ts‘ien choisit cinq mille soldats qui avaient des

---

[1] Au sud-ouest de la sous-préfecture de *Ou* 吳, Sou-tcheou-fou, au milieu du lac
T‘ai-hou 太湖. On l'appelle aussi *Tsiao chan* 椒山, ou encore *Pao chan* 包山,
ou enfin *Si-t‘ong-t‘ing-chan* 西洞庭山. (Edition impériale, vol. 36, p. 2).

LE ROI FOU-TCH'AI.

cuirasses et des boucliers, et se cantonna dans la forteresse de *Koei-ki* 會稽.[1] De là, il envoya son ministre *Tchong* 種 pour traiter de la paix; celui-ci avait ordre de s'aboucher avec le grand ministre de Ou, nommé *Pé-p'i* 伯嚭.[2] Sur ce dernier, voici ce que dit le commentaire: Pé-p'i était un ancien officier de Tch'ou, réfugié dans le pays de Ou, comme nous l'avons vu plus haut. Devenu ministre, il était très agréable à Fou-tch'ai; c'est pourquoi l'ambassadeur devait s'adresser à lui, et le gagner par des cadeaux. Le roi de Ou était sur le point d'accorder la paix, lorsque Ou Tse-siu se présenta et lui dit: "Ne faites pas cela. L'arbre une fois planté, s'il a de la force, prend un accroissement continuel; s'agit-il d'enlever la mauvaise herbe, il faut l'extirper radicalement. Autrefois, *Yao* 澆, roi de *Kouo* 過, tua *Tchen-koan* 斟灌 pour aller attaquer *Tchen-siun* 斟鄩; puis il anéantit *Siang* 相 (2146-2119 avant J.C.), empereur de la dynastie *Hia* 夏.[3] Or, le royaume de Ou est loin d'égaler en force le

---

[1] Sur la montagne du même nom, au sud de *Chan-yng-hien* 山陰縣. Autrefois cette montagne s'appelait *Fang-chan* 防山, ou *Mao-chan* 茅山, ou encore *Tong-chan* 棟山. Dans les vieux livres, on mentionne déjà cette montagne comme fameuse; elle se trouve à douze ly sud-est de *Koei-ki-hien* 會稽縣, préfecture de *Chao-king-fou* 紹興府, Tché-kiang. (Edition impériale, vol. 36, p. 2).

[2] Ta-tsai P'i, Pé-p'i, Pé-hi sont trois noms du même individu. (Yué-ts'iué, vol. 5, p. 2.—vol. 6 p. 3).

[3] L'édition impériale, vol. 25, p. 14, raconte les faits plus en détail, comme il suit: L'impératrice *Ming* 緡, qui était justement enceinte, réussit à s'échapper par un trou et, rentrée chez son père, roi de *Jen* 仍, elle mit au monde un enfant qui devait être plus tard l'empereur *Chao-k'ang* 少康 (2079-2057), mais qui alors était simplement Pasteur en chef de la principauté de Jen. Ce pâtre détestait le roi Yao, et sut éviter ses embûches. Yao avait en effet envoyé un officier, nommé *Tsiao* 椒, chercher ce rejeton impérial, pour le faire périr. Celui-ci s'enfuit chez le prince de *Yu* 虞, et se fit chef-cuisinier, pour dérouter de nouvelles recherches.—*Se* 思, prince de Yu, fut content de ce fugitif; il lui donna ses filles *Yao* 姚 pour femmes et la ville de *Luen* 綸 pour fief.—Le territoire de ce fief n'avait que quarante ly de circonférence; il n'avait que cinq cents soldats. C'est pourtant de là qu'il étendit son pouvoir, qu'il sut reconquérir l'ancien empire de *Hia* 夏, et gouverner de nouveau les princes. Il envoya l'officier *Jou-ngai* 女艾, explorer *Yao* 澆, il envoya son propre frère *Ki-chou* 季杼 tromper *I* 豷, frère de Yao. Ainsi il réussit à détruire les deux principautés *Kouo* 過, et *Kouo* 戈; enfin il égala en gloire l'ancien empereur *Yu* 禹. Il sacrifia à ses ancêtres comme fils du ciel. Rien n'était perdu de ses anciennes possessions. Quant à la principauté de *Yu* 虞, elle avait pour princes des descendants du grand empereur *Choen* 舜—A trois ly de *Yu-tch'eng-hien* 虞城縣, préfecture de *Koei-té-fou* 歸德府 (Ho-nan). il y a encore l'ancien bourg de *Yu-tch'eng* 虞城. (Edition impériale, vol. 36, p. 2.) A 35 ly sud-est de la même ville Yu-tch'eng-hien, il y a encore l'ancien bourg de *Kou-luen-tch'eng* 故綸城. (Edition impériale, ibid.)

royaume de Kouo; et le roi de Yué est bien plus puissant que Chao-k'ang. Et ne le deviendra-t-il pas de plus en plus? Ne sera-t-il pas un jour la cause de notre ruine? Keou-ts'ien est un homme qui sait aimer son peuple et lui faire du bien. Qui est bienfaisant, ne perd pas l'affection de son peuple; qui aime ses sujets, n'oublie pas le moindre dévouement. Il est notre proche voisin, et notre ennemi séculaire. Maintenant, l'ayant entre les mains, nous le laisserions subsister! Ce serait aller contre les desseins du ciel; ce serait fortifier notre ennemi; ensuite, nous aurions beau nous en repentir, ce serait trop tard; dès lors les jours de notre famille régnante *Ki* 姬 seraient comptés! Nous sommes entourés de tribus sauvages, et nous augmenterions encore le nombre de nos ennemis! Vous comptez ainsi devenir chef des princes; maître, impossible d'y penser!"

Le *Kouo-yu* 國語, vol. 20, p. 2, donne une version du discours de Ou Tse-siu beaucoup plus simple et plus efficace, semble-t-il. Sans doute que ce ministre a dû plus d'une fois entretenir le roi sur ce grave sujet; il a donc pu prononcer ces deux discours différents. Voici ce qu'on lui fait dire: "Il n'est pas possible de faire la paix avec le roi de Yué; nos deux royaumes sont rivaux, et presque égaux sur le champ de bataille. Nous sommes entourés de trois côtés par la mer et les fleuves; notre peuple ne peut ni émigrer ni s'étendre; il faut aller prendre les territoires de Yué. Ou bien le royaume de Ou subsiste, et Yué périt; ou bien Yué demeure, et Ou disparaît; à cela il n'y a rien à changer. J'ai toujours entendu dire que les cultivateurs restent sur leurs terres, et les pêcheurs sur leurs canaux. (Ainsi donc, restons chez nous, sans nous exposer vers le nord). Supposé même qu'en attaquant les princes septentrionaux (c'est-à-dire chinois), nous les vainquions, nous ne pourrions jamais demeurer sur leurs terres, ni nous servir de leurs chars. Si nous prenons le pays de Yué, nous pourrons l'occuper, et nous servir de ses barques; cet avantage ne devrait jamais nous échapper. Si nous détruisons Yué, c'est la chose la plus avantageuse qui puisse nous arriver; plus tard, nous aurions beau nous repentir de ne l'avoir pas fait, il ne serait plus temps!"

Fou-tch'ai n'écouta pas ces conseils. Ou Tse-siu disait en sortant de l'audience: "Pendant dix ans, le roi de Yué augmentera ses sujets; pendant dix ans, il les instruira dans l'art de la guerre; après vingt et quelques années, le pays de Ou ne sera plus qu'une province dans le royaume de Yué!"

CADEAU AU MINISTRE PÉ-P'I.

A la troisième lune, les rois de Ou et de Yué firent la paix.[1] Confucius ne raconte pas cette expédition de Fou-tch'ai; c'est qu'il n'avait pas annoncé officiellement sa victoire; ni Keou-ts'ien sa défaite. Le commentaire ajoute une autre raison: "Confucius n'aimait pas ces sauvages, si différents des Chinois; il les ignorait le plus possible." (Tou Lin, vol. 47, p. 3).

Quand en 504 Ho-liu avait envahi le pays de Tch'ou, il avait envoyé un ambassadeur appeler *Hoai-kong* 懷公, prince de *Tch'eng* 陳 (505-500). Ce dernier avait aussitôt convoqué tous les grands et les notables à la capitale; il leur avait dit: "Que ceux qui prennent parti pour Tch'ou se mettent à ma droite; ceux qui veulent suivre Ou, à ma gauche. Ceux dont les terres étaient voisines de Tch'ou se mirent à droite du prince; ceux qui étaient proches de Ou se mirent à gauche; ceux qui n'avaient point de terres, suivaient leur prédilection. Alors *Fong-hoa* 逢滑, l'un des convoqués, se mit droit en face du prince, et dit: "J'ai ouï dire que les royaumes florissants sont bénis (du ciel); ceux qui sont destinés à périr, subissent des calamités. Jusqu'ici, le royaume de Ou n'a pas encore eu de bénédictions; le royaume de Tch'ou n'a pas encore eu de calamités. Il ne faut pas nous séparer de Tch'ou pour nous unir à Ou. Du reste, c'est le

---

1 A ce sujet, on raconte ce qui suit: Les gens de Yué avaient choisi huit des plus belles filles de leur royaume, et les avaient envoyées en cadeau au ministre Pé-p'i, en lui disant: ' Si vous nous obtenez la paix, nous vous enverrons d'autres filles encore plus belles que celles-ci." Là-dessus, le premier ministre était allé voir Fou-tch'ai, et lui avait parlé en ces termes: '' J'ai entendu dire que les anciens rois attaquaient les autres royaumes pour obtenir leur soumission. Yué se soumet absolument; que voulons-nous de plus?" Alors Fou-tch'ai avait conclu la paix, et était rentré dans sa capitale. (Kouo yu, vol. 20, p. 2). Keou-ts'ien se montra si obséquieux envers Fou-tch'ai, qu'il lui servait quasi de domestique. Après trois ans d'offices si humbles, Fou-tch'ai croyait Keou-ts'ien converti, et gagné à sa cause. Il le renvoya donc dans son royaume; il lui offrit même des territoires, pour agrandir ses états, mais Keou-ts'ien les refusa; de plus, il laissa de ses fils et de ses filles à la cour de Ou, comme gage de fidélité.—(Lié-kouo tche, vol. 18, p. 18). Fou-tch'ai avait reçu en cadeau la fameuse *Si-che* 西施, la plus belle femme qu'on ait jamais vue en Chine, dit-on. Il lui bâtit un palais ou *Koan koei kong* 館娃宮, sur la colline de *Ling-yn* 靈巖山, à trente ly ouest de Sou-tcheou. Autrefois cette colline s'appelait *Hoa-chan* 花山, (montagne fleurie, montagne des fleurs). Ho-liu s'y était déjà bâti un kiosque, à cause de la beauté du coup-d'oeil—Actuellement, on y voit des pagodes qui datent de la dynastie *Tsin* 晉. A côté, il y a un tambour en pierre d'une étendue de trente brasses (?). Peuple et lettrés affirment qu'il bat la générale de lui-même quand il y a menace de guerre ou autre danger quelconque (Ou-ti ki, p 8)—A la chute du royaume de Ou, Si-che se noya, dit-on, dans le canal *Li-ho* 蠡河, au sud de Hong-chan. Quand Fan-li vit l'endroit, il soupira trois fois; d'où le nom donné à ce canal: *Sun t'an-t'ang* 三嘆蕩. D'autres auteurs disent que Fan-li aurait été séduit par Si-che. D'autres encore affirment que la femme légitime du roi la fit noyer, par jalousie. Bref, il y a beaucoup de légendes populaires sur elle; toutes lui reprochent la ruine du royaume, et le malheur de ceux qui ont approché d'elle. (Mei-li tche, vol. 2, p. 22),

LA BELLE SI-CHE.

roi de *Tsin* 晉 qui est le chef des princes ; à lui de répondre à Fou-tch'ai. Que vous en semble ?''—A ces mots, Hoai-kong répondit : "Le pays de Tch'ou a été vaincu ; son roi a été chassé de sa capitale ; si cela n'est pas une calamité, qu'est-ce donc ?''—Fong-hoa répliqua : "Bien des royaumes ont eu semblables événements, qui oserait prétendre que Tch'ou ne pourra pas aussi bien qu'eux se relever ? De petits états l'ont pu ; pourquoi un plus grand serait-il impuissant ? J'ai toujours entendu dire par les anciens qu'un royaume florissant est celui où le roi soigne son peuple comme on soigne un malade ; voilà ce qui s'appelle être béni. Qui doit périr, regarde son peuple comme de la boue et de l'herbe ; voilà ce qui s'appelle une calamité. Quoique le roi de Tch'ou soit sans vertu, il n'a pas encore traité son peuple comme de l'herbe qu'on arrache ; celui de Ou, par ses guerres continuelles, extermine son peuple ; les ossements de ses soldats restent dispersés de tous côtés privés de sépulture, comme de la mauvaise herbe qu'on a déracinée. Personne ne s'est encore aperçu de sa vertu ! Peut-être que le ciel se sert de lui pour exhorter et redresser le roi de Tch'ou ; mais les malheurs qui vont fondre sur lui ne sont pas loin ; nous n'attendrons pas longtemps avant de les voir arriver.'' Le roi de *Tch'eng* 陳 se rallia à cet avis.

Quand Fou-tch'ai eut vaincu le royaume de Yué, il se souvint de la haine de son père contre le roi de Tch'eng ; en automne, à la huitième lune, il fondit donc sur ce pays. A cette nouvelle, les officiers de Tch'ou eurent grand' peur pour eux-mêmes ; ils disaient : "Ho-liu avait son peuple dans la main, et pouvait s'en servir à volonté ; c'est ainsi qu'il a pu nous battre à *Pé-kiu* 柏舉. Maintenant, nous avons appris que son successeur est encore plus capable que lui ; qu'allons-nous donc devenir ?'' *Tse-si* 子西, frère du roi, leur répondit : "Mes bons amis, soyons toujours unis entre nous ; alors aucun malheur ne nous arrivera du royaume de Ou. Autrefois, Ho-liu ne mangeait pas deux mets différents dans un repas, il n'avait pas deux nattes à son lit, ni des maisons hautes et confortables, ni des meubles ornés et sculptés, ni des palais à étages et vérandahs ; ses vaisseaux et ses chars n'étaient pas surchargés d'ornements ; ses vêtements et ustensiles n'étaient pas choisis pour leur beauté, mais pour leur solidité. Si dans son royaume il y avait des calamités publiques, lui-même allait prendre soin des orphelins et des veuves, aider les pauvres et les indigents. Etait-il dans un camp, il voulait d'abord voir distribuer la nourriture à ses soldats, ensuite seulement il se mettait lui-même à table, content de la même nourriture qu'eux. Il s'appliquait à ménager son peuple ; il partageait avec lui ses peines et ses joies ; c'est ainsi que son peuple ne fut jamais fatigué ni dégoûté de lui ; ses gens savaient qu'après leur mort leurs familles ne seraient pas délaissées. Notre premier ministre d'alors était tout juste le contraire de lui ; c'est pourquoi nous avons été battus. [1] Maintenant on dit de Fou-tch'ai que s'il passe deux jours en quelque endroit, il s'y bâtit des pavillons, des tours, creuse des viviers ; chaque nuit il lui faut des concubines et des chanteuses ; s'il sort, pour une journée, tout ce que désire son cœur doit s'accomplir ; ses bijoux, ses amusements doivent l'accompagner ; toutes sortes de curiosités et de raretés sont recherchées et achetées pour lui ; amusements et musique, voilà sa plus grande préoccupation. Son peuple est traité en ennemi ; chaque jour il lui impose une nouvelle corvée ; ainsi lui-même s'est ruiné tout le premier ; comment pourrait-il venir nous faire du mal ?" (Tou Lin, vol. 47, p. 5).

Pour l'année 492, Confucius écrit : A la onzième lune, le prince de *Ts'ai* 蔡 émigre à *Tcheou-lai* 州來 ; il fait massacrer son ministre *Kong-tse Se* 公子駟. Tsouo-k'ieou-ming ajoute les détails qui suivent : *Sié-yong* 洩庸, un grand officier de Ou, étant allé dans le pays de Ts'ai, avait distribué force cadeaux, et introduit secrètement un bon nombre de soldats. C'est seulement après le fait accompli qu'on en eut connaissance. Le prince de Ts'ai ordonna à ses officiers de tuer son premier ministre, afin de pouvoir s'excuser soi-même devant le roi de Ou, comme si ce meurtre eût été une punition. Avant d'émigrer, il alla au tombeau de ses ancêtres pleurer, et leur dire adieu. C'était en hiver.

Pour plus de clarté sur ce fait, il nous faut consulter une note fournie par *Hou Ngan-kouo* 胡安國 (Edition impériale, vol. 36, p. 9) : Tcheou-lai était une principauté que le roi de Ou s'était annexée. L'année précédente, le prince de Ts'ai lui-même avait demandé à transporter ses pénates dans le royaume de Ou, parce qu'il craignait le roi de Tch'ou ; mais bientôt après il en avait eu regret ; c'est pourquoi l'ambassadeur de Ou était venu lui rappeler sa promesse, et avait introduit des soldats pour l'obliger à la tenir. Le prince voulut s'excuser, comme si son ministre avait été opposé à ce projet : il le fit tuer comme s'il eût été cause de ce manque de foi. C'est donc le roi de Ou qui a forcé ce prince à émigrer. Auparavant, le roi de Tch'ou avait soumis cette principauté, et se l'était annexée ;

---

1 Ce bel éloge de Ho-liu ne cadre guère avec le discours précédent où Fong-hoa, de Tch'eng, déblatérait contre les rois de Ou ! Lequel des deux orateurs a raison ? Chacun parle d'après la passion du moment. Le ministre dont il s'agit est *Tse-tch'ang* 子常.

mais l'armée de Tch'ou une fois retirée, on avait secoué le joug, et l'on avait demandé asile et protection au roi de Ou ; aussitôt après, on s'en était repenti. Ce prince avait un caractère bien versatile. Placé désormais entre deux rois puissants qu'il avait offensés, il se trouvait dans un grand embarras. Il déchargea sa colère sur son ministre et le fit tuer comme coupable de félonie. Cela ne donne pas une haute idée de ce pauvre prince.

Pour l'année 491, Confucius écrit : les gens de Ts'ai chassèrent le grand officier *Kong-suen Lié* 公 孫 獵 ; celui-ci se retira dans le royaume de Ou.—On ne connaît pas de détails. Les commentaires disent seulement que cet officier était partisan du ministre Kong-tse Se mis à mort. La révolution et le désordre continuaient donc, même après l'émigration, et devaient fatalement amener la ruine complète de cette principauté, qui n'avait déjà plus qu'une indépendance nominale. En 490, le prince lui-même, nommé *Chen* 申, fut tué par son peuple.

Ou craignait qu'il voulût émigrer encore une fois. La puissante famille de Kong-suen était à la tête de cette révolution. (Tou Lin, vol. 47, p. 11.)

En 488, le roi de Ou attaqua le prince de *Tch'eng* 陳. Tsouo-k'ieou-ming en donne la raison : C'était, dit-il, pour assouvir sa haine ; car, à sa dernière expédition, il n'avait pu se rendre maître de ce pays. Le roi de Tch'ou dit alors à ses ministres : " Mon père a fait un traité d'alliance avec le prince de Tch'eng ; je ne puis me dispenser d'aller à son secours. Sur ce, il conduisit une armée, et campa à *Tch'eng-fou* 城 父.

A la même année, Confucius ajoute : " En été, *Chou-hoan* 叔 還, officier de Lou, eut une entrevue avec le roi Ou, à *Tcha* 柤."[2]

Les éditeurs (vol, 36, p. 13) citent l'auteur *Hiu-han* 許 翰 qui dit : " Le roi de Ou se trouvant à Tcha, le duc de Lou envoya un grand officier pour le saluer. Ce duc était le petit-fils d'une princesse de Ou." C'était donc chose raisonnable. Pourtant les éditeurs, ou plutôt les commentaires, le blâment de cette démarche. D'après eux, il aurait dû rester franchement fidèle au roi de *Tsin* 晉, chef des princes, et chinois pur sang ; tandis que le roi de Ou n'était qu'un sauvage dégrossi. (Tou Ling, vol. 47, p. 16.)

En automne, à la septième lune, le roi de Tch'ou se trouvait donc à Tch'eng-fou. Il consulta les sorts, pour savoir s'il fallait livrer

---

[1] C'est en 527 que ce traité avait été conclu.

[2] C'est maintenant le bourg de *Kia-k'eou* 泇 口, sous-préfecture de *I-hien* 嶧 縣, préfecture de *Yen tcheou* 兗 州 府, Chan-tong. (Edition impériale, vol. p. 1).

bataille ; la réponse fut négative. Il demanda s'il fallait se retirer ?
Il fut répondu : non !—"Alors, dit le roi, il ne me reste qu'à mourir !
Plutôt que de voir mon armée battue de nouveau ; plutôt que d'abandonner un allié et m'enfuir, je préfère la mort sur le champ de
bataille !" En conséquence, il choisit le prince *Tse-si* 子 西, son
premier ministre, pour successeur. Celui-ci refusant, il ordonne à
Tse-ki 子 期, général de l'armée, de lui succéder. Mais lui aussi
refusant, il impose la couronne à *Tse-liu* 子 閭. Ce dernier refuse
jusqu'à cinq fois ; puis finit par consentir. Sur le point de livrer bataille, le roi de Tch'ou fut pris de maladie. Le jour appelé *Keng-yng*
庚 寅 il fit attaquer la ville de *Ta-ming* 大 冥,[1] et mourut à
Tch'eng-fou.

Alors Tse-liu refusa de nouveau la couronne, en disant: "Le défunt
roi a négligé son propre fils, pour céder le trône à ses ministres ;
comment oublier un prince si désintéressé ? J'avais accepté, par
obéissance ; maintenant, à mon tour, j'établis roi son fils ; et c'est
encore exécuter l'intime désir de son cœur; dans l'un et l'autre cas,
je ne fais réellement qu'obéir. Après s'être consulté avec Tse-si et
Tse-ki, il cacha la mort du roi à l'armée, coupa les communications,
pour que la chose ne transpirât pas au dehors, fit appeler le prince
héritier *Tchang* 章, fils d'une princesse de Yué qu'il établit roi ; enfin
rentra avec l'armée dans la capitale.

Les commentaires (Edition impériale, vol. 36, p. 21) exaltent
la sagesse du roi *Tchao* 昭, qui avait trouvé le vrai moyen de prévenir
une révolution, et d'assurer à son fils le concours des grands du
royaume. C'est bien naturel. Confucius l'a déjà loué, comme
un homme qui avait compris les principes de la vraie sagesse, et
s'était rendu digne de ne pas perdre la couronne, même au milieu
de ses infortunes. De même, les grands dignitaires avaient vraiment
souci des intérêts du royaume ; et pour cela négligeaient leurs avantages privés. Ainsi le pays de Tch'ou se relevait de sa chute. Il
devint même si ferme et si solide qu'il subjugua tous ses voisins, y
compris ceux de Yué et de Ou (334). Mais en 223, il fut à son tour
conquis par le fameux *Ts'in Che-hoang* 秦 始 皇, qui, après l'extinction du puissant royaume de Tch'ou, était véritablement maître de
toute la Chine. (Tou Lin, vol. 47, p. 17.)

---

[1] C'était une ville de Tch'eng. L'armée de Ou s'y trouvait donc. Maintenant,
c'est la sous-préfecture de *Hiang tch'eng-hien* 項 城 縣, préfecture de *Tch'eng-tcheou-fou*
陳 州 府, Ho-nan. (Edition impériale, vol. 36, p. 21.)

Confucius écrit : "En 487, *Ngai* 哀 duc de Lou eut une entrevue à *Tseng* 鄫 [1] avec le roi de Ou." Tsono K'ieou-ming donne les détails suivants : Pendant l'entrevue, les gens de Ou vinrent réclamer une contribution en vivres, montant à trois cents têtes de bétail, bœufs, cochons, et brebis. *Tse-fou-king-pé* 子 服 景 伯, grand officier de Lou, leur répondit : "Les anciens rois n'ont jamais déterminé un chiffre pareil." L'officier de Ou reprit : "Le roi de Song nous a donné cent *triples* [2]; le pays de Lou ne peut pas être inférieur à celui de Song! De plus, quand votre prince faisait des cadeaux aux grands officiers du roi de *Tsin* 晉, il offrait toujours plus de dix triples; n'est-il pas juste qu'il nous en donne cent ?"—King-pé de répondre : "*Fan-yang* 范 鞅, premier ministre de Tsin, est un homme rapace et avare, qui ne s'occupe pas de ce qui est juste ou non; il s'appuyait sur son roi pour effrayer notre petit pays; c'est pourquoi notre petit royaume dut lui offrir onze triples. Si vous exercez la justice et la légalité envers les princes, le montant des cadeaux n'est pas arbitraire, mais bien déterminé. Si, au contraire, vous aussi vous méconnaissez la légalité, alors il n'y a plus de bornes. Les anciens empereurs de la famille Tcheou ont statué cette loi : "La plus grande offrande ne dépasse pas le chiffre de douze, d'après les douze signes du ciel." Maintenant vous mettez de côté les anciens statuts, et vous demandez cent triples : c'est de l'arbitraire qui vient des ministres !"—Cependant, les gens de Ou ne cédaient pas. Alors King-pé dit : "Le royaume de Ou va périr : car il méprise les lois du ciel, et se moque des bases de toute société. Si nous ne lui donnons pas ce qu'il demande, il va jeter sa colère sur nous." Enfin on accorda les cent triples exigées.

Pé-p'i, le premier ministre de Ou, appela *Ki-k'ang-tse* 季 康 子 le premier ministre de Lou, pour le consulter sur les affaires des deux pays. Celui-ci envoya *Tse-kong* 子 貢, le disciple de Confucius, et s'excusa de ne pas venir en personne. Pé-p'i en fut froissé, et dit : "Votre prince court toujours les chemins, tandis que son ministre refuse de se déranger! D'après quel ancien rite voit-on cela ?" Tse-kong répondit : "Ce n'est pas précisément un ancien statut; mais nous craignons les grands royaumes; ainsi tout le monde ne peut s'éloigner à la fois de la capitale; il faut quelqu'un pour la garder. Les grands royaumes ne donnent plus leurs ordres d'après les anciens statuts; eux se passent de tout droit; comment les petits états pour-

---

[1] Dans la principauté de *Tcheng* 鄭. L'emplacement est au sud-est de *Siang-i* 襄 邑. Ho-nan. (Edition impériale, vol. 25, p. 2).

[2] En chinois, *Lao* 牢 signifie cadeau, contribution pour nourrir les soldats; elle consistait en trois sortes d'animaux bœufs, cochons et brebis (*suovetaurilia*).

raient-ils deviner ce qu'il faut faire? Notre petit prince est déjà
venu demander vos ordres; comment son ministre pourrait-il aussi
s'absenter? Votre ancêtre T'ai-pé se couvrait décemment le corps
et la tête; il gouvernait d'après les lois des anciens empereurs Tcheou.
Son frère Tchong-yong, qui lui succéda, se coupa les cheveux et
se tatoua; aller tout nu lui semblait beau. Etait-ce d'après les lois?
Il suivait les usages de ces pays-là" (qu'il ne sut ni civiliser, ni instruire
à la façon des vrais Chinois, ajoute le commentaire).

Le duc Ngai revenant de Tcheng, estima que ce royaume serait
à jamais incapable de grandes choses. Les éditeurs de l'édition
impériale, vol. 36, p. 24, citent *Tchang-han* 張洽 qui dit: "Plusieurs
années de suite, la chronique de Confucius inscrit des entrevues du
duc de Lou avec le roi de Ou. Cela prouve que le duc a eu tort de
commencer ces relations; les malheurs postérieurs en étaient la suite
nécessaire." Ils citent encore *Kia-hiun-wong* 家鉉翁, dont voici
les paroles: "Quand le royaume de *Tsin* 晉 fut tombé, le duc s'adressa
au roi de *Ts'i* 齊; puis il s'allia à celui de Ou. Il se donna à celui
dont il espérait le plus de profit."

Ki-k'ang-tse, ministre de Lou, voulait faire la guerre à la minuscule principauté de *Tchou* 邾. [1] A cet effet, il réunit toutes les
notabilités du duché à un grand dîner, pour les consulter. *Tse-fou-
king-pé* 子服景伯 dit: "Les petits princes, qui veulent servir les
grands, doivent montrer de la fidélité; les grands, s'ils veulent
vraiment protéger les petits, doivent montrer de l'humanité. Se
révolter contre les grands, est déloyal; attaquer les petits, c'est manquer
d'humanité. Le peuple des campagnes s'appuie sur la ville; la ville
s'appuie sur la justice. Ne tenir compte ni de la fidélité, ni de
l'humanité, c'est s'exposer à bien des calamités. Alors, dans le
danger, où trouver un appui?"—*Mong-suen* 孟孫 prend la parole:
"Messieurs, dit-il, qu'en pensez-vous? Qui donnera des conseils plus
sages que ceux-là? Peut-on les négliger?"—Les notables de répondre:
"Quand l'ancien empereur *Yu* 禹 réunit les divers princes au pied de
la montagne *Tou-chan* 塗山, [2] ils étaient bien dix mille, tous
tenant en main des tablettes de jade et des bandelettes de soie,
emblêmes de leurs dignités. Maintenant il en reste au plus quelques
dizaines; car les grands royaumes ne montrent aucune affection pour
les petits; et ceux-ci ne peuvent plus servir les grands. Si nous nous

---

[1] Maintenant, c'est *Tcheou-hien* 鄒縣, préfecture de *Fan-tcheou-fou* 范州府,
Chan-tong. (Edition impériale, vol. 1, p 6).

[2] Au nord-est de *Cheou-tch'ouen* 壽春, qui est la préfecture actuelle de *Cheou-
tcheou fou* 壽州府, Ngan-hoei.

apercevions de dangers quelconques, pourquoi ne le dirions-nous pas?''
—Mong-suen reprend : "Le gouvernement de Lou n'est pas plus
vertueux que celui de *Tchou* 邾; ce serait donc uniquement par la
force que nous l'opprimerions. Cela est-il permis?'' Ayant ainsi
parlé, il sortit mécontent de la salle du festin.

En automne cependant l'armée de Lou enhavit la principauté
de *Tchou* 邾. Quand on attaqua la porte de la capitale, nommée
Fan-men 范門, on pouvait encore entendre les sons de cloche et de
musique des réjouissances qu'on faisait en ville, sans s'occuper de la
guerre. Les officiers de Tchou pressaient leur prince d'opposer la
force à la force; il n'y voulut pas consentir. L'un d'eux, nommé
Mao-tch'eng-tse 茅成子 proposait d'aller implorer le secours du roi
de Ou; le prince s'y opposa de même en disant: "Quand dans le
royaume de Lou on bat les veilles de la nuit, nous l'entendons chez
nous, tellement nous sommes voisins! tandis que le prince de Ou est
à deux mille ly de nous; en moins de trois mois, il ne peut arriver
ici; comment pourrait-il nous secourir? De plus, notre peuple n'est-il
pas capable de résister tout seul?''

Là-dessus, Mao-tch'eng-tse mécontent se révolta dans sa ville de
Mao contre son prince. [1] L'armée de Lou prit la capitale, occupa
le palais du prince, et se livra au pillage en plein jour. Le prince,
avec son peuple, s'était retiré sur la montagne *I* 繹. [2] Pendant la
nuit on alla l'attaquer ; il fut pris, et conduit au temple des ancêtres
à *Po* 亳, comme prisonnier de guerre ; et en signe que la principauté
de *Mao* était conquise. Ensuite on le mit en prison à *Fou-hiai* 負瑕,
où se trouvaient déjà plusieurs de ses anciens sujets émigrés. Les
commentaires observent qu'on avait ainsi interné ce prince parmi ses
anciens sujets, pour lui faire plus de honte. [3]

A cette époque, le duc de Lou n'était plus qu'un mannequin.
Toute l'autorité était entre les mains des trois grandes familles *Mong*
孟, *Tchong* 仲 et *Ki* 季, lesquelles étaient la descendance du duc

---

1 Il y a encore maintenant un kiosque appelé *Mao-hiang-t'ing* 茅鄉亭 à cet
endroit, c'est-à-dire à 40 ly nord-ouest de *Kin-hiang-hien* 金鄉縣, préfecture de
Yen-tcheou-fou 兗州府 Chan-tong. (Edition impériale, vol, 36, p. 25).

2 Elle était au nord de la ville de *Tcheou hien* 鄒縣. *Kouo P'o* 郭璞 dit que
ce sont des rocs entassés les uns sur les autres, sur une longue étendue. Maintenant, cette
montagne s'appelle encore *I-chan* 嶧山, mais elle se trouve à 20 ly sud-est de la ville;
celle-ci a donc été transportée au nord de la montagne. (Edition impériale, ibid.)

3 C'était une ville de Lou; actuellement, c'est *Hiai-k'ieou-tch'eng* 瑕丘城, à 25 ly
ouest de *Tse-yang-hien* 滋陽縣, préfecture de *Yen-tcheou fou* 兗州府, Chan-tong.
(Edition impériale ibid.)

Tchoang 莊 (693-661). Depuis ce dernier, les ducs n'étaient plus maîtres chez eux. Le duc Tchao (541-509) avait pris pour femme une princesse de Ou, pour se délivrer de ses ministres avec le secours de ce puissant royaume; mais il n'y avait pas réussi. Le duché de Lou s'éteignit ignominieusement en 248, époque où le roi de *Tch'ou* 楚 en fit la conquête officielle; car depuis long temps il n'existait plus que de nom. (Tou Lin, vol. 48, p. 2).

Revenons un peu sur nos pas. *Mao I-hong* 茅夷鴻, officier désobéissant de *Tchou* 邾, prit un paquet de soieries, monta sur une voiture légère, et de son chef s'en alla chez le roi de Ou demander secours pour son pays: "Le duc de Lou, dit-il, méprise le faible roi de *Tsin* 晉; il ne vous craint pas non plus, à cause de la distance qui vous sépare de lui; et parce qu'il a confiance dans le nombre de ses soldats. Il ne tient pas compte des traités de paix, se moque de vos ministres, et nous foule aux pieds, parce que nous sommes une petite principauté. Nous ne tenons pas tant à notre indépendance. Mais ce qui nous révolte, c'est qu'il méprise l'autorité de votre Majesté. Si votre autorité n'est pas maintenue intacte, les petits états en subiront la peine. En été nous avions fait un traité d'alliance à *Tseng* 鄫; en automne, il était déjà lettre morte! Cependant nous avions fait tout ce qu'il désirait, sans jamais résister! Si l'on supportait chose semblable, comment les petits états pourraient-ils encore servir les grands? De plus, le duc de Lou peut fournir huit cents chars de guerre; il n'est donc inférieur qu'à vous; et il veut être votre rival! Nous ne pouvons équiper que six cents chars; nous, votre petit fief, serons-nous livrés à notre commun ennemi? Je prie votre Majesté de méditer ces choses."

Le roi de Ou prit ces paroles en considération, et prépara son armée pour une expédition. Confucius dit sèchement dans sa chronique: "En 486, le roi de Ou nous fit la guerre." Prenons donc les détails dans notre Tsouo-k'ieou-ming: "Le roi de Ou demanda à *Chou-suen Tche* 叔孫輒 (un fugitif de Lou) ce qu'il pensait de ce projet. Celui-ci lui répondit: "La renommée de Lou est grande; mais il n'a pas de puissance; si vous l'attaquez, vous aurez ce que vous désirez!" Après l'audience, Chou-suen Tche s'en alla chez un autre transfuge du même pays. Celui-ci, nommé *Kong-chan-pou-nieou* 公山不狃, et le blâma de sa conduite: "Vous avez mal fait, lui dit-il; un homme honnête qui s'enfuit, ne va pas chez l'ennemi héréditaire de son pays. Si un transfuge n'a pas encore exercé de charge dans l'endroit où il s'est retiré, et s'il voit que ce royaume médite une guerre contre sa patrie, il doit risquer même sa vie pour en prévenir son prince. Si par la durée de son séjour dans ce nouveau royaume il est censé en être devenu citoyen, il peut se tenir tranquille. De plus, un homme honnête ne doit pas, dans sa haine, nuire à sa patrie; voulez-vous donc, pour une petite offense, renverser le trône de vos ancêtres? Cela est-il permis? Si le roi de Ou vous dit de conduire son armée, vous devez refuser. Il s'adressera ensuite à moi; j'ai déjà mon plan; je sais ce que je ferai.'' Après cette semonce, Chou-suen Tche regrettait bien les paroles dites à l'audience. Le roi de Ou s'adressa de fait à Kong-chan-pou-nieou, lui demandant son avis sur le même sujet. Celui-ci répondit: ''Le duché de Lou n'a pas l'air de tenir sur ses pieds; mais si les choses vont à l'extrême, certainement on s'y battra jusqu'à la mort. Les autres princes viendront au secours et ainsi vous ne réussirez pas dans cette entreprise. Les trois grands eroyaumes de *Tsin* 晉, *Ts'i* 齊 et *Tch'ou* 楚 vont accourir; vous les aure ncore sur les bras. Le duché de Lou, par rapport aux pays de Ts'i etz de Tsin, est comme les lèvres qui protègent les dents; les lèvres disparues, les dents souffrent du froid. Comment ces royaumes ne viendraient-ils pas au secours?''

Malgré cette plaidoirie, dès la 3ème lune le roi de Ou était en campagne; Kong-chan-pou-nieou lui servait de guide. Celui-ci, de propos délibéré, conduisit l'armée par des chemins détournés et dangereux; il passa ainsi par la ville de Ou-tch'eng qui fut prise comme par hasard; ses habitants étant proches voisins de Ou en avaient loué et cultivé des terres. D'autre part, les habitants de *Tseng* 鄫 après avoir coupé des herbes, les avaient lavées dans la rivière qui passe à *Ou-tch'eng* 武城; les gens de cette ville s'étaient fâchés, disant: ''Pourquoi salir ainsi notre eau?'' et avaient saisi quelques individus. Pour se venger, les gens de Tseng se firent les guides du roi de Ou; ils le conduisirent à Ou-tch'eng qui fut prise aussitôt. Son gouverneur était un ancien officier de Ou réfugié là. Il se nommait *Wang-fan* 王犯; c'était l'ami du père de *T'an-t'ai-tse-yu* 澹臺子羽 (un disciple de Confucius; voir Zottoli, II, p. 249). Le peuple avait grand' peur qu'il livrât la ville; mais la trahison vint du dehors, comme on l'a vu.

Mong I-tse 孟懿子, ministre de Lou, demanda à King-pé: ''Maintenant que faut-il faire?''—''C'est bien simple, répond celui-ci; l'armée de Ou est arrivée; il n'y a plus qu'à se battre! C'est nous-mêmes qui l'avons appelée; que demandez-vous encore? Il n'est plus temps de délibérer; il faut agir!''

Les gens de Ou prirent la ville de *Tong-yang* 東陽; ils passèrent
la nuit à *Ou-ou* 五吾; le lendemain ils étaient à *Ts'an-che* 鼉室 [1]
Kong-ping Keng 公賓庚 et *Kong-kia Chou-tse* 公甲叔子, généraux
de Lou, livrèrent bataille près de *I* 夷. Chou-tse et *Si-tchou-nieou*
析朱鉬 furent faits prisonniers, et présentés au roi de Ou. Fou-
tch'ai dit: "Ces généraux se tenaient sur le même char de guerre, et ne
craignaient pas la mort; ce sont des hommes capables; nous n'avons
rien à espérer de notre entreprise!" Le lendemain, l'armée de Ou se
trouvait à *Keng-tsong* 庚宗; ensuite elle campa à *Se-chang* 泗上.
Le commentaire observe que les gens de Ou n'avaient pas pris un seul
jour de repos. *Wei-lou* 微虎 grand officier de Lou, proposa d'aller
pendant la nuit attaquer le camp ennemi. Lui-même choisit sept
cents hommes parmi ses meilleurs soldats; devant sa tente on fit l'essai
de leur habileté, en les faisant sauter à trois reprises. Trois cents
hommes, en tout, furent trouvés bien exercés; parmi eux se trouvait
Yeou-jo 有若 (disciple de Confucius). Ils se tenaient encore près de
la porte *Tsi-men* 稷門, quand on vint dire à *Ki-suen* 季孫, ministre
de Lou: "Ces trois cents hommes ne vaincront pas l'armée de Ou; nous
ne ferons que perdre en vain ces braves; le mieux serait de laisser là
cette entreprise." De fait, on y renonça. Quand Fou-tch'ai apprit
cette nouvelle, il craignit une surprise; aussi pendant cette nuit, il
ordonna trois fois de changer le campement. Finalement, le duc de Lou
conclut la paix avec le roi de Ou.

Sur le point de conclure le traité, King-pé dit: "Quand en 582
l'armée de *Tch'ou* 楚 assiégea la capitale de *Song* 宋, les habitants
échangèrent entre eux leurs enfants, pour les manger; ils brûlèrent
des ossements humains pour faire la cuisine. Malgré l'extrémité à
laquelle ils étaient réduits, ils refusèrent de traiter de la paix tant que
l'ennemi resta aux portes de la ville. Nous autres, nous ne sommes pas
encore arrivés à ce point de détresse. Traiter de la paix à nos portes,
c'est nous avilir nous-mêmes. L'armée de Ou est peu approvisionnée,
et loin de son pays; elle ne peut pas rester longtemps ici; elle a
absolument besoin de rentrer chez elle; ainsi temporisons un peu!" On
ne voulut pas suivre ce conseil. Alors King-pé lui-même, portant le
projet de paix, s'en alla par la porte *Lai-men* 萊門 au camp de
Fou-tch'ai. Le duc proposait de laisser King-pé comme otage à la cour de

---

1 Tong-yang est actuellement le bourg de *Koan-yang tch'eng* 關陽城, à 7 ly sud-
ouest de *Fei-hien* 費縣, préfecture de *Yen-tcheou-fou* 兗州府, Chan-tong. Ou-ou
est à l'ouest de Fei-hien, et se nomme Ou-ou-tch'eng. Ts'an che est au nord de Fei-hien.
(Edition impériale, vol. 37, p, 2).

Ou, ce qui fut agrée de Fou-tch'ai; mais en revanche il demandait *Kou-ts'ao* 姑曹, un des princes de la famille royale de Ou, comme otage. Fou-tch'ai n'y consentit pas. Il fit simplement un traité de paix; après quoi il rentra dans son royaume.

Le commentaire dit que Confucius ne parle pas de ce fait; parce qu'il était honteux de voir un prince chinois traiter d'égal à égal avec un barbare comme le roi de Ou. De plus, la paix avait été conclue aux portes même de la ville; d'autres principautés, quoique réduites à la dernière extrémité, avaient été plus fières, et avaient refusé semblable humiliation. Enfin, jamais aucun ennemi n'était encore parvenu jusqu'à la capitale du duché.[1] On conçoit qu'il répugnât à Confucius d'enregistrer dans ses annales un tel abaissement de son pays.

Précédemment, en 489, *T'ao* 悼, prince héritier de *Ts'i* 齊, était venu voir le duc de Lou. Le premier ministre Ki K'ang-tse lui avait promis sa sœur en mariage. Parvenu au trône, T'ao envoya une ambassade chercher sa fiancée; mais dans l'intervalle elle avait été violée par *Ki-Fang-heou* 季魴侯, oncle du premier ministre; celui-ci n'osa pas l'envoyer dans cet état. Là-dessus, grande colère du prince de Ts'i. A la 5ème lune, il ordonna à *Pao-mou* 鮑牧 son premier ministre d'envahir le duché de Lou; deux villes furent prises, à savoir *Hoan* 讙 et *Tch'an* 闡.[2] De plus, T'ao envoya une ambassade à Fou-tch'ai, pour le prier de l'aider à venger l'injure qu'il avait reçue. Le duc de Lou rendit la liberté à son prisonnier, le prince de *Tchou* 邾, de crainte que les gens de cette principauté ne fissent cause commune avec les rois de Ts'i et de Ou. Rentré chez lui, le prince de Tch'ou se conduisit si mal que le roi de Ou ordonna à son ministre Pé-p'i d'aller le punir. Il fut pris de nouveau, et enfermé dans une haute tour environnée d'épines; à sa place on mit sur le trône son fils, le prince héritier *Ko* 革; et les grands personnages de ce minuscule royaume furent contraints de venir saluer leur nouveau maître.

Le commentaire fait encore observer que Confucius ne mentionne pas cette guerre, parce que l'ennemi n'avait pas assiégé la capitale; puis la paix avait été vite conclue, le duc ayant cédé les deux villes conquises par T'ao. Enfin, c'était une règle générale: ce qui n'était pas honorable pour le duc régnant ne pouvait pas être inscrit dans la chronique du pays. *Kong-yang* 公羊 et *Kou-leang* 穀梁 prétendent que T'ao fit

---

1 Elle se nommait *Kiu feou* 曲阜, maintenant dans la préfecture de *Yen-tcheou-fou* 兗州府, Chan-tong.

2 Tch'eng est maintenant *Ning-yang-hien* 寧陽縣, préfecture de *Yen-tcheou-fou* 兗州府, Chan tong. (Edition impériale vol. 37, p. 3).

cette expédition pour se venger de la prise de *Tchou* 邾. Cette raison n'empêche pas l'autre; le prince de Ts'i a pu agir pour les deux motifs à la fois. (Voir, pour plus de détails, l'Edition impériale, vol. 37, p. 3).

Au printemps de 485, ce même roi de Ts'i envoya *Kong-mong Tcho* 公孟綽 dire à Fou-tch'ai qu'on n'avait plus besoin de son armée, puisque la paix était conclue avec le duc de Lou. Fou-tch'ai se fâcha: "L'an dernier, dit-il, moi, homme de peu, j'ai obéi à vos ordres; cette année vous changez d'avis; lequel des deux mandats dois-je exécuter? Je vais aller avec mon armée demander vos intructions." L'année suivante il attaqua le roi de Ts'i lui-même. En attendant, il accomplit de grands travaux dans son royaume.

En 485, pendant l'automne, il entoura de murs la ville importante de *Han-keou* 邗溝;[1] puis il creusa un canal pour faire communiquer le fleuve *Hoai* 淮 avec le *Yang-tse-kiang* 揚子江. Le commentaire dit: ainsi l'on pouvait par eau communiquer au nord jusqu'au lac *Chë-yang-hou* 射陽湖, au nord-ouest, jusqu'à *Song-k'eou* 宋口,[2] ce qui facilitait le transport des vivres. Cette nouvelle voie devint plus tard le canal impérial. Cette année-là, Fou-tch'ai ne faisant pas la guerre employa ses soldats à creuser ce canal, afin de pouvoir par eau communiquer avec les régions du nord (c'est-à-dire les pays à proprement parler chinois). [Sur ce canal, voyez la note placée en Appendice]

"En hiver (484), vint un messager du roi de Ou, nous disant de préparer une armée pour faire la guerre au roi de *Ts'i* 齊. Le duc se joignit donc à ce prince, comme il l'ordonnait" Ce sont les expressions très brèves de Confucius.[3] Allons chercher les détails de cette expédition dans notre Tsouo K'ieou-ming.

Le duc se joignit avec le roi de Ou, ainsi que les princes de *Tchou* 邾 et de *T'an* 郯 pour attaquer le royaume de *Ts'i* 齊 par la frontière méridionale. L'armée campa à *Si* 息, ville de Ts'i.[4] Alors les gens de Ts'i massacrèrent leur propre prince *T'ao* 悼, et en avertirent l'armée ennemie. A cette nouvelle, Fou-tch'ai alla pendant trois jours le pleurer en dehors du camp. De plus, ayant appris que *Siu-tcheng* 徐承, un de ses grands officiers, avait été battu avec sa flotte par les gens de Ts'i, il s'en retourna dans son royaume.

---

1 Maintenant, c'est *Yang-tcheou-fou* 揚州府 (Kiang-sou).

2 C'était, comme l'indique le caractère chinois, le port par excellence du royaume de Song; mais l'endroit n'est pas indiqué; on ne sait pas au juste où il se trouvait.

3 On voit avec que le facilité tous ces rois et roitelets faisaient et rompaient leurs traités de paix ou d'alliance! Cela soit dit, une fois pour toutes.

4 Confucius ne mentionne pas les troupes de Tchou et de T'an, parce qu'elles étaient mêlées avec les soldats de Lou. (Commentaire).

Confucius écrit: "Le prince de Ts'i mourut" sans dire qu'il fut tué par son peuple. Il y a de longues dissertations pour concilier les deux textes. Les uns pensent que Confucius donne purement le texte de la dépêche officielle; il y a plusieurs cas, en effet, où il ne mentionne pas la mort violente, quoiqu'il en eût connaissance. D'autres auteurs affirment que le roi de Ts'i est vraiment mort de maladie; mais que les gens du pays prétendirent l'avoir tué, comme étant cause de cette invasion; et cela pour apaiser le ressentiment de Fou-tch'ai. (Edition impériale, vol. 37, p. 6).

"En automne (même année), il vint un messager de Ou nous dire de préparer (de nouveau) une armée" (Confucius). Le commentaire ajoute que c'était pour envahir derechef le royaume de Ts'i, puisque la précédente expédition avait été malheureuse. Mais avant l'entrée en campagne, voici que survint une complication inattendue: En hiver, *Tse-ki* 子 期, premier ministre de *Tch'ou* 楚, attaqua le prince de *Tch'eng* 陳, pour avoir fait, sans son aveu, un traité de paix avec Fou-tch'ai. Celui-ci aurait envoyé le fameux *Ou Ki-tcha* 吳 季 札 au secours de Tch'eng. Mais il paraît que ce vieux "saint" aurait mandé à Tse-ki les paroles suivantes: "Nos deux rois ne pratiquent pas la vertu; c'est de vive force qu'ils veulent s'imposer comme chefs des princes; mais nos deux peuples, quel mal ont-ils fait? Pourquoi doivent-ils encourir ces calamités? Je vous propose de me retirer avec mes troupes, pour vous laisser la gloire de la victoire. Ainsi je cultiverai la vertu; le peuple n'aura rien à souffrir." Là-dessus, il se serait retiré.[1]

A la 5ème lune de l'année 483, le duc de Lou se joignit donc au roi de Ou, et l'on entra sur le territoire de Ts'i. Comme nous l'avons vu souvent pour les autres princes, le roi de Ts'i ne semble pas avoir cherché à arrêter l'ennemi hors de la frontière; oubliant qu'un pays envahi est déjà à moitié vaincu. Au début de la campagne on prenait la ville de *Pouo* 博.[2] Le jour appelé *Jen-chen* 壬 申, l'armée ennemie parvint jusqu'à *Yng* 嬴.[3] Fou-tch'ai commandait les troupes

---

[1] D'abord, cela ressemble fort à une trahison. S'il désapprouvait cette campagne, comme injuste, pourquoi en avait-il accepté le commandement? S'il la jugeait juste, pourquoi trahir ainsi son roi? S'il se sentait incapable de conduire une armée au combat, pourquoi ne cédait-il pas son commandement à un autre? Mais cette singulière glorification du vieux "Saint" n'est qu'un lieu commun des lettrés. C'est d'ailleurs un anachronisme: Ou Ki-tcha aurait eu alors plus de cent ans! Il était fils de Cheou-mong, mort en 585. Or nous sommes en l'année 484!

[2] Au sud-est de *T'ai ngan tcheou* 太 安 州, préfecture de *Ts'i nan fou* 濟 南 府, il y a encore les ruines de l'ancienne ville. (Edition impériale, vol. 37, p. 10).

[3] Ville de Ts'i, près de la montagne *T'ai chan* 太 山.

du centre; *Siu-men Tch'ao* 胥門巢 était avec celles de droite; *Kou-tsao* 姑曹 avec celles de gauche. *Tchan-jou* 展如 conduisait l'aile droite. Le commentaire dit que ces trois généraux étaient de Ou; de quelle aile s'agit-il ici? Peut-être de l'armée du duc; car celle-ci prit part au combat.[1] De l'autre côté, *Kouo Chou* 國書, général en chef de Ts'i, commandait le centre de son armée; *Kao Ou-p'ei* 高無丕 était avec les troupes de droite; *Tsong-leou* 宗樓 avec celles de gauche. L'officier *Tcheng Hi-tse* 陳僖子 dit à son frère *Chou* 書: "Si tu meurs au combat, je réussirai. Tsong-leou convint avec *Liu-k'ieou-ming* 閭丘明 de lutter ensemble jusqu'à la mort. *Sang Yen-siu* 桑掩胥 conduisait le char du général en chef. *Kong-suen Hia* 公孫夏 leur dit: "Vous deux, messieurs, vous combattrez jusqu'à la mort." Sur le point de livrer bataille, Kong-suen Hia ordonna à ses soldats de chanter des chants funèbres. Un autre général, *Tch'eng Tse-hing* 陳子行, dit aux siens de prendre à la bouche un morceau de jade, comme on en met aux cadavres. Un autre général encore[2] dit aux siens de porter chacun une corde longue de huit pieds (pour lier les soldats de Ou; car ceux-ci avaient les cheveux coupés ras). *Tong-kouo Chou* 東郭書 dit: "Quand un homme va trois fois de suite au combat, il doit s'attendre à la mort; aujourd'hui, c'est pour moi la 3ème fois. Il envoya un messager saluer son ami *Hiuen-touo* 弦多 et lui porter un luth avec ces paroles: "Je ne vous verrai plus!" *Tch'eng Chou* 陳書 dit: "A cette action-ci, je n'entendrai que le tambour (qui annonce l'engagement de la bataille); je n'entendrai plus le tam-tam (qui en annonce la fin)." Après toute cette longue énumération de personnages, le commentaire ajoute: les soldats de Ts'i savaient l'armée de Ou puissante et terrible; il fallait donc s'attendre à la mort, sans être sûr de la victoire.

Le jour appelé *Kia-siu* 甲戌, on livra la bataille à *Ngai-ling* 艾陵.[3] *Tchan-jou* 展如 battit Kao Ou-p'ei; mais Kouo Chou battit Siu-men Tch'ao. Fou-tch'ai vint au secours de celui-ci, et vainquit

---

1 Sur le point de livrer bataille, Fou-tch'ai appela *Chou-suen Tche* 叔孫輒, le transfuge de Lou mentionné plus haut. "Quel est votre office?" avait-il dit.—"Je suis aux ordres du ministre de la guerre," avait répondu Chou-suen Tche. Aussitôt Fou-tch'ai lui avait donné une cuirasse, un glaive et une lance, en lui disant: "Distinguez-vous au service de votre prince; soyez humble et obéissant à ses ordres." Il le réintégrait donc ainsi dans sa patrie. Chou-suen Tche fut si touché qu'il ne put articuler une parole. *Wei-se* 衛賜, un disciple de Confucius, alla à sa place remercier Fou-tch'ai disant: Chou-suen Tche en fidèle serviteur de votre Majesté, reçoit ce bienfait avec révérence, et prosterné à terre vous emercie.

2 *Kong-suen Hoei* 公孫輝.

3 Maintenant, c'est *T'ai-ngan-hien* 太安縣, Chan-tong.

enfin le gros de l'armée de Ts'i. On fit prisonnier le généralissime Kouo Chou, avec les généraux Siu K'ieou-ming, Kong-suen Hia, Tch'eng chou, et Tong-kouo Chou. On fit un butin de huit cents chars de guerre en cuir; trois mille cuirasses et autant de têtes ennemies furent offertes au duc de Lou. Le commentaire dit qu'il était à l'armée, mais n'avait pas pris part au combat. Pourquoi? On n'en donne pas la raison; il est dit seulement que le duc s'était joint à Fou-tch'ai dans cette expédition, pour se venger de ce que le roi de Ts'i, dans la précédente campagne, était venu l'attaquer jusqu'aux faubourgs de sa capitale. Quoi qu'il en soit, après cette brillante victoire, il envoya le grand historiographe *Kou* 固 porter au roi de Ts'i la tête du généralissime Kouo Chou.[2] Elle était placée dans un panier neuf, enveloppée de soie noire, avec cette inscription: "Si le ciel n'avait pas connu les méfaits de cet homme, comment aurait-il envoyé notre petite principauté le punir?"

Depuis longtemps il n'est plus question du fameux Ou Tse-siu. Que faisait-il donc pendant ces dernières campagnes? Il paraît avoir été alors en défaveur; ce qui suit l'indique assez. "Quand Fou-tch'ai se préparait à entrer en campagne contre le pays de Ts'i, Keou-ts'ien, roi de Yué amena sa cour pour lui offrir ses hommages et ses félicitations. Fou-tch'ai, ses ministres et les grands, tout le monde reçut force cadeaux; on était enchanté! Ou Tse-siu seul en prit peur et dit: "C'est pour engraisser le peuple de Ou qu'il est venu (non pas par affection). Il fit à Fou-tch'ai la longue remontrance suivante: "Tant que le royaume de Yué subsiste, nous sommes malades au cœur; les deux pays sont égaux en force; lui nous veut du mal; et s'il vient si dévotement nous offrir ses respects, c'est pour mieux atteindre son but. Le mieux serait pour nous d'en finir au plutôt avec lui. Si nous réussissons contre Ts'i, nous n'aurons gagné que quelques arpents de terre rocailleuse, qui ne nous serviront de rien. Mais si nous ne réduisons pas Yué à l'état de désert, Ou certainement périra. Inviter un médecin pour guérir une maladie et en même temps le prier d'en laisser subsister le germe, personne ne fait cela. *Pan-keng* 盤庚, dans son ordonnance dit: "S'il y a des gens rebelles, je leur couperai le nez, je les anéantirai. Je ne permettrai pas que la mauvaise herbe soit transplantée dans cette ville." (Cf. Zottoli, III, p. 395). Voilà pourquoi la dynastie *Chang* 商 devint florissante! Maintenant, votre Majesté fait juste le contraire. Si vous pensez ainsi devenir chef des princes,

---

2 Kouo Chou était mort sur le champ de bataille; mais son cadavre avais été pris par l'ennemi et décapité.

ce sera bien difficile! Précédemment, le ciel avait remis entre vos mains le royaume de Yué; vous n'en avez pas voulu. L'ordre du ciel va être changé (c'est-à-dire le vainqueur sera vaincu à son tour). Kéou-ts'ien a changé lui-même de conduite: il corrige tout ce qu'il y avait de mauvais dans son gouvernement; il diminue l'impôt, donne au peuple ce qu'il désire, lui enlève ce qu'il déteste. Quand à soi-même, il se restreint; il est généreux envers ses serviteurs et son peuple. Son pays s'enrichit et augmente en population, et bientôt il pourra lever une grande armée. Tant que Yué subsiste, nous sommes comme un homme atteint d'une grave maladie interne. Le roi Kéou-ts'ien n'oublie pas son projet de nous abattre; il prépare ses soldats pour nous surprendre à l'improviste. Votre Majesté n'y fait même pas attention; ce sont les pays de Lou et de Ts'i qui vous tiennent au cœur.[1] Ce n'est pourtant là rien de plus qu'une maladie de peau. Comment eux pourraient-ils franchir la Hoai et le Kiang, pour prendre notre territoire? Tandis que Yué bien certainement s'emparera de nos terres. Pourquoi votre majesté ne se mire-t-elle pas dans les hommes; au lieu de se mirer dans l'eau? Autrefois *Ling* 靈, roi de *Tch'ou* 楚 (539-527) ne sut pas se gouverner; les officiers qui le stimulaient ou blâmaient ne furent point admis. Il bâtit une haute tour sur les bords du fleuve *Tchang-hoa* 章華, fit sculpter un grand tombeau et l'entoura du fleuve Han qu'il avait endigué; tout cela, pour égaler l'ancien empereur *Choen* 舜.[2] Il fatiguait et écrasait son peuple, pour s'emparer des principautés de Tchen et de Ts'ai, tandis qu'il négligeait ses forteresses du nord. Toutes ses pensées l'emportaient vers les états chinois; il n'aspirait qu'aux pays orientaux. Il batailla trois ans sur les bords des fleuves *Tsiu* 沮 et *Fen* 汾 pour soumettre les royaumes de Ou et de Yué.[3] Son peuple ne pouvant supporter les misères de la famine, jointes à de si rudes fatigues, se révolta à *Kan-k'i* 乾谿. Le roi partit seul et quitta le camp; dans sa frayeur il erra trois jours à travers les forêts et les montagnes. Rencontrant son eunuque *Cheou* 疇, il l'appela et lui dit: "Depuis trois jours je n'ai rien mangé!" Ce serviteur se hâta d'accourir, s'assit à terre; alors le roi posa sa tête sur les jambes de

---

1 Quand Fou tch'ai eut accordé la paix au roi de Yué, il donna les ordres les plus sévères pour la mobilisation des troupes; en vue de faire la guerre au royaume de Ts'i; Ou Tse-siu l'en blâma, comme on le voit.

2 Choen fut enterré sur la montagne *Kieou-i-chan* 九嶷山, Chan-si; un cours d'eau entourait son tombeau. (Commentaire).

3 Nous avons vu tout cela sous le roi Yu-mei.

l'eunuque, en guise d'oreiller, et s'endormit. Pendant son sommeil, Cheou plaça une motte de terre sous la tête du roi, et s'enfuit. A son réveil, ne voyant plus personne, Ling se remit en marche, et se traîna jusqu'à la ville de *Ki* 棘; on ferma les portes, sans lui permettre d'entrer. Il se retira donc chez *Chen-hai* 申亥, descendant de l'ancien gouverneur de *Yu-yng* 芋尹.[1] Enfin il finit par se pendre. Chen-hai le prit sur ses épaules, le porta chez lui, attacha ses deux filles vivantes à son cadavre, et l'enterra ainsi. C'est là de l'histoire. Comment un prince pourrait-il l'oublier? Cependant, votre Majesté a changé de système, et ne suit nullement les exemples donnés par le grand empereur *Yu* 禹, qui savait suppléer aux défauts de son père *Kouen* 鯀. Vous bâtissez des tours, vous creusez des étangs, vous fatiguez le peuple de Sou-tcheou. Le ciel nous refuse la nourriture; à la ville et à la campagne on souffre de nouveau de la famine. Or, votre Majesté va encore attaquer Ts'i malgré ces avertissements du ciel. Le peuple de Ou vous a déjà assez en aversion; notre royaume est un blessé. Dans un troupeau de fauves, quand l'une d'elles a reçu une flèche, toutes les autres s'enfuient (c'est-à-dire: à la moindre défaite, vous verrez vos gens fuir comme des cerfs); votre Majesté ne trouvera plus le chemin pour rentrer dans sa patrie; le roi de Yué va certainement nous envahir. Et si plus tard vous vous repentez, ce sera inutile!"[2]

Pour que Fou-tch'ai ait écouté jusqu'au bout une pareille semonce, il lui fallut de la patience. Il était redevable de la couronne, en grande partie, à Ou Tse-siu; c'est pourquoi il supportait de lui ce qu'il n'aurait pas souffert d'un autre. Mais il ne tint nul compte de ces avis. C'était la 12ème année de son règne (483) qu'il entreprenait cette campagne. Après la victoire, il envoya *Hi-se* 奚斯 comme ambassadeur, pour rejeter l'odieux de cette expédition sur le royaume de Ts'i lui-même: "Notre humble roi, dit l'envoyé, conduisait paisiblement les soldats de son chétif pays le long de la rivière *Wen* 汶; ni à droite, ni à gauche, il n'aurait osé molester qui que ce soit. Mais voilà que Kouo Chou, votre général, aide d'une grande masse d'hommes, vint vexer et harceler notre petite armée. Si le ciel n'avait pas connu vos crimes, comment nous aurait-il accordé la victoire?"

---

1 C'était un des officiers de Ling; il était fils de *Ou yu* 無宇, ancien gouverneur de Yu-yng. A ce moment, le roi longeait la rivière *Hia* 夏, et voulait se rendre à la ville de *Yen* 鄢. Chen-hai se dit: mon père a commis deux crimes contre le roi, sans avoir été puni; c'est le plus grand des bienfaits. Alors il se mit à chercher le roi, qu'il trouva près des portes de Ki.

2 Toutes ces récriminations ne cadrent guère avec l'éloge qu'il avait fait de Fou-tch'ai pour exhorter Ho-liu à le prendre pour successeur. Celui-ci n'aurait-il pas eu raison, quand il disait: "Fou-tch'ai n'a pas grand esprit et manque d'humanité!"

Ou Tse-siu, convaincu de la perte prochaine du royaume de Ou, avait en secret envoyé un homme dans le royaume de Ts'i, pour confier son fils à la puissante famille *Pao* 鮑, sous le nom fictif de Wang-suenche.[1] Quand Fou-tch'ai l'apprit, au retour de la campagne, il l'en blâma fortement: "Autrefois, lui dit-il, mon père, homme de vertu et de sainteté, était chéri du ciel; lui et vous étiez comme un couple de cultivateurs qui arrachent de tous côtés la mauvaise herbe; ainsi vous gagniez un grand nom dans le pays de *King* 景 (roi de Tch'ou). Ce fut, noble seigneur, le fruit de votre sagesse. Mais maintenant, devenu vieux, vous ne savez pas vous tenir en repos, ni vous réjouir de vos anciens exploits; à la maison, vous ne faites que ruminer quel mal vous pourriez nous causer; hors de chez vous, vous mordez tout le monde; vous ne faites que renverser et détruire les anciens usages. Le ciel a béni le royaume de Ou; celui de Ts'i s'est soumis. Moi, homme de peu, je ne m'en vante pas; tout cela est le merveilleux effet des cloches et des tambours du défunt roi mon père. Puis-je vous avertir de cela?"

Ou Tse-siu ôta son épée et dit: "Les rois vos ancêtres ont eu d'âge en âge des ministres et des serviteurs, qui les ont aidés à résoudre les problèmes difficiles de leur gouvernement; ainsi ils ont évité de lourdes fautes, et n'ont pas subi de durs malheurs. Maintenant, votre Majesté laisse de côté et éloigne les vieux conseillers; elle s'entoure de jeunes gens, qui abondent dans son sens. Vous dites: 'j'ai mes plans; que personne ne me contredise!' Vous laisser faire serait la pire trahison; ce serait vous aider à bâtir un escalier au malheur. Quand le ciel veut rejeter quelqu'un, il lui laisse en pâture un tas de petites consolations de rien; tandis qu'il lui cache les grandes calamités. Si votre Majesté n'avait pas réussi à souhait dans la victoire de Ts'i vous vous seriez réveillé de votre sommeil, et votre royaume aurait de l'avenir. Si le roi votre prédécesseur a aussi joui de son succès sur le pays de Tch'ou, il avait du moins su le mériter; s'il l'a de nouveau perdu, il y a eu une raison spéciale qui attira ce malheur.[2] Il se servit de gens capables de l'aider dans l'extrémité du danger; et ainsi prévint à temps la ruine qui le menaçait. Votre Majesté n'a encore rien fait pour mériter les bénédictions; et pourtant le ciel vous en a accordé à plusieurs reprises; cela prouve que le sort de Ou sera désormais de courte durée. Je ne puis gagner sur moi de feindre le fou, et de voir de mes

---

[1] 王孫氏.

[2] Laquelle? Ici notre sage est un peu embarrassé; car le prédécesseur et le successeur se valaient. On n'a pas oublié comment Ho liu s'était emparé du trône!

propres yeux comment votre Majesté sera emmenée prisonnière par les gens de Yué. Permettez-moi de mourir avant que cela n'arrive." [1]

Fou-tch'ai lui envoya le glaive *Tchou-liu* 屬 鏤, pour qu'il se donnât la mort. Ou Tse-siu se tua. Mais auparavant il dit: "Vous suspendrez ma tête à la porte orientale (de Sou-tcheou), pour que je voie les gens de Yué venir s'emparer du royaume de Ou. Vous planterez sur mon tombeau un *Catalpa* 檟. [2] Quand il sera assez grand pour servir à quelque chose, le royaume de Ou périra. Ces trois années-ci, il ira en s'affaiblissant: Après la pleine lune, suit la décroissance; telle est la loi du ciel."

Fou-tch'ai mécontent de ces paroles s'écria: "Je ferai de telle sorte qu'il ne voie rien de tout cela!" Il envoya des gens prendre le cadavre; on le mit dans un sac de cuir, et on le jeta dans le canal appelé *Ou-kiang* 五 江, par où s'écoulent les eaux du lac *T'ai-hou* 太 湖 à 40 ly ouest de Sou-tcheou.

Sur la montagne qui est tout près de là, les gens de Sou-tcheou bâtirent une petite pagode; on appela cet endroit montagne de *Ou Tse-siu* 悟 子 胥 山, (ou encore plus simplement *Siu-chan* 胥 山). Ho-liu avait fait creuser ou tout au moins élargir ce canal, pour aller au grand lac T'ai-hou; il y avait fait bâtir une tour, où il se plaisait à considérer les montagnes, le grand lac et les nombreuses barques qui le sillonnaient. On appelle maintenant encore ce lieu: *Siu-t'ai-chan* 胥 臺 山 montagne de la tour de Ou Tse-siu.

Vraiment triste fut le sort de ce grand génie! Devait-il après avoir rendu au royaume de Ou de si éclatants services, s'attendre à une telle fin! Et son dévouement à son pays d'adoption fut la cause de sa mort. C'est un des personnages les plus célèbres et les plus populaires; son nom se trouve partout, mêlé à toutes les légendes et à tous les exploits de ces temps éloignés. Il existe encore un proverbe ainsi conçu: la marée du matin est sous les ordres de Ou Tse-siu; celle du soir obéit à *Ta Fou-tchong* (早潮悟子胥晚潮大夫種 tsao-tch'ao, Ou Tse-siu; wan-tch'ao, Ta-fou Tchong.) Ce qui revient à dire: la marée de Hang-tcheou est terrible, à cause de la colère de Ou Tse-siu contre le royaume de Yué.

(Voir: Kouo-yu, vol. 19, p. 4.—T'ou Lin, vol. 48, p. 10—Ou-kiun tou-king, vol. 2, p. 14—Et encore: Sou-tcheou-fou tche, vol. 9, p. 23.—Yué-ts'iué, vol. 5, p. 2, etc.) [3]

---

[1] T'ou-lin, vol. 48, p. 10, 14—Kouo-yu, vol. 19, p. 4.—

[2] Le nom chinois est Kia; c'est l'arbre à thé amer, nommé aussi *K'ou-tch'a* 苦茶.

[3] Ce recueil raconte les forfaits et les flatteries de T'ai-tsai P'i, le rival de Ou Tse siu, et les querelles qu'ils eurent ensemble.

Pour l'année 482, Confucius écrit: "En été, à la 5ème lune, mourait *Mong-tse* 孟 子 l'épouse du duc *Tchao* 昭." Voici maintenant le commentaire de Tsouo K'ieou-ming: "C'était une princesse de Ou; c'est pourquoi on tait le nom de famille, afin de cacher qu'elle se nommait *Ki* 姬, comme le duc lui-même. On l'appelle Mong-tse, comme si elle eût été de la cour de *Song* 宋. A sa mort, on n'envoya pas la nouvelle officielle aux royaumes amis. Pour le même motif on lui refuse le titre de *fou-jen* 夫 人 (madame). Au retour de l'enterrement, le duc ne la pleura pas; et l'on n'écrivit pas "Madame la souveraine fut enterrée."

Confucius récemment sorti de charge, portait le deuil de la duchesse. Etant allé voir le chef de la famille *Ki* 季, premier ministre, il remarqua qu'on n'y portait pas le deuil; lui aussi changea son vêtement avant l'entrevue.[1] *Hou Ngan-kouo* 胡 安 國 commente ces faits comme il suit: "Le duc Tchao n'a pas observé les anciennes lois de Tcheou; il a pris une princesse de Ou, pour se délivrer de la tyrannie des trois grandes familles; c'est pourquoi celles-ci se montrèrent si peu convenables à la mort de cette princesse. De plus, le duc n'avait pas averti officiellement l'empereur, ce qui était pourtant ordonné par la loi; il ne s'était pas non plus rendu à la pagode des ancêtres, pour la pleurer comme sa légitime épouse. Aussi lui-même ne mourut pas dans son palais; ce qui fut regardé comme une punition du ciel pour avoir négligé l'observation des anciens Rites. (Zottoli, II, p. 261, No. 30).—(Edition impériale, vol. 37, p. 13).

"En été encore, le duc eut une entrevue avec le roi de Ou, à *T'ouo-kao* 槖 皋."[2] Tsouo K'ieou-ming dit à ce sujet: Fou-tch'ai envoya son premier ministre Pé-p'i proposer un nouveau traité d'alliance. Le duc refusa, et chargea Tse-kong, disciple de Confucius, de porter cette réponse: "Les traités ne sont solides que par la fidélité; le consentement mutuel les détermine, les sacrifices les présentent aux ancêtres; les paroles écrites les expriment, les esprits les garantissent. Mon humble prince est d'avis qu'un traité une fois conclu ne peut se changer; sinon il est inutile d'en faire de nouveau. Que notre

---

[1] Confucius manque ici à ses principes, pour complaire au puissant ministre; c'est une tache à sa réputation d'homme intègre par excellence.

[2] Ville de Ou. A 60 ly nord-ouest de *Tch'ao-hien* 巢 縣, préfecture de *Liu-tcheou-fou* 廬 州 府 il y a encore le bourg de *T'ouo-kao-tcheng* 槖 皋 鎭 (Edition impériale, vol. 37, p. 14).

maître et seigneur veuille bien se souvenir du proverbe qui dit: "S'il a besoin d'être réchauffé, on peut aussi le laisser froid "[1]

Le rôi de *Wei* 衞 avait été sommé par Fou-tch'ai d'assister à la prochaine entrevue. Or les gens de Wei avaient précédemment assassiné *Ts'ié-yao* 且 姚 ambassadeur de Ou; c'est pourquoi ils avaient grand' peur. Ils consultèrent *Tse-yu* 子 羽, ministre des relations extérieures, pour savoir comment agir. Celui-ci répondit: "Fou-tch'ai n'a ni foi ni loi; sans aucun doute, il insultera notre prince; mieux vaut ne pas aller à l'entrevue." Le grand officier *Tse-mou* 子 木, reprit: "Il est vrai, Fou-tch'ai n'a ni foi ni loi; or un tel roi est bien capable de faire tort aux autres; si nous voulons éviter toute querelle avec Fou-tch'ai, il faut que notre prince aille à l'entrevue. Un grand arbre qui tombe ne ménage personne dans sa chute; et un chien enragé mord n'importe qui." La conclusion fut que le prince de Wei se rendit en automne à l'entrevue indiquée. Elle eut lieu à *Yun* 鄖.[2]

Là le duc de Lou, le prince de Wei, et le prince de *Song* 宋 nommé *Iloang-yuen* 皇 瑗 firent une convention secrète; mais ils refusèrent tous trois un traité d'alliance avec Fou-tch'ai. Les gens de Ou entourèrent d'une forte palissade la maison habitée par le prince de Wei. *Tse-fou King-pé* 子 服 景 伯, officier de Lou, dit à Tse-kong: "Dans une entrevue de princes, quand toutes les affaires ont été traitées, les hôtes venus à l'assemblée offrent leurs cadeaux; le seigneur du lieu offre à son tour des animaux vivants; c'est ainsi qu'on se dit adieu. Maintenant Fou-tch'ai dépasse les bornes du permis envers le prince de Wei; il l'enferme dans sa demeure pour le vexer. Pourquoi n'iriez-vous pas faire une visite au premier ministre Pé-p'i?" Tse-kong prend un rouleau de soieries, pour l'offrir en cadeau, et demande une entrevue, qu'on lui accorde. Dans l'entretien, Pé-p'i lui dit: "Mon humble souverain aurait bien l'intention d'être le serviteur du prince de Wei; mais celui-ci est venu si tard à la

---

[1] Proverbe chinois dont le sens paraît être: mieux vaut froid que réchauffé.— Le duc refuse donc, mais poliment et avec beaucoup d'à-propos; ce que tous les lettrés célèbrent à l'envi. On sent un homme formé à l'école de Confucius. *Wang-p-o* 王 葆 dit que si le duc n'avait pas eu un homme comme Tse-kong, il n'aurait pu éviter ce nouveau traité d'alliance, bien plus onéreux que le précédent. (Edition impériale. vol. 37, p. 14).

[2] A l'est de *Jou kao hien* 如 皋 縣, préfecture de *To'ng-tcheou-fou* 通 州 府, Kiang-sou; dans la presqu'île de Hai men, près de la grande digue actuelle; au lieu appelé *Li-fa-pa* 立 發 場 (Edition impériale vol. 37, p. 14).

réunion que mon humble maître a douté de sa fidélité; c'est pour cela qu'il a résolu de l'arrêter." Tse-kong de répondre: "Avant de venir, le prince de Wei eut une assemblée de ses notables; les uns étaient pour, les autres contre son départ; voilà pourquoi il s'est attardé; ceux de votre parti étaient pour l'entrevue; si vous arrêtez le prince, vous détruisez votre parti, et vous servez vos ennemis. De plus, si dans une réunion de princes vous agissez ainsi, qui voudra désormais venir aux assemblées? Et comment votre roi pourra-t-il devenir le chef des princes?" Pé-p'i se rendit à ces observations, et relâcha le roi de Wei. Celui-ci retourné chez lui se mit à apprendre le langage de Ou. *Kong-suen Mi-meou* 公孫彌牟, bien jeune alors, fit la remarque suivante: "Bien sûr notre souverain n'échappera pas à son mauvais sort; il finira par mourir chez ces sauvages. Il a été fait prisonnier par eux; et il trouve encore plaisir à apprendre leur langue! Cela prouve qu'il leur est obstinément attaché"! [1] Le commentaire ajoute que de fait il mourut dans le royaume de Yué, réputé aussi barbare que le pays de Ou. (Tou Lin, vol. 48, p. 16).

§ II. CREUSEMENT DU CANAL IMPÉRIAL, DEPUIS YANG-TCHEOU JUSQU'AU HOANG-HO.

ENTREVUE AVEC LES DIVERS PRINCES, à HOANG-TCH'E 黃池 (HO-NAN.)

[2] Après que Fou-tch'ai eût fait mourir Ou Tse-siu, plusieurs années de suite furent des années de disette; le peuple était fort mécontent; malgré cela, le roi s'obstinait à vouloir attaquer de nouveau le royaume de Ts'i. Il creusa donc un profond canal entre les pays de *Chang* 商 (*Song* 宋) et de Lou afin d'accomplir son projet. De peur qu'on vînt lui faire des remontrances, il avait publié un édit ainsi conçu: "Moi, homme de peu, je vais attaquer le royaume de Ts'i; quiconque m'en blâmera sera puni de mort." Le prince héritier *Yeou* 友 sachant que Ou Tse-siu avait été un serviteur fidèle, mais n'avait pu se faire écouter, tandis que le flatteur Pé-p'i s'était emparé du pouvoir, se servit d'une fable pour admonester le roi et le détourner

---

[1] D'où il suit que la langue de Ou n'était pas la langue chinoise; quel était donc ce langage?—Le recueil Yué-t'siué vol. 7, p. 1, dit que les gens de Ou étaient des *sauvages* 夷 狄, ennemis de la Chine; et qu'ils avaient même langage, mêmes mœurs que les gens de Yué.—Voilà tout ce que nous en savons.

Tchao I, vol. 3, p. 15.

de son projet ; il craignait de s'attirer l'indignation de son père s'il le contradisait ouvertement. De grand matin donc, portant des balles et une arbalète, le prince vient du fond du parc, les souliers et les habits complètement mouillés. Fou-tch'ai l'aperçoit. "Comment, dit-il, votre personne est-elle en cet état ?"--"Tout-à-l'heure, répond le prince, j'étais à m'amuser au fond du parc ; entendant le chant des cigales, je désira les voir de près ; elles sont sur de grands arbres, boivent la rosée du ciel et se balancent au mouvement du vent ; leur chant est mélancolique et plaintif ; pourtant elles croient leur sort des plus heureux, elles ne savent pas que la mante grimpera sur l'arbre, allongera ses bras, et les saisira. La mante n'a qu'un désir, c'est de les dévorer. Tout entière à épier le bon moment pour s'élancer sur la proie qu'elle guette, elle oublie que la forêt est pleine de chardonnerets. Ceux-ci à leur tour voltigent çà et là, s'approchent doucement ; puis d'un coup de bec emportent la mante. Ils ne pensent qu'à une chose, c'est que la mante est bien bonne à manger ; et ils ne voient pas le chasseur qui les guette. Celui-ci tend son arbalète, vise l'oiseau ; mais il oublie qu'il est sur le bord d'une mare ; son pied glisse, et le voilà qui roule dans l'eau. Voilà juste ce qui vient de m'arriver à l'instant ; je suis encore bien heureux d'avoir échappé au péril ; car la mare est profonde. Maintenant, trempé de la tête aux pieds, je suis encore un objet de risée pour votre Majesté."--"Vraiment, dit Fou-tch'ai, on ne peut être plus stupide que cela ! Ne voir que l'avantage placé sous les yeux, sans penser aux malheurs qui menacent par derrière, c'est déraisonnable."--"Dans l'empire, reprend le prince, il y a des gens encore bien plus imprévoyants : les ducs de Lou sont les descendants du fameux Tcheou-Kong ; ils ont reçu les instructions de Confucius et de tout temps ils ont été pleins d'humanité, et appliqués à la vertu, sans qu'ils aient eu la convoitise de prendre le bien de leurs voisins. Et voilà que le roi de Ts'i veut attaquer le duc ; il est tout entier à viser son profit ; sans pitié pour son peuple, il ne s'occupe qu'à lever partout des troupes afin d'envahir le duché ; il ne fait pas attention que les soldats de Ou sont déjà sur son territoire, prennent ses provisions, ses trésors, juste récompense de ces guerriers qui ont supporté les ardeurs du soleil sur des chemins d'une longueur de mille ly. A son tour, l'armée de Ou ne pense qu'à abattre le royaume de Ts'i qui n'a pas voulu se soumettre ; elle ne voit pas le roi de Yué qui choisit et exerce ses soldats ; il va pénétrer par le pays des trois fleuves pour envahir le royaume de Ou et l'anéantir. En vérité, dans tout l'empire, il n'y a pas de danger plus pressant que celui-là." (Lié-kouo tche, vol. 18, p. 18).

Fou-tch'ai ayant entendu cette admonition ingénieuse, n'en persista pas moins dans ses préparatifs de campagne. Voici comment en parle le recueil Kouo-yu (vol. 19, p. 7) : Malgré les années de disette qui suivirent la mort de Ou Tse-siu, Fou-tch'ai leva une armée pour aller guerroyer dans le nord.[1] Il creusa un canal profond entre la principauté de *Chang* 商 (*Song*) et le duché de Lou. Ce canal communiquait au nord avec la rivière *I* 沂 ; à l'ouest avec le fleuve *Ts'i* 濟.[2] Il se servit de ce canal pour se rendre à *Hoang-tch'e* 黃池,[3] où il devait avoir une entrevue avec le roi de *Tsin* 晉. Il conduisit donc sa flotte militaire de la Hoai à la rivière *Se* 泗, puis à la rivière *I* 沂 ; il mit en communication ces deux rivières avec le nouveau canal, et parvint ainsi à Hoang-tch'e. Là il fit les préparatifs d'une grande assemblée de princes.

Keou-ts'ien, roi de Yué, profita de cette longue absence de Fou-tch'ai. Il ordonna à ses deux généraux *Fan-li* 范蠡 et *Ché-yong* 舌庸 de conduire leurs armées le long du rivage de la mer; puis de remonter la rivière Hoai, de manière à couper la retraite aux gens de Ou. Quant à lui-même, il conduisait l'armée du centre le long du *Ou-kiang* 五江, canal qui va de Sou-tcheou à Hang-tcheou; il incendiait la fameuse tour Kou-sou-t'ai, détruisait le tombeau de son vainqueur Ho-liu, et s'emparait enfin du vaisseau royal. (Kouo-yu, vol. 19, p. 7).

---

[1] C'est donc en 482-481.

[2] Cette rivière I était dans la partie est du duché de Lou. Elle vient de la montagne *Ling-lo chan* 臨樂山 dans la sous-préfecture de *Kai-hien* 蓋縣, et se ette dans le fleuve *Se* 泗. Ts'i (ou encore *Ts'i choei* 濟水) est le fleuve jaune actuel, (*Hoang-ho* 黃河). Longtemps je n'ai pu savoir ce que l'auteur entendait par ce nom. D'après la description, ce ne pouvait être que le Hoang-ho ; pourtant je n'osais en fixer moi-même l'identification ; mais enfin je trouvai la preuve que je cherchais ; elle est à la page 42, de l'ouvrage géographique intitulé *Ti-iu-tou-k'ao* 地興圖考 dont l'auteur est le Père Simon Kiong. S J. Ainsi il est donc historiquement avéré que c'est Fou-tch'ai, roi, de Ou, qui a creusé le canal impérial, depuis le Yang-tse-kiang jusqu'au Hoang-ho. Le recueil Lié-kouo tche le dit expressément ; il ajoute que ce roi employa des myriades de soldats à ce travail. et à la construction des murs de Yang-tcheou. (Lié-kouo tche. vol. 18. p. 18). La partie située entre Yang-tcheou et la Hoai fut creusée en l'année 485, comme nous l'avons dit précédemment; la partie comprise entre la Hoai et le Hoang-ho fut exécutée en 482-481.—C'est ainsi qu'il faut compléter ce que dit le Père Gandar, S.J. sur le canal Impérial, page 8. (Voyez encore l'appendice sur la Canalisation, à la fin de cette histoire).

[3] C'est maintenant *Fong-k'ieou* 封邱, préfecture de *K'ai-fong-fou* 開封府, au nord du Hoang-ho, sur la rive gauche, dans la province du Ho-nan. Au sud-ouest de Fong-k'ieou-hien se trouve encore un kiosque nommé *Hoang-t'ing* 黃亭.— (Edition impériale, vol 37, p, 16.—Tou-lin vol. 48, p. 19.—Kouo-yu, vol. 19, p. 7.— Tchao I, vol. 3, p, 15— Sou-tcheou-fou tche, vol 48, p. 8.—Hou-tsing hien tche, vol. 3, p 2).

KEOU-TS'IEN, ROI DE YUÉ.

Tsouo K'ieou-ming donne des détails intéressants sur cette invasion (vol. 48, p. 19). Voici ce qu'il en raconte: A la 6ème lune de l'année 481, la 13ème du duc *Ngai* 哀 (494-467), le jour nommé *Ping-tse* 丙 子, le roi de Yué envahit le pays de Ou par deux endroits différents. *Cheou Ou-yu* 疇 無 餘 et *Ngeou-yang* 謳 陽, deux généraux de son armée, vinrent directement du sud, et parvinrent les premiers jusqu'aux faubourgs de la capitale. A ce moment, *Yeou* 友 le prince héritier, puis *Wang-tse Ti* 王 子 地 un autre prince, avec *Wang-suen Mi-yong* 王孫彌庸 et *Cheou Yu-yao* 壽於姚 examinaient du canal *Hong* 泓 les opérations des envahisseurs. Tout-à-coup Mi-yong apercevant le drapeau de *Kou-mié* 姑蔑[1] s'écria: "Voilà le drapeau de mon père (celui-ci avait été fait prisonnier, et son drapeau saisi); il n'est pas possible que je voie ainsi mon ennemi sans le tuer !" Le prince héritier lui dit: "Si nous livrons bataille en ce moment sans remporter la victoire, nous risquons la perte du pays tout entier; allons plus doucement !" Mi-yong n'écoute pas ce conseil; il prend avec lui cinq mille soldats, et part aussitôt; le prince Ti le suit dans ce coup de main; le jour *I-yeou* 乙 酉 on livre bataille; Mi-yong fait prisonnier le général Cheou Ou-yu; le prince Ti prend de son côté Ngeou-yang, l'autre général. C'était un beau fait d'armes. Mais voici Keou-ts'ien lui-même qui arrive. Le prince Ti garde la capitale. Le jour nommé *Ping-siu* 丙 戌 une nouvelle bataille est engagée; les gens de Ou sont complètement battus; le prince héritier Yeou, avec Mi-yong et Cheou Yu-yao sont faits prisonniers. Le jour nommé *Ting-hai* 丁 亥 Keou-ts'ien entre dans la capitale. Des courriers partent en toute diligence pour avertir Fou-tch'ai de ces désastres. Mais pour ne pas laisser se propager cette mauvaise nouvelle, celui-ci de sa main tue les sept envoyés dans sa tente. (Tou Lin, vol. 48, p. 20); et puis il continue les préparatifs de l'assemblée.

A la 7ème lune, au jour nommé *Sin-tcheou* 辛 丑, on se réunit pour le traité d'alliance. A ce moment s'élève une grande dispute de préséance entre Fou-tch'ai et le roi de *Tsin* 晉; lequel des deux doit le premier se teindre les lèvres du sang des sacrifices? Fou-tch'ai dit: "Si l'on examine la généalogie de la maison impériale Tcheou, c'est moi qui vous surpasse; puisque je suis descendant de T'ai-pé." Mais le roi de Tsin réplique: "De tous les membres de la famille *Ki* 姬, c'est moi le chef. Voyant que la querelle s'envenime, *Tchao-yang* 趙 鞅 premier ministre de Tsin, appelle *Yng* 寅 le

---

[1] C'est maintenant *Long-yeou-hien* 龍 游 縣 préfecture de *Kiu tcheou fou* 衢 州 府 Tché kiang. (Edition impériale. vol. 37, p. 18).

ministre de la guerre: "Le soleil va se coucher, lui dit-il, et l'affaire ne s'arrange pas; la faute en est à nous deux; vite, faites battre le tambour, rangez vos soldats en ordre de bataille, et commençons la charge; ainsi le sort des armes décidera qui est le premier, qui le second!"—"Un moment! répond Yng, permettez que j'aille d'abord examiner." De retour, il continue en ces termes: "Ceux qui ont coutume de manger de la viande, n'ont pas la figure noire. Comment donc celle de Fou-tch'ai est-elle noire? Sa capitale serait-elle prise? le prince héritier serait-il mort? Des sauvages comme lui n'ont pas de suite dans leurs entreprises; ils n'ont pas la patience d'attendre; je vous prie de temporiser un peu."

Fou-tch'ai, avant cette querelle, avait désiré conduire le duc de Lou faire ensemble une visite au roi de *Tsin* 晉. Mais le ministre *Tse-fou King-pé* 子 服 景 伯 avait habilement berné l'envoyé de Fou-tch'ai: " Quand l'empereur, avait-il répondu, réunit les princes en assemblée, son premier ministre les conduit tous à la cour impériale. Si c'est le chef des princes qui a convoqué la réunion, alors c'est le marquis lui-même qui conduit les vicomtes et les barons saluer le chef commun. De l'empereur au plus petit des princes, il y a de la différence et de l'inégalité entre les audiences, les visites, les cadeaux. Pour cette raison, notre petit état doit vous offrir un tribut bien plus grand qu'au roi de Tsin; nous vous l'avons toujours payé bien fidèlement; et cela, parce que nous reconnaissons votre roi comme chef des princes. Aujourd'hui vous voulez conduire notre duc faire une visite au roi de Tsin; vous reconnaissez donc celui-ci comme votre supérieur? Ainsi nous devrons faire un changement dans la manière d'offrir le tribut. Nous avions fourni une contribution de guerre de huit cents chars; aujourd'hui vous nous traitez comme un vicomte ou un baron; nous allons donc vous fournir la moitié de ce que donne le prince de *Tchou* 邾; et à l'exemple de celui-ci nous allons désormais servir le roi de Tsin. Enfin, vous aviez réuni les princes en qualité de chef; si maintenant vous n'agissez qu'en marquis, quelle utilité en avez-vous?"

Là-dessus, les gens de Ou renoncèrent à ce dessein, et n'en parlaient plus. Plus tard ils se repentirent d'avoir abandonné ce projet; s'apercevant qu'ils avaient été leurrés par Tse-fou King-pé, ils voulaient le saisir. "Ma maison est assurée pour l'avenir, dit celui-ci, puisque j'ai déjà de la postérité; volontiers je vous suivrai avec mes deux chars et mes six hommes; soit plus tôt, soit plus tard, comme vous voudrez." Sur ce, les gens de Ou le prirent et l'emmenèrent avec eux. Arrivés à *Hou-yeou* 戶牖,[1] King-pé dit au premier ministre de Ou : Le 1er jour (上 辛) de la 10ème lune, le duc doit offrir des sacrifices au seigneur du ciel 上 帝, et aux ancêtres ; le dernier jour *Ki-sin* 季 辛, le sacrifice sera terminé ; d'âge en âge, ma famille y a rempli une fonction ; depuis le duc *Siang* 襄 (572-541), jamais nous n'y avons manqué. Si je ne m'y trouve pas, le chef du temple en accusera votre roi.[2] De plus, vous reprochez au duc de n'être pas obéissant ; pour le punir, vous saisissez un homme de peu comme moi ; par là quel mal faites-vous au duc?'' Ayant entendu ce discours, le premier ministre de Ou dit à Fou-tch'ai : " Cet homme a raison ; en le tenant captif, nous n'atteignons pas son maître, et nous perdons notre réputation ; le mieux serait de le renvoyer.'' Fou-tchai le relâcha donc aussitôt.[3]   (Tou Lin, vol. 48, p. 20)

Mais il est grand temps de revenir à des récits plus sérieux. Le recueil Kouo-Yu (vol. 19, p. 7) dit qu'après avoir reçu les mauvaises nouvelles de sa capitale, Fou-tchai avait réuni en conseil les grands du royaume qui suivaient son armée. "Le roi de Yué, leur avait-il dit, homme sans foi ni loi, a violé ses traités d'alliance, et envahi notre royaume. Or, pour rentrer chez nous, le chemin est long. Vaut-il mieux partir de suite, et abandonner nos projets élaborés avec le roi de *Tsin* 晉, ou bien vaut-il mieux conclure un traité avec ce roi, et lui laisser la préséance? Que vous en semble?—*Wang-suen Yong* 王孫 雄 répondit: "Dans une question dangereuse comme celle-ci, nous ne garderons pas l'ordre des rangs pour parler ; permettez-vous que je donne le premier mon sentiment? Je dis donc: les deux moyens proposés sont désavantageux. Si nous nous hâtons de partir, sans avoir fait la convention projetée, l'invasion de notre pays sera publiée partout ; notre armée sera effrayée, et se dispersera. Nous sommes loin de chez nous ; et nous n'avons point de forteresse sur la route pour nous y réfugier. Alors les princes de *Ts'i* 齊, de *Song* 宋, de *Siu* 徐, et les sauvages riverains de la *Hoai* 淮 se diront: le royaume de Ou, est abattu ! ils se mettront sur les deux côtés de notre canal, nous

---

[1] C'est maintenant le bourg de *Tong-hoen-tch'eng* 東昏城, au nord-est de *Lan-yang hien* 蘭陽縣, préfecture de *K'ai-fong fou* 開封府, Ho-nan. (Édition impériale, vol. 37, p. 19).

[2] Le commentaire ajoute: c'est-à-dire que le chef du temple fera des imprécations contre Fou-tch'ai. King-pé connaissait les gens de Ou ; il les savait adonnés au service des diables et des esprits ; il disait donc cela pour les effrayer.

[3] Ce double incident, si complaisamment raconté, est un lieu commun destiné à montrer comment la fine politique des Chinois savait triompher de leurs voisins barbares, quoique ceux-ci fussent très puissants.

attaqueront à leur aise et nous serons perdus. D'autre part, conclure le traité, abandonnant la préséance, nous ne le pouvons pas non plus. Le roi de Tsin tient déjà le pouvoir, comme chef reconnu des princes; s'il peut nous forcer à nous désister, il pourra se présenter joyeux devant l'empereur, et se vanter d'avoir remporté sur nous une belle victoire. Partir sans traité, c'est proclamer nous-mêmes l'invasion de notre pays; une révolte serait à craindre dans notre armée. Il faut donc obtenir la convention et la préséance."—"Très-bien ! répliqua Fou-tch'ai ; mais quel moyen avez-vous pour cela ?" Wang-suen Yong saluant tous les dignitaires reprit en ces termes : "Le danger est pressant ; nous n'y pouvons rien changer; la mort est sous nos yeux ; quiconque a un expédient pour nous sauver, que celui-là parle le premier." Comme tous se taisaient, il reprit ainsi: " Le chemin du retour nous est fermé ; les autres princes, au contraire, sont proches de chez eux; ils n'auront donc pas lieu de pousser l'affaire à outrance, comme nous ; ils ne tiennent pas à engager une lutte à mort. Ainsi quiconque aime le service et le salut de notre roi doit prendre une courageuse résolution: ce soir même, mettons-nous en ordre de bataille, et provoquons nos adversaires au combat. Que votre Majesté excite l'ardeur de ses gens, en promettant de belles récompenses aux vaillants, et de graves punitions aux lâches; il faut faire en sorte que votre armée méprise la mort. Certainement, les autres princes ne voudront pas en venir jusqu'à cette extrémité : ils vous laisseront la préséance. Une fois cela obtenu, malgré l'année de disette, où nous n'avons rien récolté, ne demandons aucun tribut aux princes réunis; laissons-les partir contents de notre désintéressement. Eux dispersés, le cœur de votre Majesté sera déchargé et se sentira à l'aise pour aviser au retour; alors, qu'on se hâte, ou qu'on aille plus tranquillement, peu importe; nous pourrons exécuter les projets de notre roi."

Fou-tch'ai suivit ce conseil. La nuit venue, il ordonna de préparer les chevaux et de prendre la nourriture; à minuit chacun endossa la cuirasse, saisit ses armes, et prit un tison en guise de lanterne. On baillonna les chevaux, pour les empêcher de hennir. Les soldats étaient placés de manière à former un carré de cent colonnes de cent hommes chacune ; chaque ligne avait son chef portant une clochette sous l'aisselle, et une lance à la main ; chacun d'eux devait planter devant soi un drapeau long et étroit, porter au bras un bouclier en cuir d'unicorne orné de dessins. Dix colonnes avaient un officier plus élevé; celui-ci plantait devant soi un étendard en plumes: il avait à son côté un tambour, à la main une baguette pour le frapper et donner les signaux; sous l'aisselle il tenait un cahier, pour inscrire les mérites et les punitions. Dix drapeaux de plume avaient un général, qui fixait sur son char un étendard orné du soleil et de la lune; il avait de même le tambour, la baguette et le cahier. Tous ces drapeaux et étendards étaient blancs; blanches aussi les cuirasses et les barbes des flèches. Le roi lui-même tenait en main une hache de combat; son char orné d'un étendard blanc était au centre du carré. L'aile gauche de l'armée était disposée de même; mais drapeaux, cuirasses, flèches, tout était rouge comme flamme. L'aile droite, pareillement rangée, était toute en noir.

Voilà donc une armée de trente mille hommes prête au combat; au chant du coq tout était en place; et l'on était à un ly du camp de *Tsin* 晉. A l'aube du jour, Fou-tch'ai tenant en main sa baguette de tambour, se rendit à son char; aussitôt branle-bas général des clochettes, tambours et tam-tam; courageux et lâches criaient à l'unisson, et formaient une clameur formidable; toute l'armée en était électrisée; le ciel et la terre tremblaient à ce vacarme.

L'armée de Tsin épouvantée réparait à la hâte ses remparts de terre, regrettant bien d'être ainsi prise au dépourvu. Son roi, craignant quelque entreprise de Fou-tch'ai, dépêcha son ministre de la guerre *Tong-ho* 董褐 lui demander une explication: "Nos deux rois, dit celui-ci, tenaient leurs armes dans le fourreau; ils traitaient amicalement de la convention qui devait se conclure aujourd'hui, à midi; or voilà que l'armée de votre auguste Majesté a prévenu l'heure convenue, et s'est approchée des retranchements de notre petit camp; oserais-je demander la raison de ce changement?" Fou-tch'ai répond en personne: "L'empereur m'a envoyé un message en ces termes: Mon territoire est étroit et insignifiant; personne ne se soucie d'apporter le tribut obligatoire; en sorte que je n'ai rien à offrir en sacrifice au seigneur du ciel, ni aux esprits, ni aux mânes. [1] Aucun

---

[1] Le texte chinois dit: 上帝鬼神. Le commentaire ajoute que cela signifie 天神人鬼. Le texte se trouve dans le recueil Kouo-yu, vol. 19, p. 10. On le cite comme preuve bien claire, que les anciens Chinois connurent et vénérèrent Dieu sous le nom de *Chang ti* 上帝 (seigneur suprême). Nous admettons que ce texte ne peut guère autrement s'expliquer; il s'agit du suprême dieu, l'empereur du ciel auquel celui de la terre offre les sacrifices. Mais on aurait tort d'en conclure que l'Eglise n'aurait pas dû introduire et imposer l'autre expression 天主 (maître du ciel). Elle a très sagement employé ces deux caractères, parce qu'ils n'offrent pas la moindre équivoque; chose si importante, surtout dans les questions doctrinales. De plus, l'Eglise ne s'occupe pas de philologie; elle ne demande pas ce que les anciens Chinois ont cru ou entendu par ces deux caractères. Une chose importait: choisir un mot clair et sans équivoque pour désigner Dieu. Or, maintenant ces deux caractères 上帝 ne sont plus clairs, n'ont plus un sens fixe, comme on peut le voir par le commentaire. A ces deux caractères Chang-ti (seigneur supérieur ou suprême) qui ne

prince de la famille *Ki* 姬 ne vient à mon secours. L'empereur a envoyé courrier sur courrier pour avertir mon humble personne ; ils se suivaient l'un l'autre sans interruption, jour et nuit. L'empereur est venu aussi auprès de vous autres princes, avec des prières bien humbles ; vous ne vous êtes pas souciés si la paix règne dans la famille impériale. Les gens de *Tsin* 晉, confiants dans leur nombre, se reposent tranquillement chez eux ; ils ne se préoccupent pas de réprimer les agissements des sauvages *Jong* 戎 et *Ti* 翟, ni des principautés de *Tch'ou* 楚 et de *Ts'in* 秦. Vous ne protégez pas vos frères cadets, comme un aîné doit le faire ; au contraire, vous vous prévalez de votre puissance pour opprimer les royaumes de vos frères. Moi, homme de peu, je ne veux qu'une chose, l'ordre. Je conserverai les rangs et les dignités comme les ont établi nos ancêtres ; [1] les surpasser, je ne l'ose ; céder leurs droits, je ne le puis. Quant à la convention d'aujourd'hui, le soleil est déjà bien haut ; je crains que l'affaire ne puisse encore se conclure ; et nous serions la risée de tout le monde. Les armes vont décider si je puis servir votre illustre roi, ou si je ne le puis pas. [2] Les messagers de l'empereur n'ont pas craint une route si longue ; moi en personne homme, de peu, je viens prendre vos ordres, hors de nos retranchements."

Tong-ho allait partir après ce long et dérisoire discours, dont le sens lui était très clair ; quand tout-à-coup Fou-tch'ai appela *Tsouo-ki* 左 畸 général de l'aile gauche, et lui dit : prends *Tse* 茲 greffier du ministre de la guerre, et les cinq centurions qui sont condamnés à mort ; amène-les moi. Tous aussitôt s'avancèrent rapidement, et se coupèrent la gorge, devant le messager de *Tsin* 晉, en guise de salut. Le commentaire fait observer que Fou-tch'ai imitait en cela l'exemple donné en 484 par le roi de Yué. C'était une

semblent pouvoir s'entendre que d'un Etre personnel, intelligent et indépendant, il substitue cet autre terme T'ien (ciel), vague et impersonnel. D'autres auteurs substituent la vertu, l'humanité, etc. Comme les Chinois ont perdu la vraie religion primitive et le monothéisme, pour s'adonner à l'idolâtrie ; de même ils ont perdu la signification du nom même de Dieu ; ils lui donnent toutes sortes d'explications, excepté la bonne. Ce n'est pas sur des éléments si confus et si discutables que l'Eglise catholique peut faire reposer ses termes théologiques. Elle use de son droit en imposant des mots clairs et expressifs pour la transmission de la vraie doctrine. Ainsi a-t-elle fait aux temps des Ariens et des Nestoriens ; ainsi a-t-elle fait au 16ème siècle, contre les sacramentaires.

[1] En d'autres termes, je veux être le chef des princes ; et, en cette qualité, veiller au bon ordre entre eux.

[2] C'est-à-dire: ou je suis vaincu ou vainqueur ; vaincu, je me soumettrai à votre roi ; vainqueur, je recevrai ses hommages, loin de le servir. Les Chinois aiment les euphémismes et les antiphrases, surtout dans leur langage de politesse ou de politique.

sorte de bravade destinée à montrer que tous les soldats de Ou lui
obéiraient de même jusqu'à la mort.

Tong-ho s'en alla porter la réponse. Sur le chemin il rencontra
Tchao-yang 趙鞅 le premier ministre de Tsin, et lui dit : " Moi,
votre serviteur, j'ai remarqué que la figure de Fou-tch'ai semblait
cacher un grand chagrin.[1] S'il lui est arrivé quelque malheur
ordinaire, c'est que sa concubine favorite est morte, ou bien le
prince héritier lui-même, ou enfin quelque chose de semblable est
arrivé ; si c'est un grand malheur, c'est que le roi de Yué a envahi
son royaume. Bref, il est comme une bête fauve poussée à bout ;
il ne faut plus lui chercher querelle. Que votre Excellence lui
accorde la préséance qu'il désire ; ne risquons pas les chances d'un
combat ; mais ne concédons pas cela gratuitement !"[2] Tchao-yang
suivit ce conseil. Le roi de *Tsin* 晉 renvoya de nouveau Tong-ho
dire à Fou-tch'ai : "Mon humble prince n'ose pas se mettre lui-même
à la tête de son armée pour vous donner sa réponse ; il me charge,
moi, votre serviteur, de vous la présenter. Tout-à-l'heure, votre
Majesté se plaignait de ce que le territoire de l'empereur fût si
amoindri, et que les divers princes manquassent à leurs obligations
envers le fils du ciel ; je vous en prie, venez consulter la tortue par
le feu (consulter les sorts) ; elle décidera si c'est à vous de recevoir
l'autorité sur les descendants des empereurs *Wen* 文 et *Ou* 武.
Moi et les autres princes, nous sommes bien proches de l'empereur ;
et nos fautes ne lui échappent pas ; les avertissements et les blâmes
nous arrivent chaque jour. Il m'a dit : "Autrefois, le roi de Ou,
mon oncle[3], ne manquait aucune des quatre époques où il devait
amener les princes me saluer, moi, le premier de tout l'empire.
Maintenant mon oncle a les sauvages sur les bras ; depuis des générations, il a cessé de me rendre ses hommages. En conséquence donc de
cela, l'empereur m'a ordonné, à moi, homme de peu, d'agir envers les
divers états de la famille impériale à la manière de l'ancien duc
Tcheou-kong ; et de consoler ainsi l'empereur dans son chagrin.
Maintenant, votre Majesté est maîtresse de toute la côte orientale ;

---

1 Nous avons vu plus haut que Tsouo K'ieou-ming traduit la même pensée sous une
autre forme, et dit : les gens qui mangent de la viande n'ont pas la figure noire ; c'est à-dire :
étant si bien nourris, ils n'auraient pas la figure abattue, s'ils n'avaient pas quelque grand
chagrin qui les attriste.

2 Quiconque a eu des affaires à traiter avec des Chinois reconnaîtra que ce seul
membre de phrase les dépeint à merveille : accordons d'une main, pour reprendre de
l'autre !—Voyons un peu la curieuse réponse du roi de Tsin au dérisoire discours de
Fou tch'ai Pour des rois sous les armes, c'est trop long ! cela prouve bien qu'ils n'avaient
guère envie de se battre ; mais c'est le cas de dire : à bon chat bon rat.

3 Titre honorifique donné par l'empereur au chef des roitelets (*Pé-fou* 伯父 oncle.)

mais vos titres sont usurpés; la nouvelle en est parvenue jusqu'aux oreilles de l'empereur; l'enceinte qu'il avait désignée à votre Majesté n'était pas bien haute;[1] vous en abusez; vous sautez par dessus; vous aussi vous agissez comme les sauvages (vos ennemis), et vous manquez d'égard à la famille impériale. L'insigne de votre dignité portait inscrit votre rang dans la hiérarchie des princes; c'était vicomte de Ou, et nullement roi. C'est pourquoi tout le monde refuse de vous servir; car nous n'avons dans notre famille impériale ni deux rois ni deux empereurs. Si votre Majesté ne méprise pas le fils du ciel et n'excède pas les justes limites; si elle se contente d'être appelée prince de Ou, moi, homme de peu, oserais-je ne pas obéir à vos ordres? refuserais-je d'être le cadet, tandis que vous serez l'aîné?"

Fou-tch'ai fut sans doute bien content de l'issue qui lui était offerte pour sortir honorablement de l'impasse où il se trouvait. Il accorda ce qu'on lui demandait et renonça à son titre de roi pour porter désormais celui de vicomte. Les troupes se retirèrent dans leurs tentes; on fit le traité de paix; et dans les sacrifices Fou-tch'ai se frotta le premier les lèvres du sang des victimes, le roi de Tsin était seulement le second.

Le bruit de l'invasion de son royaume se répandant de plus en plus, Fou-tch'ai redouta quelque mauvais coup de la part des rois de Ts'i 齊 et de Song 宋. En conséquence, il ordonna à ses deux généraux Wang-suen Yong 王孫雄 et Yong-houo 勇獲 de partir les premiers; de conduire, en qualité d'alliés, toute leur infanterie à travers le pays de Song. Arrivés devant la capitale, ils en brûlèrent les faubourgs. Ils auraient bien voulu en faire davantage; car Fou-tch'ai était furieux contre le roi de Song, parce qu'il n'avait pas daigné assister à l'assemblée de Hoang-tch'e; pour l'en punir, Fou-tch'ai voulait attaquer ce pays, tuer les hommes, emmener les femmes comme esclaves. Pé-p'i lui dit: "Vaincre serait facile; mais nous n'avons pas le temps d'y demeurer ni de l'occuper." Ainsi donc l'armée continua son chemin.

Parvenu dans son royaume, Fou-tch'ai fit la paix avec Keou-ts'ien, roi de Yué; c'était en hiver, l'an 481. (Tou Lin, vol. 48, p. 21).[2]

---

1 Comparaison qui veut dire: l'empereur ne vous faisait pas sentir son autorité, il vous laissait libre.

2 Singulière conclusion! Fou-tch'ai ne livra pas même une seule bataille! Lui si belliqueux acceptait si tranquillement une pareille humiliation! Nous voudrions aussi savoir à quelles conditions fut conclue cette paix. Il n'est rien dit de cela.

Nous venons de voir comment Fou-tch'ai avait forcé le roi de *Tsin* 晉 à renoncer à son titre de chef des princes ou roitelets ; comment à son tour le roi de Tsin fut assez vengé, puisqu'il a forcé Fou-tch'ai à renoncer à son titre de roi. Il faut encore ajouter quelques explications. Primitivement, la dignité du prince de Ou était celle de *Pé* 伯, ou comte ; comme descendant de T'ai-pé, il était le premier prince de ce pays.[1] Mais les roitelets chinois ne lui reconnurent jamais que la dignité de vicomte, ou *Tse* 子. Confucius, dans sa chronique, ne lui donne jamais un titre plus élevé ; ordinairement même, il ne le nomme que "l'homme de Ou ;" car, pour lui, ce n'était qu'un sauvage, non un chinois ; et par conséquent indigne d'un titre quelconque chinois. Nous l'avons vu bien des fois, c'est à contre-cœur, et forcés par la peur de ce puissant roi de Ou, que les princes chinois eurent avec lui des relations, lui donnèrent quelqu'une de leurs filles pour femme ; ou encore prirent pour bru quelque princesse de Ou. Confucius, dans sa chronique, manifeste ouvertement les mêmes sentiments ; quoiqu'en théorie il ait enseigné à ses disciples qu'il faut garder la justice, même envers des sauvages.[2] Mais enseigner et pratiquer sont deux choses bien différentes.

Le recueil *Kouo-yu* 國語, qu'on dit tiré originairement des archives de Ou, nomme ce prince purement et simplement roi. Tsouo K'ieou-ming, qui souvent apporte textuellement ses documents, l'appelle aussi bien souvent roi. En revanche, il passe légèrement sur cette fameuse convention de Hoang-tch'e ; il dit même que le roi de *Tsin* 晉 y avait la première place. *Hiu-han* 許翰 (cité par l'édition impériale, vol. 37, p. 16, etc.) dit que Tsouo K'ieou-ming a sciemment voulu cacher la vérité ; il avait honte de reconnaître qu'un sauvage eût imposé cette humiliation aux roitelets chinois. Il remarque avec raison que, depuis l'assemblée des princes tenue à Song, le roi de Tsin avait renoncé à la préséance ; et cela en faveur du roi de *Tch'ou* 楚 ; comment ensuite aurait-il pu résister au vainqueur de Tch'ou ? Le roi de Ou était devenu le plus puissant de toute la Chine ; il en était véritablement l'empereur, sans en avoir le nom. S'il avait su modérer ses passions, il aurait fini par obtenir ce titre si envié. Avant d'assister

---

1 Il y avait cinq degrés de dignitaires : *Kong* 公 duc, *Heou* 侯 marquis, *Pé* 伯 comte, *Tse* 子 vicomte, *Nan* 男 baron. Les vicomtes avaient pour insigne un morceau de jade rond sur lequel étaient gravés du blé, du riz, et autres céréales ; on l'appelait *Kou-pi* 穀璧, pour indiquer que leur office consistait à nourrir le peuple. Ces morceaux de jade avaient un trou rond dans leur milieu. (Zottoli, vol. 2, p. 62).

2 Voir surtout le *Luen-yu* 論語.

à sa chute, voyons un peu ses faits et gestes, après la dernière et célèbre convention de Hoang-tch‘e.

Il envoya *Wang-suen Keou* 王孫苟, comme ambassadeur extra-ordinaire à la cour impériale, afin d'y annoncer les hauts faits qu'il venait d'accomplir. L'ambassadeur parla donc comme il suit: " Pré-cédemment, les gens de *T‘ch‘ou* 楚, n'ayant ni foi ni loi, ne savaient pas servir la famille impériale; ils voulaient même nous détourner, nous autres qui sommes de cette même famille, de remplir notre devoir envers elle. Mais Ho-liu, mon père, ne leur pardonna pas une telle conduite; il revêtit la cuirasse, saisit l'épée, l'arc et les flèches, fondit sur leurs troupes dans la grande plaine de Pé-kiu (504); le ciel récompensa sa fidélité; les gens de Tch‘ou furent complètement battus; le roi s'enfuit hors de son royaume; nous sommes entrés dans la capitale Yng; notre roi donna des ordres à tous les dignitaires du pays; il offrit les sacrifices aux esprits tutélaires. Malheureusement la discorde s'était introduite dans notre famille royale. Fou-kai, frère du roi, méditant une révolte, était rentré dans le pays de Ou, et voulait s'emparer du trône. Mon père Ho-liu dut revenir pour le combattre, et ne put achever la conquête du royaume de Tch‘ou. *Kien-kong* 簡公, prince de *Ts‘i* 齊, ne sut pas profiter de la leçon infligée à son voisin. Lui aussi ne sut pas obéir à la maison impériale, et tenta de nous détacher de votre dépendance. Fou-tch‘ai ne supporta pas chose semblable; il endossa la cuirasse, saisit son épée, son arc et ses flèches; il suivit le fleuve *Wen* 汶, livra bataille à *Pouo* 博. Malgré le soleil et les pluies, portant nos chapeaux d'été, nous rencontrâmes de nouveau les troupes de Ts‘i à Ngai-ling. Le ciel récompensa encore le cœur droit de notre monarque; les gens de Ts‘i furent obligés de se retirer dans leur pays. Fou-tch‘ai, notre roi, n'ose s'arroger ces mérites; nos communs ancêtres, les empereurs Wen et Ou, ont récompensé la droiture de son cœur. Quand nous sommes revenus dans notre pays, nous y avons trouvé la disette. Malgré cela, nous partions de nouveau en compagne; suivant le Yang-tse-kiang, puis remontant la Hoai, nous creusions un profond canal entre la principauté de Chang (Song) et le duché de Lou, pour faciliter les communications avec les autres rois nos frères. Fou-tch‘ai était as-ez capable pour entreprendre et accomplir de si grands projets; il a osé m'envoyer, moi, Wang-suen Keou, pour en informer vos Excellences, ministres de l'empereur." [1]

L'empereur *King* 敬 (519-475) répondit: " Ainsi donc, mon

---

[1] Par respect pour la Majesté de l'empereur, l'envoyé est censé adresser la parole directement aux ministres présents à l'entrevue.

vénérable oncle vous a ordonné de me faire visite, pour continuer à me rendre ses hommages comme au chef de tout l'empire; j'en ressens une grande joie. Précédemment, la famille impériale Tcheou a reçu du ciel de grandes calamités; elle a dû subir la révolte de son propre peuple. Comment mon cœur pourrait-il oublier ces chagrins? Comment ne pas avoir de la sollicitude en voyant ces troubles et ces agitations de mon peuple. Maintenant, mon vénéré oncle me dit: "Mettons en commun nos efforts, et pratiquons la vertu". Puisque mon vénéré oncle a été capable d'entreprises si grandes, moi, chef de l'empire, je partage votre bonheur. Puisse mon vénéré oncle vivre de longues années, et ne mourir que comblé de prospérités. Que mon vénérable oncle s'attache à la vertu, pour l'accroître de jour en jour."

Après avoir fait la paix avec le royaume de Yué, Fou-tch'ai laissait son peuple en repos; il songeait sans doute à réparer les maux occasionnés par l'invasion. Mais voilà que durant l'été de l'an 479, *Tse-si* 子西 et *Tse-ki* 子期, les deux généraux de *Tch'ou* 楚, vinrent attaquer le pays de Cu. Ils pénétrèrent même jusqu'à *T'ong-joei* 桐汭.[1] Le marquis de *Tch'eng* 陳 envoya l'officier *Kong-suen Tcheng-tse* 公孫貞子 en exprimer ses condoléances à Fou-tch'ai. Arrivé à la ville de *Leang* 良, au pays de Ou, l'ambassadeur mourut; on le mit dans un cercueil; et l'on se disposait à le conduire ainsi jusqu'à la capitale, pour accomplir, même après sa mort, l'ordre reçu de son souverain.[2] Fou-tch'ai envoya son ministre *Pé-p'i* 伯嚭 régaler les gens de l'ambassade, les remercier, et leur dire de retourner dans leur pays. "Nous avons eu des pluies excessives, dit Pé-p'i, et cela en dehors des temps ordinaires; il y a vraiment danger que dans ces forts courants d'eau la barque perde l'équilibre et le cercueil tombe à l'eau. Ce serait augmenter encore le chagrin de notre humble roi. C'est pourquoi il vous remercie, et vous prie de rentrer chez vous." Le secrétaire de l'ambassade, *Yu-yng Kai* 芋尹蓋 répondit: "Notre humble prince a appris que le roi de Tch'ou, homme sans foi ni loi, a envahi votre royaume et massacré votre peuple; c'est pourquoi notre humble prince m'envoie, moi Kai, pour

---

1 C'est-à-dire: Courbe du torrent Joei. Au sud-est de *Koang-te-tcheou* 廣德州, préfecture de *Ning-kouo-fou* 甯國府, il y a le torrent *Tong-choei* 桐水 qui vient de la montagne *Pé-che-chan* 白石山, et se jette dans le lac *Tan-yang-hou* 丹陽湖, au nord-ouest. (Edition impériale, vol. 38, p 4).

2 C'était la coutume. En pareil cas, le secrétaire prenait la parole à la place du défunt.

vous exprimer ses condoléances, à vous les ministres.[1] Malheureusement, l'ambassadeur a rencontré les grandes calamités venues du
destin ; sa vie est tombée à terre ; son fil s'est rompu dans la ville
de Leang[2]. Cela nous a fait perdre beaucoup de temps, et nous
a côuté beaucoup de dépenses ; chaque jour nous avons voyagé pour
hâter notre arrivée. Maintenant, votre noble roi nous envoie un
message nous dire : "Que le cercueil n'entre pas par ma porte !" C'est
donc rejeter l'ordre de notre humble prince comme on rejette des
herbes méprisables. De plus, j'ai toujours entendu dire : "On doit
servir les morts comme on sert les vivants"[3] ; ainsi le veulent
les "rites". D'après ces mêmes rites, l'ambassadeur ou le porteur
de cadeaux qui meurt en route doit remplir son office dans le cercueil.[4]
Si ce royaume où il va est en deuil, il doit rebrousser chemin ; si
nous n'allons pas jusque chez vous, il nous faudra dire que vous êtes en
deuil ; est-ce permis ? Même si l'on s'applique avec diligence à
suivre les rites, on y manque encore quelquefois par inadvertance.
Maintenant, votre Excellence nous dit : "L'ambassadeur étant mort,
rentrez chez vous." C'est donc rejeter les rites ; alors comment pourrez-
vous jamais être le chef des princes ? Les anciens avaient le proverbe
suivant : "Ne regardez pas les cadavres comme impurs" ! Mon
maître ayant reçu un ordre de notre prince, c'est dans le cercueil
qu'il doit l'exécuter ; pourvu que son mandat parvienne aux oreilles
de votre noble roi, peu importe que le cercueil tombe à l'eau et s'y
perde ; ce serait le destin du ciel ; nous ne rejetterons jamais la
faute ni sur le roi, ni sur les bateliers."[5]

---

1 L'excuse mise en avant par ce ministre est un modèle du genre : on se garde bien
de dire la vraie raison pour laquelle on veut renvoyer l'ambassade, on dira plutôt
n'importe quelle banalité! A vous de comprendre, si vous n'êtes pas un sot, ou un sauvage-

2 Nous avons déjà vu que l'ambassadeur n'est pas censé parler au roi, Les condolé
ances sont offertes aux ministres parce que le prince de Tch'eng se croit indigne de les
présenter à un grand roi, comme celui de Ou, qui le surasse infiniment. On ne peut
offrir ses saluts qu'à des égaux.

3 Dans une ambassade, ou audience solennelle quelconque, on ne peut pas prononcer
le triste mot de "mourir", ce serait un mauvais présage, et une grande impolitesse.

4 Le secrétaire fait un sophisme, s'il veut prouver que les morts doivent exécuter les
ordres reçus, comme s'ils étaient encore en vie; mais peut être son intention est-elle
simplement de dire: je sers mon maître en ce moment, comme je le servirais s'il était
encore en vie; je le remplace, comme s'il était simplement malade, et ne pouvait lui-même
prendre la parole.

5 J'ai tenu à traduire cette longue tirade, essentiellement chinoise, qui prouve que les
"rites" ne sont compris que par les chinois pur sang, et restent lettre close pour des sauvages
comme les gens de Ou. Ces derniers sont toujours et nécessairement dupés par leurs
interlocuteurs; ils sont trop bouchés pour saisir de telles finesses.

Là-dessus, les gens de Ou admirent l'ambassade.[1]   (Tou Lín
vol. 49, p. 6—Edition impériale, vol. 38, p. 4)

---

§ III. ANEANTISSEMENT DU ROYAUME DE OU, PAR KEOU-TS'IEN 苟賤 ROI DU PAYS DE YUE 越.

En 477, à la 3ème lune, le roi de Yué revenait à la charge contre
Fou-tch'ai.   C'était pour la dernière fois.   Il voulait anéantir le
royaume de Ou, il y réussit.   Nous allons assister à ce drame qui se
termina sous les murs de Sou-tcheou.   Les détails nous en seront
donnés par le recueil *Kouo-yu* 國語, vol. 19, p. 13.

Fou-tch'ai marcha à la rencontre de l'ennemi, et campa à
Li-tché 笠澤.[2]   *Tchong* 種, le grand-ministre de Yué, fut le
premier qui conçut et proposa cette attaque, dont les suites devaient
être immenses.   Voici son discours : "Précédemment, je disais toujours que le roi de Ou viendrait certainement envahir norre pays.   Or
maintenant il a écrasé son peuple sans aucune prévoyance ; il semble
nous avoir oubliés.   Nous autres, nous ne devons pas nous endormir
dans la paresse.   Depuis longtemps je consulte le ciel ; le moment est
favorable ; le pays de Ou est épuisé par la disette ; sur ses marchés on
ne trouve même pas de riz rouge ; ses magasins et dépôts sont
vides ; son peuple devra se répandre sur les rives de la mer
orientale pour y chercher des roseaux comestibles, des crabes et
des escargots.   Le mécontentement est manifeste.   Il ne sera donc
pas nécessaire de consulter les sorts par la tortue ; les présages sont
visiblement en notre faveur.   Si nous levons une armée, nous
pourrons profiter de l'embarras des gens de Ou ; nous ne leur laisserons
pas le temps de réparer leurs fautes.   L'armée que Fou-tch'ai a
conduite aux frontières est trop éloignée et trop épuisée pour venir au
secours.   Le prince héritier aura honte de ne pas nous livrer bataille ;
il n'aura pas là patience d'attendre le reste de l'armée ; il nous
opposera seulement la réserve laissée dans la capitale.   S'il agit ainsi,
la fortune nous favorise ; et nous serons bientôt maîtres du pays.
Quand l'armée du nord reviendra, il sera trop tard ; elle sera incapable
d'une bataille sérieuse ; il suffira de lui opposer la garnison et le peuple

---

[1] De cette aggression du pays de Tch'ou contre Fou-tch'ai on ne dit plus rien.
Sans doute que les généraux se retirèrent, après avoir fait quelque butin de guerre ; ce fut
donc une incursion en pays ennemi, plutôt qu'une véritable invasion.

[2] A 50 ly sud-est de Sou-tcheou.   L'endroit de la bataille est non loin du *T'ai-hou*
太湖 sur les bords du *Song-kiang* 松江.

de *Yu-eul* 禦兒.[1] Si Fou-tch‘ai s’emporte et dans sa colère nous présente la bataille, tant mieux! Car alors sa plus grande chance consistera dans la fuite. S’il ne veut pas risquer un combat, et vous demande la paix, votre Majesté ajoutera à sa gloire la renommée d’un prince généreux.” Keou-ts‘ien, roi de Yué, approuva ce plan et dit: “C’est parfait! faisons ainsi”![2] Il donna aussitôt l’ordre de lever des troupes pour aller attaquer le royaume de Ou. Nous l’avons vu ensuite faire la paix. Pourquoi maintenant cette nouvelle et décisive campagne? Ecoutons.

Chen Pao-siu 申包胥, grand officier de *Tch‘ou* 楚 déjà connu de nous, se trouvait justement dans le pays de Yué, comme ambassadeur. Keou-ts‘ien lui demanda conseil en ces termes: “Le roi de Ou n’a ni foi ni loi; il veut renverser les temples de nos ancêtres, chasser nos esprits tutélaires, faire table rase de tous nos sacrifices. Moi, je veux en finir avec lui; et j’espère que le ciel bénira la droiture de mon cœur.[3] Les chars de guerre, la cavalerie, les armes, les troupes, tout est prêt; mais je ne sais pas encore comment je dois entrer en campagne. Pourrais-je vous demander votre avis, pour être sûr de réussir ?”

Chen Pao-siu s’excusa d’abord, disant qu’il n’entendait rien aux choses de la guerre. Mais le roi insistant, il répondit enfin: “Le pays de Ou est magnifique; il est puissant, et capable d’imposer la loi à tous les princes et d’en exiger le tribut; oserais-je demander sur quoi votre Majesté s’appuie pour attaquer un tel royaume?”

Keou-ts‘ien dit: “Mon entourage a sa part de tout ce que j’ai moi-même: si je n’ai qu’un verre de vin, un bol de viande, une corbeille de riz, je n’en goûte pas avant d’en avoir donné à mes gens; quand je mange et bois, je ne me livre pas à mon appétit; quand j’entends de la musique, je ne m’abandonne pas tout entier à ce plaisir. Pour me venger du roi de Ou, je m’applique d’abord à me réprimer moi-même; c’est ainsi que j’espère le vaincre dans la bataille”.[4]

---

1 C’est maintenant *Kia-hing-fou* 嘉興府 (Tché-kiang); c’était une forteresse de Yué.

2 Comme l’on voit, ce texte prouve que le projet du premier ministre Tchong avait été déjà proposé en 481, et en partie exécuté, pendant l’entrevue de Hoang-tch‘e. L’auteur chinois le donne ici, à l’année 477, parce que c’est alors que commença le duel à mort entre les deux pays; il attribue à Tchong toute la gloire d’avoir fourni ce plan de victoire définitive.

3 Je veux en finir avec le royaume de Ou! Voilà le plus clair des motifs de cette guerre à mort; les autres prétextes étaient pour ‘la face”.

4 Voilà un lieu commun dans le goût le plus parfait des lettrés. Des tirades semblables sont pour eux la fine fleur des méditations les plus sublimes, dont aucun mortel n’est capable en dehors de la Chine; et cela, parce que les anciens saints et sages sont restés en Chine, et n’ont communiqué leur sagesse qu’à leurs compatriotes. Des étrangers ne peuvent même pas comprendre des leçons si relevées.

Chen Pao-siu reprend: 'Oui, tout cela est bien; mais c'est insuffisant pour l'emporter dans un combat !''

Le roi continue: "Si dans mon royaume il y a des malades, je m'en informe et je les visite. S'il y a des morts, je les enterre; j'entoure les vieillards de tous les soins possibles; j'assiste les nécessiteux. Pour me venger de Ou, je m'applique à tout cela; c'est ainsi que j'espère le vaincre au combat.''

"Oui, c'est très-bien, dit Chen Pao-siu; mais c'est encore insuffisant pour remporter la victoire sur le champ de bataille !''

Keou-ts'ien reprend: "J'ai un cœur de père envers mon peuple; je le traite en fils; je le comble de bienfaits, pour le former à la vertu; je ne suis pas trop sévère dans les punitions; j'accorde au peuple ce qu'il aime; j'enlève ce qu'il déteste; je loue les bons, j'écarte les méchants. Pour me venger de Ou, je m'applique à tout cela; ainsi j'espère le vaincre en bataille rangée.''

Chen Pao-siu de répondre: "C'est très bien; mais cela ne suffit pas encore pour triompher dans un combat.''

Keou-ts'ien poursuit son propre éloge: "Je procure la paix et la sécurité aux riches; je fais l'aumône aux pauvres, je secours les besogneux; je retranche le superflu à ceux qui sont dans l'abondance; de sorte que riches et pauvres ont leur avantage. Pour me venger de Ou, voilà ma sollicitude; ainsi j'espère remporter sur lui la victoire.''

"C'est très bien, dit encore Chen Pao-siu; pourtant cela ne suffit pas pour gagner la bataille.''

Keou-ts'ien achève alors son panégyrique: "Le royaume de Yué, dit-il, a pour voisin au sud le pays de *Tch'ou* 楚, à l'ouest celui de *Tsin* 晉, au nord celui de *T'si* 齊[1]. A aucune époque je n'omets de leur envoyer les cadeaux d'usage: pelleteries, soieries, jades, jeunes garçons, jeunes filles; toujours je me suis montré leur serviteur humble et respectueux. Pour me venger de Ou, voilà ce que je pratique avec soin; ainsi j'espère gagner la bataille.''

"C'est bien, dit Chen Pao-siu, c'est vraiment parfait; pourtant cela ne suffit pas pour être sûr de la victoire. Quand on veut livrer bataille, le premier point nécessaire est la prudence; le second,

---

[1] Tout cela est exact à peu près, indirectement, et médiatement En considérant la carte on voit que le royaume de Tch'ou était au Nord-ouest de Yué, dans la province du Hou-koang actuel; tandis que Yué était dans le Tché-kiang actuel. De même, le royaume de Tsin était dans le Chan-si actuel; le royaume de Ts'i dans le Tche-li actuel. On voit donc que les paroles du roi sont bien vagues et presque inexactes. Ne serait-ce pas une preuve que ce morceau n'est qu'une amplification de lettré. La géographie le touche peu. Encore maintenant un vrai lettré ne connait pas les dix-huit provinces de l'empire; il lui suffit de posséder à fond la sagesse des anciens.

l'humanité; le troisième, le courage. Sans la prudence, on ne sait pas de quels efforts le peuple est capable; on ne sait pas mesurer les forces de l'empire ennemi. Sans l'humanité, on ne sait pas prendre sa part dans les misères inévitables d'une armée en campagne. Sans le courage on n'a pas l'énergie nécessaire pour se décider dans les doutes qui surviennent au cours des opérations; de même, on ne sait pas prendre une forte résolution."

Keou-ts'ien dit: "Vous avez parfaitement raison." Sur ce, il réunit en conseil ses cinq grands ministres, à savoir [1]: *Ché-yong* 舌庸, *K'ou-tch'eng* 苦成, *Tchong* 種, *Fan-li* 范蠡 et *Kao-jou* 皋如: "Le roi de Ou, leur dit-il, homme sans foi ni loi, veut renverser les autels de nos esprits tutélaires. Je veux en finir avce lui; j'espère que le ciel aura égard à la droiture de mon cœur. L'armée est prête; mais je ne sais par où commencer la campagne. J'ai demandé conseil à Chen Pao-siu; il m'a communiqué ses idées; je voudrais aussi avoir vos avis pour être sûr du succès. Que vos Excellences me disent leur pensée, franchement et sans flatterie; car je médite une grande entreprise. Que chacun parle donc à son tour, sans crainte de me déplaire." Ché-yong s'avance et dit: "Il faut savoir distribuer les récompenses; ainsi vous pourrez entreprendre la guerre.— " Keou-ts'ien répond: "C'est une remarque très sage."—K'ou-tch'eng s'avance et dit: "Il faut savoir infliger des punitions; alors vous pourrez risquer une bataille."—Keou-ts'ien répond: "Oui, il faut une discipline sévère."—Tchong s'avance et dit: "Il faut du discernement, pour juger sainement des hommes et des choses; ainsi vous pourrez hasarder une bataille."—Keou-ts,ien répond: "Oui, il faut savoir distinguer entre choses et choses."—Fan-li s'avance et dit: "Il faut de la vigilance; alors vous pourrez livrer bataille.—Keou-ts'ien répond: "Oui, vive la prévoyance!"—Kao-jou s'avance et dit: "Il faut savoir donner les commandements par les tambours et les tamtam pour faire avancer ou reculer l'armée; alors vous pourrez risquer le combat."—Keou-ts'ien répond: "Oui, c'est bien nécessaire" [2].

Aussitôt il ordonne à tous ses dignitaires de publier le rescrit suivant: "Quiconque est capable de porter les armes, doit se rendre à la porte de notre capitale." Tous les guerriers étant réunis, Keou-ts'ien publie l'ordre du jour ainsi conçu: "Quiconque parmi vous a une communication à me faire, qu'il vienne me voir sans

---

[1] Sur Fan-li, consulter le vieux bouquin *Yue-ts'iue* 越絕, vol. 6, p. 4, vol. 7.—Ce ministre étai: un transfuge de Tch'ou.

[2] Tout cela sent le "doctor umbraticus" qui toute sa vie a pâli dans sa chambre sur les livres; et se croit appelé à donner des conseils de haute sagesse aux rois et aux peuples de la terre.

crainte; ma s s'il n'est pas véridique, il doit s'attendre à la mort, non à une récompense. J'accorde cinq jours, pendant lesquels chacun va réfléchir sur ce qu'il peut avoir à me communiquer; après quoi, je ne prendrai plus aucune remontrance en considération"[1]. Après cela, Keou-ts'ien se rend dans ses appartements intérieurs, pour donner ses ordres à la reine. Celle-ci était derrière le paravent placé dans la cour, devant le gynécée. Keou-ts'ien tourné vers le nord du palais [2] dit à la reine: "Dès aujourd'hui jusqu'à nouvel ordre, aucune nouvelle ne doit sortir du gynécée (je ne veux rien savoir de ce qui s'y passera); les affaires publiques n'ont rien à faire chez vous, et ne vous seront pas communiquées. S'il y a quelque chose qui ne soit pas en ordre dans le gynécée, ce sera votre faute; si les affaires publiques tournent à notre honte, ce sera la mienne; je m'entretiens avec vous derrière ce paravent pour la dernière fois, jusqu'au retour de la guerre." Le roi se retire alors; la reine le reconduit, mais reste derrière le paravent, sans le dépasser. On ferme la porte orientale du gynécée ; on la barricade au moyen de mottes de terre ; la reine enlève ses ornements de tête, met la natte de côté, afin de n'être pas tournée vers le sud quand elle serait assise. Désormais on ne balayera plus les chambres.

Keou-ts'ien se rend ensuite au palais extérieur. Là sur le pas de la porte, tourné vers le sud, il intime ses ordres aux grands dignitaires debout devant lui : "Si les terres, leur dit-il, ne rendent pas régulièrement leurs fruits ; si les cultures ne sont pas bien faites; si les armées ne combattent pas jusqu'à la mort ; si les affaires extérieures tournent à notre honte, ce sera ma honte. Dès aujourd'hui, et jusqu'à nouvel ordre, vos affaires respectives ne me seront plus remises[3]. Je vous vois ici pour la dernière fois jusqu'à mon retour de la guerre; Au revoir donc!" Sur ce, le roi sort, reconduit par les dignitaires mais ceux-ci ne dépassent pas le bord saillant du toit du palais. On ferme la porte orientale ; on la barricade avec des mottes de terre ; on place les nattes de côté afin de ne pas s'asseoir tourné vers le sud en l'absence du roi ; et désormais on ne balayera plus les chambres du palais.

---

[1] C'est une thèse favorite chez les lettrés, que plus les conseillers sont nombreux plus la sagesse se fera jour dans les délibérations. Notre Joseph de Maistre dit au contraire que "les ouvrages humains sont fragiles en proportion du nombre d'hommes qui s'en mêlent et de l'appareil de science et de raisonnement qu'on y emploie à priori." (Considérations sur la France, chap. 7. p. 68).

[2] La reine se trouvait en face de lui, tournée vers le sud.

[3] Les affaires extérieures ne vous seront pas non plus communiquées.

Pendant ce temps, Keou-ts'ien s'est rendu au tertre[1] où les officiers et les troupes l'attendent en bel ordre ; il inspecte un moment toute cette armée ; puis au son des tambours s'en va dans sa tente située au centre du camp. Immédiatement on exécute quelques condamnés à mort ; on porte leurs têtes à travers les rangs de l'armée, en disant : "Que personne ne commette de forfaits, comme un tel et un tel, qui se sont laissés corrompre par des cadeaux, ont eu des relations avec l'ennemi et ont tâché d'exciter la révolte parmi les troupes.

Toutes choses étant ainsi bien préparées et bien disposées, le roi prend un peu de repos. Nous allons voir maintenant comment Keou-ts'ien mettra en pratique les avis qu'il a reçus de sa collection de sages. Il s'agit d'amener son armée au point de braver la mort sans sourciller.

Le lendemain donc on levait le camp ; on faisait une journée de marche ; après quoi on exécutait quelques condamnés à mort ; on portait leurs têtes à travers les rangs, en disant : "Que personne ne fasse comme un tel et un tel, qui ont enfreint les ordres du roi." La seconde journée de marche se terminait de même par quelques exécutions ; les têtes étaient aussi portées à travers le camp ; et l'on criait : "Que personne ne fasse comme un tel et un tel ; ils ont enfreint les règlements militaires."

A la troisième halte on avait atteint *Yu-eul* 禦 兒. Là encore on exécutait des condamnés à mort ; on portait leur tête à travers le camp ; et l'on proclamait : "Ne faites pas comme un tel et un tel, qui se sont livrés à la débauche et ont négligé leur office, sans vouloir entendre raison ni remontrance."

Alors Keou-ts'ien ordonna aux officiers de publier d'une manière solennelle, parmi les troupes, l'avis suivant : "Quiconque a dans sa maison un vieux père ou une vieille mère, sans frère cadet pour les soigner, que celui-là vienne me parler." A ceux qui se présentèrent, le roi disait de sa propre bouche : "Moi, je projette de grandes entreprises. Vous, fils de famille, qui avez de vieux parents sans appui, malgré tout vous êtes venu avec moi, voulant verser votre sang pour votre roi ; et ainsi vos parents seraient exposés à tomber dans une fosse et à y rester sans cercueil ; vous, fils de famille, vous m'avez montré vraiment une grande obéissance. Moi, je vous remercie, et vous renvoie dans votre foyer. Attendons que vos parents soient morts ; alors si j'ai une entreprise militaire, revenez et nous prendrons conseil ensemble."

---

1 壇 T'an était un tertre où l'on offrait des sacrifices aux ancêtres p'us reculés. Ici, ce caractère désigne le tertre sur lequel se tenait le général pour inspecter ses troupes. Là aussi se faisaient les publications pour l'armée ; là encore se prêtait le serment de fidélité. (Note du commentaire.)

Le lendemain, nouvelle publication de la part du roi : "Si parmi vous, disait-il, se trouvent des jeunes gens d'une même famille, au nombre de quatre ou cinq, sans avoir laissé chez eux quelque frère plus jeune, qu'ils viennent me voir. A ceux qui se présentèrent il dit : "S'il vous arrivait malheur, votre famille serait éteinte ; choisissez donc parmi vous celui qui doit retourner au foyer." Le jour suivant, encore une publication de ce genre : "Quiconque, disait le roi, a le mal caduc, ou encore a mal aux yeux, que celui-là vienne me voir." A ceux qui se présentèrent, il dit : "Quoique je médite de grandes choses, j'ai compassion de vous ; rentrez chez vous ; ce sera le mieux. Plus tard, si j'ai de nouvelles entreprises, nous prendrons conseil ensemble."

Enfin, le jour suivant, une proclamation plus générale encore, dont voici la teneur : "Si les nerfs ou les forces de quelques-uns parmi vous ne sont pas capables de porter la cuirasse ou les armes ; s'il y en a d'autres qui, malgré leurs efforts, ne peuvent exécuter les ordres militaires ; que tous ceux-là s'en retournent chez eux, sans même venir me voir"[1].

L'armée ainsi allégée d'un bon nombre d'hommes, on leva le camp. Ceux qui étaient restés sous les drapeaux, après ce triage n'avaient qu'un seul cœur. Quelques condamnés à mort furent encore exécutés. Pendant que leurs têtes étaient portées à travers l'armée on criait : "Que personne n'imite tel et tel, qui ne voulaient faire aucun effort sérieux."

L'auteur ajoute qu'après toutes ces proclamations, l'armée fut prête à combattre jusqu'à la mort. Malgré cela, Keou-ts'ien jugea encore nécessaire de publier solennellement l'admonition suivante parmi les troupes : "Je vous avertis tous, qui que vous soyez ; quand le commandement dit : Formez-vous en carré ; si quelqu'un ne se masse pas, il sera mis à mort ; sa femme et ses enfants seront vendus comme esclaves. De même si entendant le commandement : halte ! il ne s'arrête pas ; avancez ! il n'avance pas ; reculez ! il ne recule pas ; gauche ! il ne va pas à gauche ; droite ! il ne va pas à droite ; la même peine sera infligée."

Keou-ts'ien était ainsi parvenu avec son armée à l'endroit où l'attendait Fou-tch'ai. Ils n'étaient plus séparés l'un de l'autre que par le bras du T'ai-hou nommé Song-kiang. Fou-tch'ai en occupait la rive nord, Keou-ts'ien la rive sud. Celui-ci divisa ses troupes en deux corps d'armée ; il choisit six mille des meilleurs soldats pour sa

---

1 Si tout cela est historique, le lecteur se sera déjà demandé pourquoi le roi n'avait pas opéré ce triage avant de se mettre en route Pourquoi emmener ces gens si loin, pour leur dire de s'en retourner?

garde pesonnelle, centre et appui de tout le reste. De part et d'autre on se préparait à une bataille navale pour le lendemain. Quand donc la nuit fut venue, Keou-ts'ien ordonna à l'aile gauche de son armée de se baillonner la bouche, puis de remonter le canal environ cinq ly, et de s'arrêter là. L'aile droite en fait autant de son côté. Vers le milieu de la nuit, il ordonne aux deux ailes d'entrer à gué dans le fleuve, de rester au milieu, et de battre les tambours ! Les gens de Ou entendant ce vacarme, sont grandement effrayés : "Les soldats de Yué, s'écrièrent-ils, nous attaquent de deux côtés !" De suite, à leur tour ils forment deux corps d'armée. Aussitôt Keou-ts'ien commande à sa garde de se baillonner la bouche, et de passer le canal en grand silence. Arrivé à l'autre bord, il fond à l'improviste sur les gens de Ou, et les met en fuite.[1] Les deux ailes de son armée, pendant ce temps, sortent du canal, se joignent à lui, livrent une seconde bataille à *Me* 沒 (endroit inconnu). Entraînés par le succès, les gens de Yué poursuivent Fou-tch'ai jusqu'aux faubourgs de Sou-tcheou, et l'y battent de nouveau ; ils pénètrent dans la ville, et mettent le siège devant le palais royal[2].

Le royaume de Ou n'était pas encore anéanti. Keou-ts'ien consentit à faire avec Fou-tch'ai une paix nuelcoque. Nous allons le voir revenir presque aussitôt donner le coup de grâce.

Au printemps de 475, Keou-ts'ien fit une campagne contre le royaume de *Tch'ou* 楚 ; mais c'était une ruse de guerre ; il voulait par ce moyen endormir Fou-tch'ai, et l'empêcher de faire des prépa-ratifs de défense. (Tou Lin vol. 50, p. 5)

En 474, à la 11ème lune, l'armée de Yué assiégeait de nouveau la capitale de Ou[3]. *Tchao Mong* 趙孟 premier ministre de *Tsin* 晉, était alors en deuil de son père ; et pour cela mangeait très pauvrement ; ayant appris les malheurs de Fou-tch'ai, il se nourrissait encore plus misérablement. Son officier *Tch'ou Long* 楚隆 lui dit : "Le deuil de trois ans, pour ses parents, est la limite extrême ; maintenant, seigneur, vous allez encore au-delà ; je pense que vous devez avoir quelque grand motif.—Tchao Mong répondit : "A l'entrevue de Hoang-tch'e, mon père avait fait un pacte avec le roi de Ou, disant que les joies et les

1 Le canal par lequel les gens de Yué arrivèrent à Sou tcheou, s'appelle encore aujourd'hui Yué-lai k'i (c'est-à-dire : canal par où vinrent les gens de Yué); il est au sud-est de *Leng-kia-chan* 楞伽山 (Sou tcheou fou tche, vol. 44, p. 7).

2 (Kouo-yu, vol. 19, p. 17).—Tou Lin, vol. 50, p. 1.—Edition impériale, vol. 38 p. 8)—Quelle pauvre figure fait ici encore le belliqueux Fou-tch'ai !

3 Comment cette armée se trouvait-elle déjà sous les murs de la capitale ? Fou-tch'ai n'a-t il pas même essayé de ralentir l'investissement ? N'a-t-il livré aucun combat ? Cela prouverait une incurie impardonnable, et il aurait alors bien mérité son sort !

peines seraient désormais communes entre les deux royaumes; voilà que la roi de Yué assiège la capitale de Fou-tch'ai; moi qui ai succédé à mon père, je devrais aller à son secours; mais le royaume de Tsin n'est pas capable de lutter avec celui de Yué; c'est pour ce motif que j'ai encore diminué ma ration."—Tch'ou Long reprit: "Si nous en donnions nouvelle à Fou-tch'ai? Qu'en pensez-vous?"—"Est-il possible de parvenir jusqu'à lui?" demande Tchao Mong.—"Laissez-moi essayer, répond l'officier; et bientôt il se met en route. D'abord il se rend au camp de Yué et dit: "Le roi de Ou a tellement divisé et vexé les Chinois du nord, qu'ayant appris votre nouvelle expédition, tous s'en rejouissent grandement; nous ne craignons qu'une chose, c'est que vous ne réussissiez peut-être pas. Permettez-moi d'aller voir un peu les circonstances" Keou-ts'ien le lui permet. Arrivé devant Fou-tch'ai, il lui parle ainsi: "Tchao Mong, ministre inutile de notre humble roi, a envoyé votre serviteur vous saluer, et vous exprimer son regret de ne pouvoir rien faire pour vous. A l'entrevue de Hoang-tch'e, le père de notre premier ministre a eu le bonheur de faire un traité d'alliance avec vous, affirmant d'un commun accord que désormais joies et peines seraient communes entre les deux royaumes. Votre Majesté est maintenant dans l'embarras; notre premier ministre ne refuserait pas de partager vos malheurs; mais notre royaume est incapable d'une telle entreprise; c'est pourquoi il a envoyé votre petit serviteur vous exprimer ses regrets." Fou-tch'ai le remercie en frappant la terre de son front, et dit: "Moi, prince inutile, j'ai été incapable de servir le roi de Yué, et j'ai ainsi causé le chagrin que ressent votre illustre ministre; grâces infinies à lui, puisqu'il a daigné me saluer!" Sur ce, Fou-tch'ai remet à l'envoyé un petit panier rempli de perles pour son maître; et le charge de lui dire: "Keou-ts'ien me rassasie de calamités; prince inutile, je ne puis même pas mourir honorablement." Ensuite s'adressant de nouveau à l'officier: "Ceux qui se noient, étant sur le point de mourir, rient encore, dit-on; je vais donc vous demander une chose en riant: "Pourquoi *Ngan* 晤, votre grand historiographe a-t-il la réputation d'un sage?"[1] L'envoyé répond: Quand il est en charge, personne ne le hait; quand il est sorti de charge, personne ne l'accuse."—"Oui, reprend Fou-tch'ai, il mérite bien la réputation d'un sage." (Tou Lin, vol. 50 p. 6)

Pendant ce temps, comment allaient les opérations du siège et de la défense? Fou-tch'ai semblait sentir sa fin approcher; il avait grand peur. Il envoya un messager à Keou-ts'ien, proposer encore une

---

1 Il avait dit qu'avant quarante ans le royaume de Ou serait anéanti.

fois la paix. Voici ses paroles: "Précédement, moi, homme de rien, je me suis soumis au roi de Yué[1]; votre Majesté m'ayant assuré qu'elle voulait la paix, et que ses enfants me serviraient d'esclaves; vraiment, il n'y avait pas moyen de refuser la paix à vos ancêtres; craignant d'être puni par le ciel, je n'osais interrompre la suite de leurs sacrifices, et j'accordai la paix que j'ai observée jusqu'à présent. Maintenant, moi, homme sans vertu, j'ai offensé votre sublime Majesté; elle a daigné venir jusqu'à ma petite ville; je vous prie, oserais-je vous demander de faire la paix; tous mes enfants, garçons et filles seront vos esclaves."

Keou-ts'ien répondit: "Autrefois le ciel avait remis le royaume de Yué entre vos mains, vous n'en avez pas voulu; maintenant, le ciel me donne le royaume de Ou; moi, homme de peu, oserais-je désobéir aux ordres du ciel pour obéir à ceux de votre Majesté?" En d'autres termes, il n'accordait pas la paix demandée. Cependant il envoya vers Fou-tch'ai un messager spécial, avec les paroles suivantes: "C'est le ciel qui prend le royaume de Ou, et le donne au roi de Yué; puis-je ne pas l'accepter? L'homme ne vit pas longtemps en ce monde; il n'y est qu'en passant, comme un hôte étranger; il ignore combien de temps lui est accordé; ainsi je prie votre Majesté de ne pas abréger ses jours. Moi, homme sans vertu, je vous enverrai à *Yong-keou-tong* 甬句東 [2]. Vous aurez une suite de trois cents hommes, et autant de femmes; j'espère que votre Majesté y vivra en paix; et ne mourra que quand son temps sera arrivé."

Fou-tch'ai refusa en disant: "C'est le ciel qui envoie ces malheurs au royaume de Ou; ni par devant, ni par derrière il n'y a d'issue pour me tirer de ce mauvais pas; moi seul donc je dois périr, puisque c'est moi qui ai perdu mon royaume et ruiné le temple de mes ancêtres. Territoire et peuple, tout est entre les mains du roi de Yué; quel front serait le mien, si j'osais encore ouvrir les yeux en ce monde?" Mais avant de se donner la mort, Fou-tch'ai envoya un homme

---

[1] Il ne fait pas allusion au traité de paix précédent; mais, par antiphrase, il rappelle à Keou-ts'ien que dans une circonstance analogue, au lieu de l'anéantir, il lui av it accordé la paix.

[2] Ou simplement: Yong-tong, sans le caractère Keou, qui est probablement une particule du patois de ce temps-là—C'est l'île actuelle de *Tcheou-chan* 舟 山, dans le golfe de *Hang-tcheou* 杭 州, Tché-kiang—Elle dépend de la sous-préfecture de *Ting-hai* 定 海 dont elle est éloignée d'environ 30 ly—Keou-ts'ien voulait avoir sous les yeux son rival terrassé, afin de le surveiller de près, et l'empêcher se relever. Sa capitale Koei-ki se trouvait à peu de distance. (Edition impériale, vol. 38, p. 9.).

au tombeau de Ou Tse-siu, son ancien ministre, pour lui dire : "Si les morts n'ont plus de de connaissance, alors c'est fini ! Mais s'ils ont de la connaissance, quel front aurais-je de paraître jamais devant vos yeux ?" Après cela, il se pendit.[1]

C'était en hiver, à la 12ème lune, le jour nommé *Ting-mao* 丁卯 en l'année 372 ; le siège de la capitale avait donc duré deux ans.

Après ce triomphe, Keou-ts'ien se dirigea vers le nord, soumit tous les royaumes chinois, *Song* 宋, *Tcheng* 鄭, *Lou* 魯, *Wei* 衛, *Tch'eng* 陳, *Ts'ai* 蔡 ; les princes de ces pays vinrent, tenant des jades en main, offrir leurs hommages à la cour de Yué.

Toute cette fortune, Keou-ts'ien la devait aux sages conseils de ses ministres ; il avait su les demander, et surtout il avait su les mettre en pratique. (Tou Lin vol. 50, p. 7).

Fou-tch'ai fut enterré avec tous les honneurs dûs à son rang ; son tombeau fut placé sur la montagne *Pei-yeou* 卑猶. C'est une des nombreuses collines qui se trouvent à 30 ly environ au nord-ouest et à l'ouest de Sou-tcheou. Cette agglomération de petites montagnes s'appelle *Yang-chan* 陽山, ou encore *Ts'in-yu-hang-chan* 秦餘 杭山 ; ou encore *Se-fei-chan* 四飛山. Maintenant on y voit une pagode nommée *Tch'eng-tchao-che* 澄照寺 ; Fou-tch'ai y reçoit les sacrifices accoutumés.[2]

Les tombeaux de ses dix-huit fils adoptifs sont tout près de là, c'est-à-dire trois ly à l'est ; là aussi repose sa fille *K'iong-ki* 瓊姬. (Sou-tcheou-fou tche, vol. 43, p. 27)

Le tombeau du ministre fatal, le traître *Pé-p'i* 伯嚭, est un peu plus à l'est, c'est-à-dire à vingt ly seulement de Sou-tcheou, sur la colline *Chen-yeou-chan* 昇猶山. Par ses flatteries, cet homme vil arriva aux plus hautes dignités, capta la confiance de Fou-tch'ai, fut tout puissant auprès de lui, fit mourir son rival Ou Tse-siu, enfin causa la ruine du royaume de Ou.

Tchao I raconte qu'après la conquête de Sou-tcheou, Keou-ts'ien aurait dit à ce traître : "Vous êtes un ministre sans loyauté ; vous avez perdu votre roi et votre pays !" Après quoi il l'aurait fait tuer avec sa femme et ses enfants. (Tchao I vol 3, p. 23)

---

1 Quelle fin misérable, pour le maître d'un grand royaume ! Et nulle trace d'une lutte à outrance ! Pas même le récit d'un seul combat !

2 Cette montagne était fort célèbre sous la dynastie T'ang, par la craie ou la chaux qu'elle fournissait à la cour (en chinois : *Pe-iu* 白堊 ou *Pè-chan* 白磭). Chaque année, il fallait en envoyer une certaine quantité. (Sou-tcheou-fou tche, vol. 44, p. 4.)— (Ou-ti ki, p. 8)—(Mei-li tche, vol. 2, p. 35)—(Ou-kiun tou-king, vol. 2, p. 15)—(Tchao I, vol. 3, p. 23)—

Le Tsouo-tch'oan, vol. 50, p. 9, contredit ce récit; car il parle encore
de Pé-p'i et de son avarice, en l'année 370. Peut-être a-t-il mal fini
plus tard, comme le mérite un traître; mais il ne semble pas avoir
été tué immédiatement après la triste fin de son maître. Dans l'histoire il est connu sous le nom de *T'ai-tsai P'i* 太宰嚭, le grand, le
fameux ministre P'i. (Ou-ti Ki, p. 9.)

Encore un mot sur Fou-tch'ai. D'après le recueil Sou-tcheou-
fou tche (vol. 9, p. 7—vol. 43, p. 27), il aurait réussi à s'enfuir de
sa capitale assiégée. Après avoir marché nuit et jour, jusqu'à extinction, il aurait été pris à *Yang-chan* 陽 山. D'aucuns disent qu'il
fut mis à mort par Keou-ts'ien.

Le recueil historique T'ong-kien Kang-mou (vol. 18, p. 8 à la fin des
petits caractères) dit qu'une partie de la famille de Fou-tch'ai réussit à
s'échapper, et alla fonder le royaume du Japon (倭 *Wo*). Les
Japonais se servent aussi de ce caractère comme équivalent de Yamato.
Chez les chinois, c'est un terme de mépris qui signifie : pays de nains.
(Williams, p. 1057)—Ainsi les familles royales du Japon seraient la
descendance de T'ai-pé, une branche de la dynastie *Tcheou* 周 si populaire en Chine.

Enfin, d'après le recueil Lié-kouo tche. (vol. 18, p. 18), trois des
fils de Fou-tch'ai auraient été relégués en exil dans cette partie du
pays qui forme le Ngan-hoei actuel.

1ᵉʳ APPENDICE.

Sur le Ministre Fan-li 范 蠡 du Royaume de Yué.

Cet homme était originaire du pays de *Tch'ou* 楚. En sa jeunesse, il avait quelquefois l'air d'un fou; d'autres fois, il semblait un génie extraordinaire. C'est le fameux *Wen Tchong* 文 種 qui le découvrit, dans un de ses voyages. Tous deux s'en allèrent ensemble chercher fortune dans le royaume de Ou. Mais là, trouvant Ou Tse-siu en si grand honneur, ils désespérèrent d'y arriver bien haut; ils s'en allèrent donc au pays de Yué. Keou-ts'ien les reçut bien; et eut la sagesse de les mettre chacun au poste qui lui convenait le mieux. Wen Tchong devint ministre de l'intérieur, Fan-li, ministre des affaires étrangères. Wen Tchong conçut et lança de grands projets; Fan-li su les mener à terme. C'est grâce à ces deux hommes, deux lettrés de génie, que le royaume de Yué devint l'état le plus puissant de toute la Chine. (Tchao I, vol. 6, p. 4).

Voici comment la mort de Fan-li est racontée dans le recueil Kouo-yu (vol. 21, p. 9): Après l'anéantissement du royaume de Ou, Keou-ts'ien, rentrant dans son pays, était parvenu jusqu'au lac *T'ai-hou* 太 湖, lorsque Fan-li lui dit: "Que votre Majesté s'applique bien à l'administration de son royaume; votre serviteur n'y rentrera pas!"—Le roi lui dit: "Est-ce que je comprends bien vos paroles?"—Fan-li reprend: "J'ai toujours entendu dire par les anciens que si le roi a des chagrins, le ministre doit s'appliquer de toutes ses forces à l'en délivrer; mais si le roi a subi des affronts, le ministre doit mourir. Or, précédemment, à Koei-ki, votre Majesté a été humiliée[1]; si je ne suis pas mort à ce moment, c'est que je voulais vous venger, et en arriver au point où nous sommes maintenant. Ce qu'un homme pouvait faire a été vraiment fait; je suis content; permettez-moi de subir maintenant la peine que j'ai méritée devant Koei-ki!"[2]—Keou-ts'ien protesta, disant: "Si jamais je parle de cette faute, si à tout jamais je ne proclame tout haut vos grands mérites, que je ne meure pas de belle mort dans le royaume de Yué! Si vous ne m'écoutez pas; si vous vous suicidez, je vais massacrer votre femme et vos enfants!"—Fan-li reprend: "J'ai entendu vos ordres; faites ce que la loi exige; moi, je vais exécuter ce que la conscience me dicte!"

1 La capitale avait été prise par Fou-tch'ai.

2 Voilà une de ces délicatesses de conscience du lettré chinois à laquelle un saint canonisé de l'Eglise ne saurait parvenir. C'est ici un exemple de ces *grandiloquia verba paganorum* dont parle St. Augustin. Les paroles ne leur coûtent guère.

LE MINISTRE FAN-LI

范蠡

Sur ce, il se jette dans une légère embarcation, et pousse vers l'intérieur du T'ai-hou. Personne ne sait ce qu'il advint de lui.

Keou-ts'ien lui fit faire une statue de bon métal, il alla lui-même la vénérer, puis ordonna à toute sa cour d'en faire autant.

Tout ce récit sent le lettré ronflant de hauts faits dans son cabinet de travail. Qu'y a-t-il là d'historique?

D'autres livres racontent qu'il quitta le roi de Yué, se mit au service du roi de T'si 齊, y ramassa une fortune colossale, devint ministre tout puissant; puis, en vrai lettré, distribua ses richesses à ses amis, résigna sa haute dignité et s'en alla se promener par monts et par vaux. Trouvant un site convenable pour un ermite, il s'y établit. En cultivant paisiblement la terre, il gagna de nouveau une fortune fabuleuse!

Bref, tout est imagination dans ces récits. Donc inutile d'y insister davantage.

CARTE CHINOISES DU OU-SONG-KIANG.

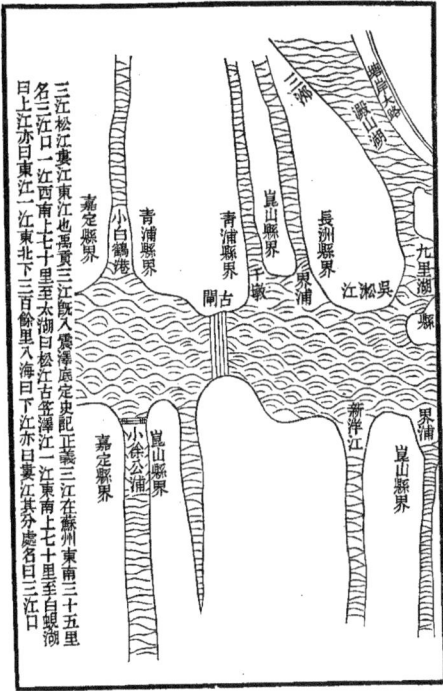

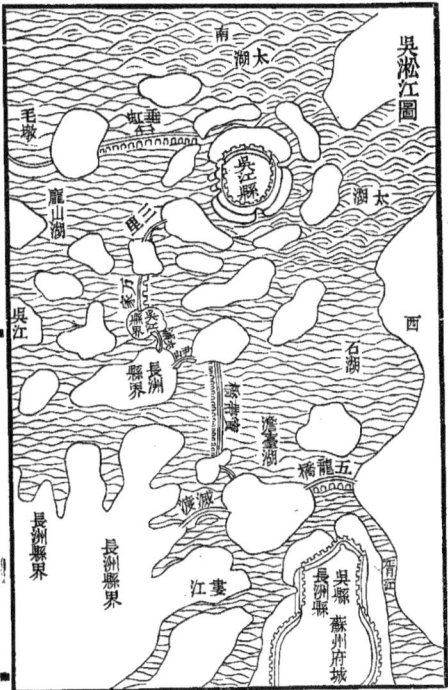

吳淞江圖

太湖　南

毛墩　虹華

龐山湖　吳江縣　太湖

西

石湖

長洲縣界　澱湖

五龍橋

吳縣　長洲縣

吳江縣　長洲縣界

甫　吳縣　長洲縣　蘇州府城

長洲縣界

三江松江裏江東江也嘗賣三江既入震澤底定史記正義三江在蘇州東南三十五里名三江口一江西南七十里至太湖曰松江古笠澤江一江東南七十里至白蜆湖曰上江亦曰東江一江東北下三百餘里入海曰下江亦裏江其分處名曰三江口

嘉定縣界　青浦縣界　小白鶴港　青浦縣界　古閘　崑山縣界　界浦　長洲縣界　江淞吳　九里湖界　吳淞

嘉定縣界　崑山縣界　小徐公浦　新浮江　界浦　崑山縣界

2ème APPENDICE.

SUR LE CANAL IMPÉRIAL ET D'AUTRES CANAUX AU SUD DU KIANG.

Le recueil Lié-kouo tche (vol. 14, p. 36) remarquait déjà de son temps que les gens de Ou étaient des marins (ou plutôt des mariniers.)— De plus, nous avons vu plusieurs fois, dans le cours de cette histoire, que le royaume de Ou avait une flotte militaire dont il se servait pour attaquer tantôt le pays de *Tch'ou* 楚, tantôt le pays de *Ts'i* 齊. Cela suppose donc un système de canalisation très considérable, moins parfait sans doute que maintenant, mais rendant déjà d'immenses services. Quiconque examine la carte de ces contrées est déjà stupéfait du nombre incroyable de canaux ou de rivières qu'il y trouve indiqués. Que serait-ce s'il parcourait lui-même le pays? Quand il se verrait dans l'impossibilité de faire quelques centaines de pas sans rencontrer quelque canal petit ou grand, quelque étang ou quelque mare? Tout cela s'est creusé peu à peu; le travail a été plus facile qu'ailleurs, puisque le pays, étant anciennement l'embouchure du Yang-tse-kiang, est un terrain d'alluvion, bas, marécageux, composé uniquement de vase ou de sable.

Les plus anciens canaux datent historiquement de T'ai-pé, comme nous l'avons vu; car vers 1200 avant Jésus-Christ, ce roi creusa le *T'ai-pé-tou* 太伯瀆 qui passait par Mei-li, sa capitale.[1] Ce canal a une longueur de 87 ly, et va de Ou-si à *Tc'hang-chou* 常熟; puis de Mei-li à Sou-tcheou, qui commença sans doute à cette époque; enfin communique à l'ouest avec le canal impérial actuel. Dans le recueil Mei-li tche (vol. 2, p. 12) il est dit que T'ai-pé le fit creuser, pour la commodité des voyageurs, et des paysans qui cultivaient le riz. Il en est de même encore maintenant; le commerce se fait au moyen de barques; et les cultivateurs, en bien des endroits, rapportent leur moisson sur leur barque.

Un document rare se trouve dans le recueil Ou-ts'ing-hien-tche (vol. 3, p. 1.) "La 3ème année de l'empereur *Yuen-wang* 元王 (475-468 avant J.C.), c'est-à-dire en 472, *Fan-li* 范蠡, le fameux ministre de Yué dont nous venons de parler, creusa le canal *Ts'ao-hou* 漕湖, c'est-à-dire le canal qui vient du lac *Li-hou* 蠡湖 et par *Li-tou* 蠡瀆 passe à la porte sud de *Tch'ang-tcheou-fou* 常州府, pour aller à *I-hing* 宜興 et

---

1 Avant ce roi il y eut certainement des travaux de ce genre; mais les documents nous font défaut; je réunis dans cet Appendice tout ce que j'ai pu découvrir dans les auteurs que j'ai dû consulter pour cette histoire.

Li-yang 溧 陽[1]; sur une grande partie de sa route, il longe les bords du lac *Ko-hou* 隔湖. Son nom lui fut donné parce qu'il devait faciliter le transport du riz ou impôt payé en nature (*Tsao-mi* 糟米).

Vers l'an 360 avant Jésus-Christ, le fameux *Hoang-hié* 黄 歇 (300-237), peut-être plus connu sous le nom de *Tch'oen-chen-kiun* 春申君, s'occupa aussi beaucoup de canalisation. Cet homme, né de parents pauvres, s'éleva par son génie jusqu'à la dignité de premier ministre du royaume de *Tch'ou* 楚; grand favori du roi *K'ao-lié-wang* 考烈王 (262-237), il fut nommé vice-roi de l'ancien royaume de Ou, qu'il gouverna de fait en prince indépendant. Il résida à Sou-tcheou, qu'il embellit et fortifia en l'entourant de murs plus solides; il creusa, ou plutôt agrandit, quatre canaux du nord au sud, et cinq autres de l'est à l'ouest, pour le service intérieur de la ville. De même, selon le vieux bouquin *Yué-ts'iué* 越絕 (vol. 2, p. 7), il creusa le canal de Sou-tcheou à Ou-si, sur un parcours de cent-vingt ly; ainsi que le *Hoang-pou-toen* 黄埠墩[2]. Dans les deux recueils Mei-li tche (vol. 2, p. 23) et Kiang-yng-hien tche (vol. 3, p. 11), il est dit qu'il bâtit ou agrandit le bourg de *Chen-kiang* 申港, creusa le canal du même nom sur une longueur de trente-huit ly, afin de communiquer plus facilement avec le fleuve Yang-tse-kiang. Le bourg et le canal portent son nom par reconnaissance pour ses bienfaits.

Comme nous l'avons vu plus haut, c'est là que se trouve le tombeau de Ou-ki-tcha. Il fut enterré sur la montagne de *Kiun-chan* 君山, à la porte nord de Kiang-yng; cette colline a aussi reçu son nom. Maintenant encore, ce héros pacifique est très populaire dans le pays. Plus tard, l'empereur *Ts'in Che-hoang* 秦始皇 fit creuser le canal de *Kiu-ho* 曲阿, qui allait de Tcheng-kiang à Tan-yang, puis à la porte ouest de Tch'ang-tcheou fou; c'est maintenant le canal impérial. (Ou-ts'ing-hien tche, vol. 3, p. 2) (Tch'ang-tcheou-fou tche vol. 7, p. 2).

Sous la dynastie des *Ou* 吳 (222-264), la huitième année de l'empereur *Tch'e-ou* 赤烏, c'est-à-dire l'an 246 après J-C, le mandarin *Tcheng-hiun* 陳勳 reçut ordre de creuser le canal *Pouo-kang-tou* 破岡瀆, depuis *Kiu-yong* 句容 jusqu'à *Yun-yang* 雲陽[3], afin que la flotte militaire pût communiquer avec le reste du pays, sans être obligée de passer par Tcheng-kiang, et le Yang-tse. On sait que la capitale de cette dynastie fut à Nau-king et à Ou-tch'ang-fou (Han-k'eou)—Le mandarin employa trente-mille soldats pour ce travail.

---

1 Tch'ang tcheou fou tche, vol. 7. p. 2.—I-hing tche, vol. 1, p. 41.—
2 Pour l'histoire de cet homme célèbre, voyez le recueil Lié-kouo tche, vol. 22, p. 3.
3 Quelle est cette ville?

La 22ème année *Yuen-kia* 元 嘉 (424-454), c'est-à-dire l'an 446 après J-C, le prince *Siun* 濬, vice-roi de Yang-tcheou, ordonna de creuser le canal de *Hou-tou* 滬 瀆 ; qui va de Chang-hai à Koen-chan ; on l'appelle encore *Ou-song-kiang* 吳 松 江.

L'année *Ta-t'ong* 大 同 (535 après J-C), il y eut une grande inondation à Sou-tcheou. On fit remarquer à l'empereur qu'il était néces-saire de creuser un déversoir, afin que les eaux qui du *Tché-kiang* 浙 江 viennent au *T'ai-hou* 太 湖, pussent s'écouler sans danger pour les environs. L'empereur ordonna donc à *Wang-I* 王 奕 d'employer le peuple des trois préfectures de *Sou-tcheou-fou, Hou-tcheou-fou* 湖 州 府 et *Sin-i-fou* 信 義 府 pour exécuter ce grand travail.

L'année 611, l'empereur *Yang-ti* 煬 帝 (605-617), de la dynastie *Soei* 隋, ordonna de faire communiquer entre eux les canaux aux sud du Kiang[1] ; c'est-à-dire de faire communiquer le canal de Tcheng-kiang jusqu'à *Hang-tcheou* 杭 州, soit un parcours d'environ huit cents ly. Le canal devait avoir une largeur de dix tchang et plus[2]. L'empereur Yang-ti voulait aller sur ses vaisseaux jusqu'à Koei-ki l'ancienne capitale du royaume de Yué. Telle est l'origine du canal impérial au sud du Kiang.

L'année 808, sous la dynastie T'ang, le gouverneur de Sou-tcheou, nommé *Han Kao* 韓 皐, fit creuser le canal depuis cette ville jusqu'à *Tch'ang-chou* 常 熟, sur un parcours de 90 ly; il fut appelé *Yuen-houo-t'ang*, 元 和 塘, parce qu'il avait été creusé la 2ème année du cycle Yuen-houo.

Aux temps troublés des cinq dynasties (907-960), *Ts'ien-lieou* 錢 鏐 (851-932) qui, de simple contrebandier de sel, était devenu prince de Ou et de Yué 吳 越 王, s'occupa aussi beaucoup de la canalisation du pays, et favorisa l'agriculture et le commerce. C'était un vrai roi ; il avait sa résidence à Hang-tcheou ; mais, en vrai condottiere, il se prêta à celui des empereurs éphémères qui lui accordait le plus d'avantages.

Depuis l'année 988 surtout, il y avait, presque tous les ans, de grandes inondations dans le Kiang-nan. Le gouverneur *Kiao-wei* 喬 維 avait fait détruire, ou laissé se démolir, la plupart des digues et des écluses. De plus, il n'y avait pas de mandarin spécial chargé du soin des canaux. Ensuite les gouverneurs de Sou-tcheou étaient, presque toujours, des gens venus d'autres provinces ; ils n'entendaient

---

[1] Le caractère employé pour exprimer ce travail est 穿 tch'oan, qui signifie pénétrer, faire pénétrer, enfiler; il ne peut donc pas se traduire (à parler strictement) : creuser un canal; mais faire communiquer en un réseau divers canaux déjà existants.

[2] Ici, on se sert du caractère *Siun* 濬, qui signifie excaver, rendre plus profond, c'est-à-dire qu'on élargissait, qu'on creusait davantage des canaux déjà existants.

rien en fait de canalisation. Avec la nouvelle dynastie, cet état de choses changea de face. L'an 1056, le mandarin de *Koen-chan* 崑 山 fit creuser, ou plutôt élargir, sur une longueur de 70 ly, le canal qui relie cette ville à celle de Sou-tcheou ; on l'appela *Tche-houo-t'ang* 至 和 塘. Voici la raison de ce travail: le pays qui séparait ces deux villes était une suite de marécages ; et les piétons ne pouvaient pas toujours être sûrs de leur chemin. Plusieurs fois on avait essayé de faire des digues et des routes ; on avait échoué ; n'ayant pas assez de terre pour former des remblais solides, ceux-ci disparaissaient au bout de quelque temps. Enfin, on imagina un nouveau moyen : le tracé du canal ayant été bien déterminé, sur chaque bord on planta deux rangées de pieux garnis de grossières nattes de roseaux, et séparées l'une de l'autre de trois pieds ; on retirait la vase du marais ; on la tassait entre la double rangée de pilotis ; quand cette boue était bien desséchée et bien solidifiée, alors on creusait le lit du canal dans l'espace compris entre les deux digues ; celui-ci avait 60 pieds de large ; on en prenait trente pour le canal, et l'on en laissait autant pour le chemin des piétons. Et cela fut accompli jusqu'à la porte de Sou-tcheou appelée Leou-men. C'est grâce à ces grands travaux que l'on a encore aujourd'hui un beau canal et un bon chemin entre ces deux villes.

Ce fait prouve combien bas était, en général, le terrain du Kiang-nan. Autrefois, le pays de Ou-si a été aussi dans le même cas, sans doute ; car lorsque nous avons vu T'ai-pé se fixer à Mei-li, le terrain était plus élevé ; il dut cependant exhausser les endroits où l'on voulait bâtir des maisons. Peu à peu, le territoire s'est élevé partout ; comme il arrive encore maintenant sur les bords du Kiang, où les terrains émergés et cultivés sont fort considérables. Ce détail historique est d'une grande importance. Quand on se promène, en effet, sur le chemin de Sou-tcheou à Koen-chan ; quand on examine cette magnifique campagne si fertile en riz, qui donc soupçonnerait que vers l'an mille tout cela n'était que marécages ?[1]

---

1 Quand le fameux *Wang-Ngan-che* 王 安 石 (1021-1086) était préfet de *Tch'ang tcheou-fou* 常 州 府, en 1059, il s'occupa du canal impérial ; il entreprit de le creuser plus profondément, afin que les eaux du lac *T'ai-hou* 太 湖 pussent s'écouler dans le Kiang. (Ou-ts'ing-hien tche, vol. 3. p, 6.)

Un autre fait prouve que le territoire du Kiang-nan s'élève toujours, quoique insensiblement ; il est consigné dans le Yang-hou-hien tche vol. 3, p. 17 ; le voici : Il y avait autrefois, juste à l'endroit où les trois sous-préfectures de Kiang-yng, Yang-hou, Ou-si se touchent, un assez grand lac, puisqu'il avait plus de 60 ly de circonférence ; il se nommait Ou-si-hou, ou bien encore *Fou yong hou* 芙 蓉 湖. En 1432, le gouverneur de Sou-tcheou fit faire des digues et creuser des canaux ; il changea ainsi ce lac en une magnifique

L'année 1062, on répara ce canal Tche-houo-t'ang : on l'élargit et on le creusa devantage. Depuis, on établit de petits canaux qui, divisant les terres de distance en distance, facilitaient l'irrigation du riz, et permettaient aux grandes eaux de s'écouler un peu de tous côtés. On fit encore des digues pour prévenir les inondations ; c'est-à-dire qu'on entourait de quatre côtés une certaine étendue de terrain ; si la digue se rompait quelque part, il n'y avait qu'un carré de ce genre à en souffrir ; l'inondation se propageait beaucoup plus difficilement. C'est le système que l'on emploie encore maintenant sur le bord des fleuves et, en général, pour les terres exposées aux inondations.

Cette même année 1062, on creusa aussi le canal de *Song-kiang* 松江, nommé *Pé-ho-hoei* 白鶴滙, qui fait nombre de circuits et méandres au profit des cultivateurs.

En 1064, on réparait encore le canal de Sou-tcheou à Koen-chan.

En 1068, l'empereur Chen-tsong ordonna de réparer les digues de *Wang-t'ing* 望亭 sur le canal impérial, entre Sou-tcheou et Ou-si. Il y établit un grand mandarin spécial avec des subalternes, dont la charge était de veiller au canal impérial et aux canaux latéraux, de les entretenir, réparer, creuser plus profondément, ou élargir, etc. Cette ordonnance impériale fixa des règlements pour les canaux, les terres labourables adjacentes, les droits des paysans et leurs obligations pour l'entretien des canaux ; bref, tout ce qui concerne le système de canalisation du pays (*Choei-li* 水利). Les grands canaux devaient avoir une largeur de trente *tchang* 丈 (environ 300 pieds), une profondeur de deux à trois tchang (20 à 30 pieds). Les petits canaux devaient avoir une largeur de vingt et quelques tchang ; une profondeur d'au moins un tchang et quelques pieds. De cette manière aussi on gagnait de la terre pour faire des digues, chose absolument indispensable ; car lorsque les eaux sont grandes, elles dépassent de six à sept pieds le niveau des terres labourées ; les digues doivent donc surpasser de trois à cinq pieds les eaux même les plus hautes. A l'intérieur du pays, le niveau des canaux est plus élevé que celui du Yang-tse-kiang ; à son tour, celui-ci est plus haut que la mer. C'était la méthode des anciens,

---

plaine à riche culture. On gagna, du coup, plus de vingt mille arpents de terre labourable. Ce pays s'appelle maintenant *Fou-yong iu* 芙蓉圩. Ainsi le nom du bourg *Yen-kiao* 堰橋 (pont de la digue), où nous avons une église, s'explique tout seul ; tandis que si l'on ignore ce fait, ce nom est incompréhensible. Bien des fois, en effet, j'avais entendu missionnaires et gens du pays exprimer leur étonnement sur ce nom (pont de la digue !) Or c'est tout simple : au nord-ouest de ce bourg se trouvait le lac en question ; pour se protéger contre lui, on avait élevé une digue. Depuis lors la digue et le lac ont disparu ; le nom seul est resté.

D'autres faits semblables sont consignés dans ce recueil.

lorsqu'ils faisaient des digues hautes et solides, munies de bonnes écluses. De cette façon, les paysans n'avaient rien à craindre.

En l'année 1069, on détruisit l'écluse de *Liu-tch'eng* 呂 城 près de *Tan-yang* 丹 陽 ; et l'on rétablit celle de Wang-t'ing, qu'on avait démolie comme inutile [1] ; les soldats chargés de cette dernière écluse avaient été envoyés réparer le canal entre Sou-tcheou et Koen-chan.

En 1090, on dut rétablir l'écluse de Liu-tch'eng qu'on avait imprudemment détruite. Deux ans plus tard, on remaniait l'écluse de Wang-t'ing.

En 1096, on réparait en grand les digues et les canaux de Ou-ts'ing-hien, Tan-yang-hien, et Tan-tou-hien [2] dans le Tch'ang-tcheou fou et le Tcheng-kiang-fou.

Ce fut donc à force de tâtonnements, après bien des expériences désastreuses, qu'on finit par construire les écluses et les digues néces-saires. Il n'y avait pas de véritables ingénieurs, quoique les lettrés affirment que leurs anciens "Saints" ont eu toutes les sciences infuses, même celle de la canalisation.

En tout cas, la dynastie *Song* 宋 (960-1206) a la gloire de s'être occupée avec le plus grand soin de cette partie de l'administration. Depuis le prince *Ts'ien–kiao* 錢 橋, puis pendant toute la durée des deux dynas-ties Song et Yuen (960-1368), il y eut toujours un grand mandarin, avec une bande nombreuse de subalternes et sept à huit mille soldats chargés de surveiller, curer, réparer le canal impérial (avant tout) et puis les autres canaux latéraux. Tout ce personnel ayant été mis de côté à plusieurs époques, la plupart de ces voies d'eau s'obstruèrent, causant d'immenses malheurs; c'est ce qui arriva, en particulier, au début de la dynaste Song. Quand elle fut plus raffermie sur le trône impérial, elle eut la sagesse de chercher un moyen de prévenir de tels désastres.

Actuellement, si un grand mandarin, avec son personnel, est chargé uniquement des digues du *Hoang–ho* 黃 河 (fleuve jaune); en revanche, personne ne s'occupe plus du canal impérial, ni des autres canaux de moindre importance [3]. Il y a force douanes pour recueillir l'argent; c'est le principal office des mandarins actuels. Quant au reste, ponts, routes, etc., etc., tout cela devient ce que cela peut; c'est une incurie et un délabrement incroyables.

---

[1] On l'avait détruite six ans seulement auparavant.

[2] A cause des nombreuses écluses, le canal impérial est aussi appelé *Tcha-ho* 閘 河 fleuve aux écluses; 牐 ou 閘 signifie écluse (Williams, p. 8.)

[3] A tout le moins pour ce qui regarde la partie sud du Kiang.

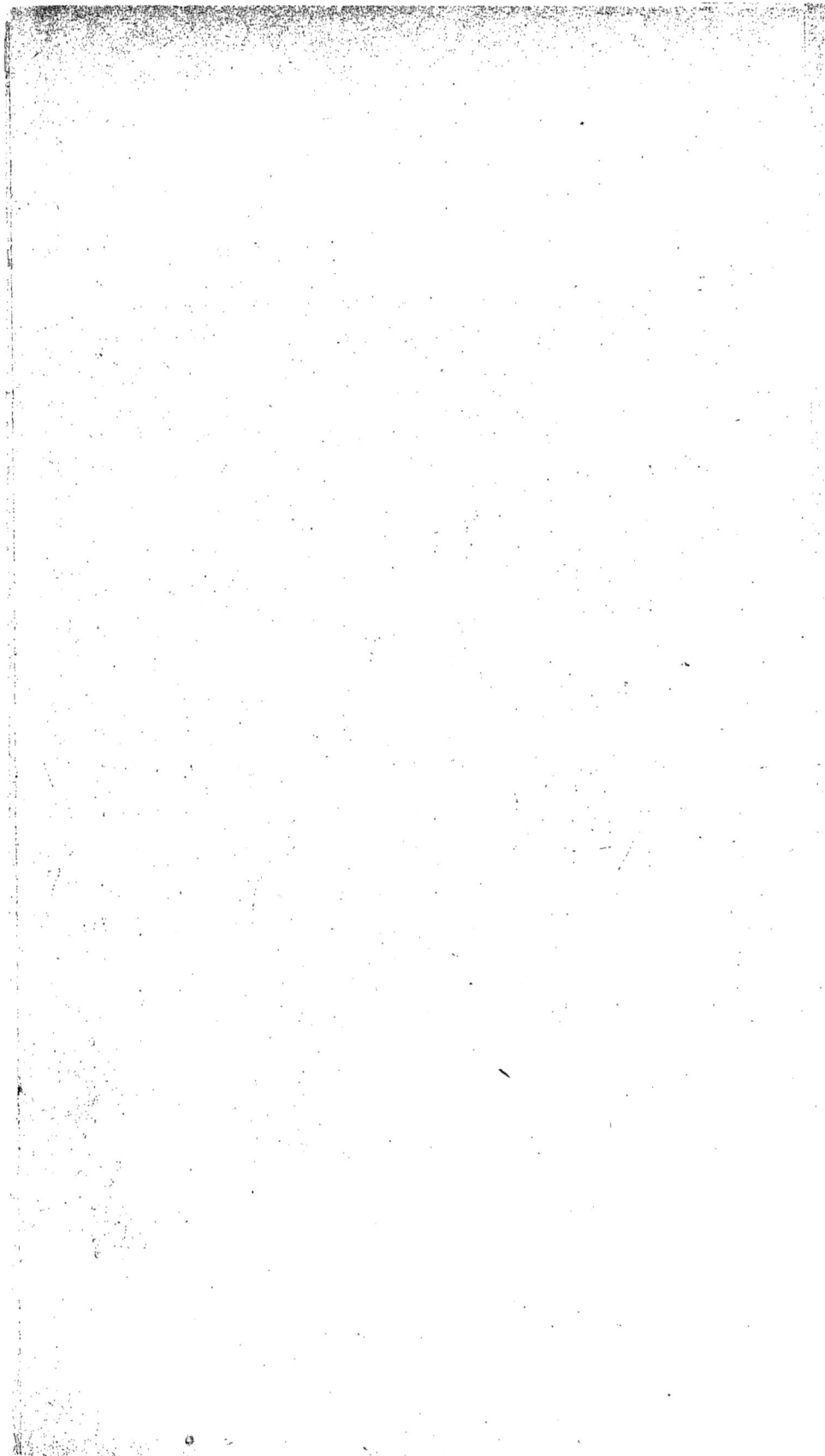

LA RÉGION DES LACS ET LES CANAUX DU SUD.

長愷坊 楊家墳 鴨場圩 圩場鴨 查家橋 鳳凰山 雞籠山 峴山 前坎家安 界縣鍚常 湯山 宏山 發

無錫縣治 金匱縣治 九村渡 對澤渡 新塘墩 燕陀 鴨戒橋 埭頭 東亭 花園橋 石拱橋 張公橋 九里河 太平橋石山 梅花橋 崑山 英山 板村 蔡伯墳 王家大橋 曹家墳圖橋 大成橋圖橋 劉 陸

冷涇 王陂橋 前坊 圖蘇 石園 西里橋 自捲山 村梅 梅浜 余山 北舍 皇山 湯 謝 湯渡 涇 青蕩 長洲縣界

伯橋 港口 驛 陳墓灣 羊橋 十字口 蔡皇 王庄 郇庄 郇庄浜 香涇 泰伯墩 坂被 荊村 梅花浜 東庄毛橋 張塘橋 安樂浜 金梁橋 成家橋 北宅浜 馬橋村 廟巷 胡村 馬橋 世家橋 頤提 磚橋 楊巷陽

曹王涇 關 親奴 港口 孫巷 高家巷 青石橋 周涇口 三寶墩 薛店 薛家浜 雙板橋 金娥墩 何店橋 渡上 後宅 九曲 楊梅渡

開化 大白龍涇 西宅 宅基 錢濱 聖涇 新安 十房橋 莊唐 南河浜 南湖蕩 望亭 祥里橋 顧市橋 徐塘橋 曹毛 萬歡三曲 方橋 橋祿

太 湖

3ème APPENDICE.

A PROPOS DU GRAND LAC TAI-HOU 太湖 ET DES 3 KIANG 三江.

Le T'ai-hou a une étendue de trente-six mille *k'ing* 頃[1] ; c'est le grand réservoir de tous les pays environnants : I-hing, Koang-té tcheou, Tcheng-kiang fou, Hang-tcheou, et la plus grande partie du Tché-kiang. Comme les régions de Song-kiang et Kia-hing-fou sont les plus basses, elles sont aussi les plus exposées aux débordements de ce grand réservoir.

Les trois grandes artères, par lesquelles s'écoulent les eaux du T'ai-hou, sont les trois fameux canaux appelés *San-kiang* 三江 ; mais il y a grande confusion sur leur identification. La meilleure version me semble celle du recueil Sou-tcheou fou tche (vol. 10, p. 4 et 5). Je la traduis ici.

L'un des trois Kiang sort du T'ai-hou au sud de la ville de Sou-tcheou, dans la petite baie nommée *Gnien-yu-k'eou* 鮎魚口 ; puis il va au nord, traverse le canal impérial, coule jusqu'à la porte est de Sou-tcheou nommée *Leou-men* 婁門 ; d'où lui est venu le nom de *Leou-kiang* 婁江.

L'autre va du T'ai-hou à la ville de *Ou-kiang hien* 吳江縣, passe le grand pont à dix-huit arches nommé *Tchang-kiao* 長橋, se dirige au nord-est, vers le lac *P'ang-chan-hou*, 龐山湖, et s'appelle *Song'kiang* 松江.

Le troisième quitte le précédent à l'endroit nommé *T'ai-yao-fen-tche* 太姚分支, passe le lac *Tien-chan-hou* 澱山湖, se dirige vers le nord-est, et va à *T'sing-p'ou* 青浦 ; il se nomme *Ou-song-kiang* 吳松江 ou encore *Tong-kiang* 東江 (le kiang oriental).

Voici maintenant une autre explication; c'est celle du recueil intitulé *Li-tai-kiang-yu-piao* 歷代疆域表 (vol. 1, p. 5):

Le Song-kiang vient du T'ai-hou, passe le *Ou-kiang-hien* 吳江縣, et le pont aux dix-huit arches, va à *Kia-ting* 嘉定 ; puis, à quarante ly au sud-est traverse le *Ou-song* 吳松, et se rend à la mer.

Le Leou-kiang coule à l'est de Sou-tcheou, se dirige vers *T'ai-tsang-tcheou* 太倉州 ; à 70 ly au sud il passe à *Lieou-kia-ho k'eou* 劉家河口 et se jette à la mer (c'est-à-dire dans l'embouchure du Yang-tse-kiang).

Le Song-kiang coule au sud-est de *Ou-kiang* 吳江, jusqu' au Tché-kiang dans la sous-préfecture de *Hai-yen-hien* 海鹽縣 ; puis, à 35 ly nord-est de là, se jette à la mer.

---

[1] Un k'ing vaut cent arpents.

Ce livre est sérieusement fait. Faut-il admettre sa version ? *Adhuc sub judice lis est !* Chaque auteur identifie à sa guise ces trois *kiang* si fameux. Il nous suffit d'en avoir examiné deux des plus sérieux.

FIN.

TABLE DES MATIÈRES,

GRAVURES:

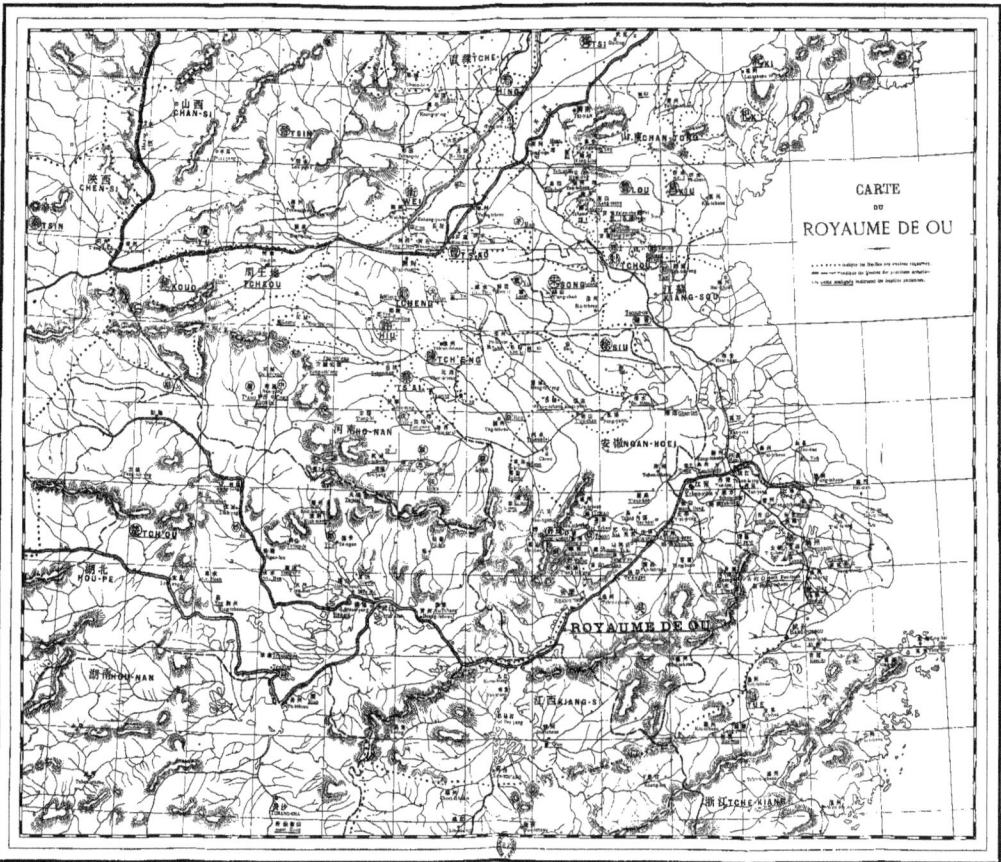

CARTE
DU
ROYAUME DE OU

www.ingramcontent.com/pod-product-compliance
Lightning Source LLC
Chambersburg PA
CBHW071956090426
42740CB00011B/1971